U0937432

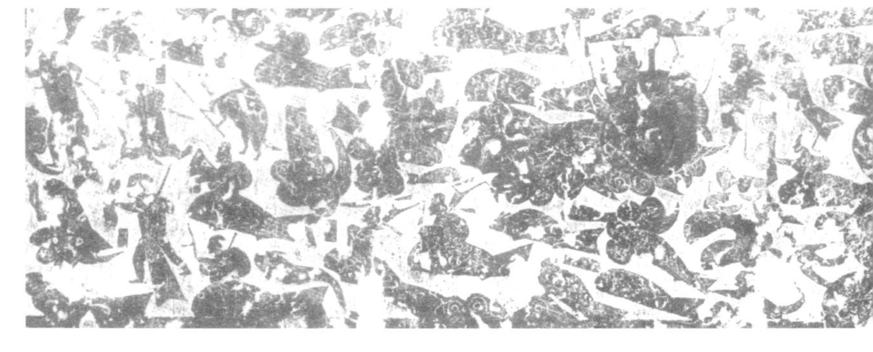

中华维度

周北川 等 主编

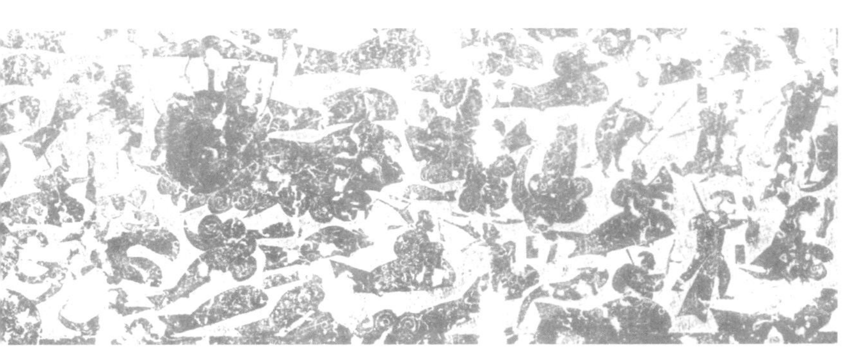

生活·讀書·新知 三联书店 生活書店出版有限公司

图书在版编目（CIP）数据

中华维度 /《人民政协报》编 . -- 北京 : 生活书店出版有限公司 , 2015.1
ISBN 978-7-80768-080-2

Ⅰ . ①中… Ⅱ . ①人… Ⅲ . ①中华文化—文集 Ⅳ . K203-53

中国版本图书馆 CIP 数据核字 (2015) 第 032259 号

责任编辑 苏 毅 邝 芮
装帧设计 罗 洪
责任印制 常宁强
出版发行 生活書店出版有限公司
（北京市东城区美术馆东街22号）
邮 编 100010
印 刷 北京隆昌伟业印刷有限公司
版 次 2015年3月北京第1版
2015年3月北京第1次印刷
开 本 880毫米×1230毫米 1/16 印张 19
印 数 0,001-5,000册
字 数 210千字
定 价 40.00元
（印装查询：010-64002717；邮购查询：010-84010542）

顾　问

王　蒙　张秋俭　张岂之　叶　明　聂震宁

封面题字

苏士澍

主　编

周北川

副主编

李红梅

编　委

刘颖冰　张宝川　原　哲　王相伟　宋　涛

执行主编

王小宁

统　筹

李　宏

编　务

谢　颖　杨　雪　张　丽　王夕雨

人民政协报社　杭州市政协　联合编辑

目　录

学　思

学　境

序　言

孙家正

人民政协报将近一两年发表在其文化副刊和学术副刊上的文章结集出版，这无疑是一件很有意义的事。此事表明文化学术副刊的优势所在，也体现了学术思想的影响及文化魅力的深远绵长。

人民政协报是一份具有文化底蕴的报纸。它秉承着改革开放的时代精神应运而生，30多年来，在老一辈无产阶级革命家和历届领导人的关怀下，在政协各界人士的支持下，以富有自身特色的办刊方式，积极宣传党的路线方针政策，得到了各级政协委员、政协工作者和群众的喜爱。

人民政协报文化蕴味十足。文化，与人民政协有着紧密而重要的联系，政协里面汇聚了文艺界的代表人物，这是政协报办报的一个优势。从创刊伊始，政协报就与政协文艺界人士直至整个学术文化界保持着密切联系，使30多年来在中国社会上具有影响力的一大批知名学者、文化人成为报纸的常客。他们在政协报上或鉴古论今，或抒写性情，或建言立论，为这张报纸平添了一份高雅隽永的格调。

政协委员履职建言，体现着对国家经济发展和社会主义民主法制进步的执着追求，也体现着对中华文化传承和建设的美好追求。优秀的学术文化不仅传播知识、陶冶情趣，更是提升境界、净化灵魂、引领社会风气的重要手段。通过不懈努力，让文化的力量发挥引导社会、教育民众、推动发展的重要作用，人民政协展示了她为中华文化与文明的传承、为中国的强盛和民族复兴所贡献的独特力量。

人民政协60多年的发展历程，既饱含着中华传统文化底蕴，又凝聚着中国共产党在领导统一战线中实行协商民主的丰富经验，以和合、忧乐、谏言为特色的政协文化，用“讲协商、重践行、尚包容、谋创新、求实效”的气度滋养着政协事业，推动着社会主义民主进程，其文化特色值得进一步总结、研究与探索。

人民政协报编辑的《谈艺问源》、《中华维度》两本书，既体现了政协文化特色，也展示了中华文化特色，具有时代特点。书中所收录的文章，风格或典雅凝重，富有哲思趣味；或轻灵隽永，读后令人回味悠长；或凝聚着对时代和历史人物的深沉回顾与思考，以真情写实事，读来亲切感人，又深受教益。

人民政协报不但及时准确地宣传党在不同时期统战政协方面的路线方针政策，它所关注的民生话题和发表的文章也体现着浓郁的人文情怀。这是今天我们的文艺走近民生，为社会主义服务为群众服务所不可或缺的情怀。

我是人民政协报的老读者，偶尔也在报上发表一点文章。我热爱人民政协报。值此两本书付梓之际，我祝出版取得成功，也希望人民政协报能够更多更好地联系委员，体察民情，反映民意，为承载国家发展对文化的期待，为中华优秀文化的传承和实现中国梦贡献更大力量。

学

思

中华优秀传统文化略论

张岂之

什么是“文化”？

我的讲题是“中华优秀传统文化略论”，重点放在我国优秀传统文化所折射的中华民族精神，选择若干重点加以论述，供大家参考。

“文明”一词是我国固有的，并非从外国移植而来，与 civilization 不完全一致。“文化”虽然古汉语中也有表述形式，与 culture 相对应的“文化”一词却是20世纪初辗转来自日本的词汇。《周易·贲·彖辞》：“观乎天文，以察时变。观乎人文，以化成天下。”认为君子应当研究两门学问：一是天文，使人知道季节时令变化，不违农时；一是人文，用文明去教化、感化人们，使社会平安和谐。《周易·乾·文言》：“见龙在田，天下文明。”《周易·大有·彖辞》：“其德刚健而文明，应乎天而时行，是以元亨。”认为有文明美德的人像龙一样，能适时行事，其事业伟大美好。

“文化”是一个国家的“软实力”（这个词是美国哈佛大学的一位教授提出的），包括：国家和民族的生活方式、思维方式、风俗习惯、价值观、社会制度、生态文明。这些对应于具体的国民生产总值、经济发展水平，以及国防军事力量等硬实力而言。判断一个国家的实力，既有硬实力，也有软实力；在一定的条件下，软实力显得更加重要，例如价值观、民族精神，就是一个国家和民族的灵魂，而生态文明则是人健康生活和社会科学发展的根本保证。

世界上不同国家、民族有不同的文化，称之为文化的多样性，每年 5 月 21 日是“世界文化多样性促进对话和发展日”，联合国每年为此举行庆祝活动。我国十分重视世界文化的多样性，尊重不同国家民族的文化。

中华文化是人类文化的组成部分，具有鲜明的民族特色，用“源远流长”来表述，非常恰当。如何给中华文化一个完整并能全面反映中华民族特质的界定，前人做过许多努力，有很大贡献。在此基础上，中共十七届六中全会提出“文化是民族的血脉，是人民的精神家园”。在十八大报告的第六节《扎实推进社会主义文化强国建设》中一开始就用了这个关于文化的界说。

这个界说阐述了中华文化连绵不断，传承创新，至今已有 5000 多年的历史。中国考古学告诉我们：新石器仰韶文化后期和龙山文化时期，是中国文明起源时期。据历史学家的研究，炎帝族和黄帝族是中国史前两个关系密切的大氏族部落，黄帝被称为人文初祖。黄帝陵在今陕西省黄陵县境内。1993 年江泽民总书记为黄帝陵题词：“中华文明，源远流长。”1994 年 4 月 7 日中共中央政治局常委李瑞环同志在《人民日报》发表文章《整修保护黄帝陵，增强民族凝聚力》，强调：“黄帝是中华民族历史上最有代表意义的旗帜。而通过整修黄帝陵工程可以使所有中华儿女在共同祖先面前，搁置一切歧见，找到共同的语言，达到最广泛的团结，从而振奋民族精神，实现中华民族的伟大复兴。”黄帝陵整修后，进入 21 世纪，陕西省在祭陵活动上不断改进，每年清明公祭黄帝，成为弘扬中华优秀传统文化的一次重要活动。

文化界说中的“人民的精神家园”，源自十七大。十七大报告对推动社会主义文化大发展大繁荣，从四个方面论述，其中第三个小题是“弘扬中华文化，建设中华民族共有精神家园”，说明既要弘扬优秀民族文化，又要创造发展新的社会主义文化，并指出“中华文化是中华民族生生不息、团结奋进的不竭动力”。

总之，上述的“文化”界说体现了中华文化的民族性与时代性的统一，阐明中华文化与民族精神的内在联系：文化的力量主要在于使民族精神得以凝聚、提升、发展，永不衰竭。

中华优秀传统文化的核心理念

文化的核心是精神、思想、价值观。优秀传统文化之所以是我国社会主义先进文化的深厚基础，应从价值观的传承与发展上看。即今天我们倡导的社会主义核心价值体系，是中华优秀传统文化的提升与发展。这个道理，2006 年 4 月 21 日，国家主席胡锦涛在美国耶鲁大学演讲中这样说：“现时代中国强调的以人为本、与时俱进、社会和谐、和平发展，既有着中华文明的深厚根基，又体现了时代发展的进步精神。”他以“自强不息”为例，说：“这是中国的一句千年传世格言。中华民族所以能在 5000 多年的历史进程中生生不息、发展壮大，历经挫折而不屈，屡遭坎坷而不馁，靠的就是这样一种发愤图强、坚强不拔、与时俱进的精神。”

关于中华优秀传统文化的核心理念，我国学术界近几年来展开讨论，取得许多成果。我的浅见是：关于中华优秀传统文化的核心理念，似可归纳为：1. 天人和谐；2. 道法自然；3. 居安思危（忧患意识）；4. 自强不息；5. 厚德载物；6. 诚实守信；7. 以民为本；8. 仁者爱人；9. 尊师重道；10. 和而不同；11. 日新月异；12. 天下大同（对这些理念的阐释，可参看我主编的《中华优秀传统文化核心理念读本》，学习出版社，2012 年 11 月版）。这里，我想以忧患意识为例作些说明。

“忧患”一词出于《周易・系辞下》：“《易》之兴也，其于中古乎？作《易》者，其有忧患乎？”《系辞》的作者认为《周易》可能是西周文王时期的忧患之作。在《系辞》的作者们看来，《周易》主要讲天地、人事变化的道理，即“变易之学”，正如《系辞下》所云：“《易》：穷则变，变则通，通则久。是以自天佑之，吉无不利。”认为社会及其礼仪刑法都会有变化，变化了就能发展，发展了就能畅通，畅通了就能长久。对于这种变易之学，《系辞》的作者们用“生生”、“日新”加以称赞，认为这是“穷神知化，德之盛也”。

由于社会处于变化中，与此相应，《系辞》倡导当政者们应当“安而不忘危，存而不忘亡，治而不忘乱，是以身安而国家可保”。这种朴素的辩证思维在《老子》、《孙子兵法》等古籍中有深刻全面的论述。

忧患意识世代相传。唐代政治家魏征将“忧患”解为当政者应当具有的精神状态，他说：“思所以危则安矣，思所以乱则治矣，思所以亡则存矣。”（《新唐书·魏征传》）要治国理政者去研究、认识安与危、亡与存之间的辩证关系，提高忧患意识（“思”），国家就可以安全太平。

在中国思想文化史上，关于“忧患”意识的文字表述，并不少见。如北宋时期关中大学者张载提出“为天地立心，为生民立命，为往圣继绝学，为万世开太平”（《张子全书》卷 14《近思录拾遗》），这是批评当时学人追求功利、缺少远大理想而言的，其中含有深刻的忧患意识。

儒学本质上是“人学”

在距今 2500 多年前的春秋末期，由孔子创立的儒家学派，其基本思想对中华民族精神的培育起了重要作用。为什么儒学有这样的历史功绩？我想，由于儒学本质上是“人学”。

一，儒学从人心（思想）、人性讲起，倡导人们勤奋学习，成为君子。不论早期儒学，还是宋明时期的儒学，始终守住这个基点，尽管在具体的阐释上有差异。

孔子的一生是勤奋学习的一生，他自述："吾十有五而志于学，三十而立，四十而不惑，五十而知天命，六十而耳顺，七十从心所欲不逾矩。""七十从心所欲不逾矩"，用今天的话说就是主观与客观相符的精神世界。达到这个境界，靠的不是苦思冥想，而是"学而时习之，不亦说乎"。

孔子不谈怪、力、乱、神，不谈生前死后，他说："未知生，焉知死？"在春秋末期，能说出这样的话，很了不起。当时有人提出"三不朽"：人皆有死，但人在生活时有立德、立功、立言三方面的贡献，世代相传，风范长存，因而子孙们应"慎终追远"，"前事不忘，后事之师"。这叫作文化传承。

二，儒学强调人应当有道德修养，认为这是"人禽之辨"的界限。孔子倡导的道德论，集中在一个"仁"字上。这个词商代已有，指的是人与人的关系。孔子用"仁"字阐发出新道理。什么是"仁"？他回答："爱人。"解释说："己所不欲，勿施于人。"又说："己欲立而立人，己欲达而达人。"一个君子，他的道德操守体现在既尊重自己，同时又尊重别人；自己要做有道德有尊严的人，同时也要引导别人去做有尊严的人；一个君子，心中不能只有自己，更要有别人，去关爱别人。

在孔子看来，人的思想行动符合"仁"的标准，可称之为"仁人"。这样的人当他的理想与现实发生冲突，二者不能兼顾的时候，他会牺牲个人的生命，去殉他的理想，孔子说："志士仁人，无求生以害仁，有杀身以成仁。"秦统一六国后，两汉时期，个人的"人格"观念与时俱进，演变为"国格"观，不但个人有尊严，国家更要有尊严，为了国格，中华民族的仁人志士不惜牺牲自己，去捍卫祖国的尊严。

三，孔子“和而不同”的文化观具有重要的历史意义，它为中华优秀传统文化的传承发展，提出了理论依据。孔子说，“君子和而不同，小人同而不和”，认为君子应当以“和”为准则，听取各种不同的声音，接触不同的事物，博采众家之长，达到和谐的境界——这是多样性的统一，即“相反而相成”，它反映了学术上百家争鸣的本色。

春秋战国时期，道家主张“天而不人”，向大自然回归，否定人的主观愿望与知识；儒家荀子批评这种主张是“蔽于天而不知人”。儒家主张仁义道德不仅是人的特征，而且是天地万物的法则；庄子就曾批评这种观点是狂妄无知，他举例说，毛嫱西施是人见人爱的美女，但鸟类见了都会高飞而去，鱼类见了会沉潜水底，可见人的美感标准就不能为鸟类、鱼类认同，等等。不过，儒家在批评道家的时候，也注意到道家在天道探索上取得的理论成果，意识到知人不可不知天，对自然天道作了一系列创造性贡献。而道家也意识到儒家人学的长处，道家后学，所谓秦汉之际的道家，就试图调和道家自然观与儒家道德教化的矛盾，吸取儒家关于人的认识学说的成果，如《吕氏春秋》一书就体现出融合儒、道的特色。

在中国封建社会中，“和而不同”的理念推动了外来（印度）佛教传入后的中国化。比如，佛教相信它所论述的精神境界及其体证方式，比儒家高明。南朝僧人慧琳作《白黑论》，指出佛教讲的是人生之外的真理，而儒家讲的不过是人世间的道理。但在儒、佛交流、融合中，人们认识到，人不能不讲人间的道理，因此中国化的佛教汲取了儒家的某些理论成果，建立了不同于印度原有佛教的理论体系，形成了包括天台宗、华严宗、禅宗等中国佛教宗派。所谓“人人皆有佛性”，和儒学人人皆可成为尧舜，就有相似之处。从以上的举例，不难看出孔子“和而不同”文化观在推动中国优秀文化的传承创新中起了很大作用。

四，儒学重视人的生命，关注人的身体健康，创造了具有特色的养生学。孔子说："仁者寿。"将"仁"和"寿"结合起来。这里所说的"仁"有特定的含义，据东汉时包咸的解释是"性静"，唐孔颖达解为"少恩寡欲，性常安静"，这类似于北宋苏轼所说的"心平气和"。在孔子看来，有德者长寿。

孔子以后，曾子、子思、孟子、荀子等儒家代表人物都有关于养生的论述。比如，孟子就是最早提出"养生"概念的两位思想家（还有一位是庄子）之一，他把"养生"与"送死"作为人生面临的两大问题之一。"养生"指侍奉父母，使其身心健康、颐养天年。在早期儒家文化中包含养心与养生两个方面。养心就是精神修养，"养身"指多层次的身体保健。在《论语·乡党》篇中记载了孔子关于衣食保健的方方面面，他提出八种饭菜"不食"，食物发霉变味不食，鱼肉腐烂变质、气味难闻、饭菜夹生或太过、不到吃饭时间、不得其酱不食等。这个"酱"，据说指的是一种白芍酱，具有消炎的作用。除儒家外，老子和庄子等道家人物，在养生学上也有重大贡献。我国第一部编撰于战国时代，在西汉时写定的医学经典《黄帝内经》，完成了中医药学和养生学的理论体系。总之，中华优秀传统文化中的"人命至重，有贵千金"、"天人和谐，形神一体"等理念，在今天更加需要继承发扬。

五，中国的儒学不仅是一种思想学说，它在中国封建社会中发挥了应有的社会功能。不能否认的是，儒学为不平等社会里的"各色人等"找到了一些平衡点。皇权统治以儒家"经学"为统治思想，而社会民间也以经学作为维系社会关系（含宗法关系、人际关系等）的机制、准则。历代的官方版刻经籍、社会启蒙读本、民间乡约村规，在思想观念上都同儒家有关。从历史上可以看到，西汉时有"五经"（《易》、《书》、《诗》、《礼》、《春秋》），东汉时"五经"加《孝经》、《论语》，成为"七经"。唐时，《易》、《书》、《诗》外，有

《周礼》、《仪礼》、《礼记》、《春秋左传》、《春秋公羊传》、《春秋谷梁传》，成为“九经”。宋代，“九经”与《论语》、《孝经》、《尔雅》、《孟子》，成为“十三经”。儒家的经书从“五经”到“十三经”，是因为社会演进的需要，封建社会的各个阶层都可以从其中找到自己需要的思想资料。儒家经书既维护社会尊卑贵贱的分野，又从个人的道德修养、立身处世，到社会责任、实现理想，甚至如何调节人的喜怒哀乐，都有所论述。儒家经书所体现的等级性、包容性、普遍性，使它成为中国封建社会最适用的教科书。钱穆先生在《国史大纲》一书中说，从《三礼》可以看出，“中国士人不管来自何方都有一个共同的文化”，“无论在哪里，‘礼’是一样的”。“对中国人来说，文化是宇宙性的（按：指的是普遍性），所谓乡俗、风俗和方言只代表某一地区”。也就是说，在中国各地，不论风俗和方言有何不同，但在“礼”的层次上是认同的，扩而大之，这也叫作文化认同，由此加强了民族的凝聚力，为培育民族精神起了积极作用。

当然，儒学不可避免地有其历史局限性，其中也有糟粕，但这些并不是我今天讲演的侧重面，不作发挥。还有，我国“五四”时期新文化运动中，对于儒学有所批评，这是当时的历史条件所决定，不能因此而否定倡导开展新文化运动的先驱者们的历史功绩。我们今天走在民族复兴的大道上，反思过去，有经验，也有教训，认为中华优秀传统文化，以及由此形成的中华民族精神，是我们前进的动力之一，应当加以弘扬。因此，有些学人建议将孔子的诞辰（9月28日）定为教师节，我以为这是顺理成章的事。

老子“道法自然”哲学观

一个民族的理论思维越活跃，对文化的传承创新能力越高。而民族的理论思维往往集中体现在哲学思想上。中华民族在生衍发展过程中，创造了丰富的哲学思想，它明显地带有自身的特色。

这个特色体现在：古代哲学是“天人之学”中的重要组成部分。中国在世界的东方，独特的自然地理环境使之具有悠久的农耕历史和农学成果，贯穿其中的就是研究天与人的关系。

我国古代思想家对“天”的认识，始于夏商时期。从西周时起，“天”的概念有两种不同的含义：一种是天命、天神；一种是自然的天体，即古文献所说的茫茫苍天。以《周易》经文为例，其中有些对“天”的理解，是指自然的天体、天象，但多数是关于天命、天神的记载。

春秋末期，老子和《老子》书将“天道”与自然联结起来，构建了“道法自然”的哲学体系，这是中国古代哲学思想的重大创造。

有些学者认为，《老子》书（《道德经》、《老子五千言》）并非老子本人所著，成书于战国时代。三国时期魏人王弼为《老子》作注，其注与《老子》文本珠联璧合，都是哲学美文。后人将王弼注本称为《老子》书的通行本。20世纪70年代和90年代又发现了《老子》的地下文书——马王堆帛书与郭店楚简，足见研究老子思想的材料相当丰富。

《老子》五千字，赫然在目的一个理念，就是“道”。该书第一章为老子思想的总纲，称“道”是“有”与“无”的统一。“无”，名天地之始；“有”，名万物之母。什么是“无”？不能照字面解释成什么都没有，“无”指的是空间、空虚。“无”还指“道”不同于常见的物体，不能说它是圆或方，它具有不确定性。天地万物的最初形态，可称之为“有”，由此演变出纷繁复杂的大千世界。

老子不用神（上帝祖先神）去说明世界，也不用不同的物质（如金、木、水、火、土）去揭示世界的本原。老子用智慧去推断世界的本质与来源，这是哲学的思维方式。哲学，简言之，是智慧之学，是从多中求一的学问。世界现象多种多样，其中贯穿着的本质或本原，就是“一”，老子称之为“道”。

世界万物怎样从“道”中产生？老子回答说：“道法自然。”道自然而然地产生了千变万化的世界。“天道”即自然而然的道理，它不争、不言、不骄，没有制物之心，像无形的巨网广大无边，虽然稀疏却没有任何遗漏，将一切都囊括在其中。在老子看来，与天道自然相反，人道显得自私、不公。如何改造人道？老子回答说：人道应当效法天道自然的本性。这种抽象的论述是否有社会的意义？有的。在老子看来，天道表现出“损有余而补不足”的慈善，而现实社会与此相反，呈现出“损不足以奉有余”的不公。

老子这样描述“天道”的自然本性：“反者道之动，弱者道之用。”“反”指向相反的方向发展，直至回到原初的状态。因此，在老子思想中，“反”具有转化和返本两种含义。在这个总法则的影响下，老子描绘了强与弱、生与死、福与祸、上与下、前与后等相反而相成的画卷。他主张把天道的自然特征引入人事，使当政者具备“柔弱”、“无为”的品格和风貌：淳朴、谦卑、不自以为是，不扰民，“以百姓心为心”。这样，经过天道自然理论浸润的人道，才能立于不败之地，达到“道法自然”原初的和谐境界，这就是《老子》所说“道生一，一生二，二生三，三生万物。万物负阴而抱阳，冲气以为和”的境界。“和”就是和谐，在老子思想中对此也有其他的表述名称，例如“无为而无不为”等。“无为”主要指清除独断的意志和专断的行为，含有不妄为的意思，并不是什么都不做。

通过以上的分析，可以看到在老子穷本探原的朴素辩证思维中，没有人类中心的偏执，也没有否定人的作用。老子理想的世界蓝图是万物和谐，各有个性，充满生机的协调世界，从这个意义上说，老子是人类最早提出生态文明含义的哲学家。《老子》书和儒家的《易大传》奠定了中国古代哲学的基本模式。

战国时期，庄子继承老子思想，但是他强调自然而否认人为的观点，把人的主观努力看成是对自然界的一种破坏作用，是不全面的。《庄子·大宗师》中，子桑遭受饥饿，于是思考饥饿的原因："父耶？母耶？天乎？人乎？"他想父母不会使他挨饿，天也不会这样，难道是人吗？最后却归结为人的命运，命不好就要挨饿。这样，庄子在天人关系上否定了有意识的天，却宣传了无可奈何的"命"，这种自然宿命论，受到战国末期儒家荀子的批评。在荀子看来，自然之理与人为努力应当结合起来，不能偏废。

朋友们，限于时间，我只能讲到这里。通过以上的举例，可以看到，在今天和未来，"建设优秀传统文化传承体系，弘扬中华优秀传统文化"，是大家都应当关心的大事。

演讲人简介

张岂之，江苏南通人，笔名栗子、谭心。长期从事中国思想史研究。现任西北大学教授、博士生导师，清华大学双聘教授，西北大学中国思想文化研究所所长，西北大学名誉校长，《华夏文化》(季刊)主编。参与主编《宋明理学史》等，自著和主编的著作有《中华人文精神》、《儒学·理学·实学·新学》、《中国思想史》、《中国传统文化》、《中国历史十五讲》、《中国思想文化史》等。

书法创作中的汉字文化

苏士澍

学书法做什么？

我们从事书法的人，首先要知道学书法是干什么。我因为做书法编辑工作，上世纪80年代从编辑字帖开始，一点一点坚持下来，在编书的同时边干边学，用业余时间从事书法——写写画画。在当前西方文化巨大影响下，孩子们从小吃麦当劳、肯德基，喜欢白雪公主、米老鼠、唐老鸭，中华优秀传统文化渐渐被淡漠了。记得2009年3月8日，我在全国政协十一届二次会议有一个大会发言——《加强青少年汉字书写刻不容缓》。我们是中国人，我们用的是中国字，所以从小要学好汉字。但是我们现在的孩子们学英文的时间远远超过学中文，我们的研究生、博士生，英文说得呱呱叫，中文反而不会写了，回过头来想找一个成语、找一个中文翻译的词对照都找不着了。随着科技的发展和计算机、手机、互联网的普及，人们的学习和交流方式都发生了巨变，对汉字书写的依赖度急剧下降。我们的双手已习惯了敲打键盘，还有多少人习惯于握笔书写，尤其是使用笔墨纸砚？所以作为书法工作者，我感觉到自己身上责任的重大，而且在西化的情况下，我们不仅是书法工作者，更是中华民族汉字的捍卫者。2014年3月8日，全国政协十二届二次会议第三次全体会议，我又做了题为《写好中国字　做好中国人》的大会发言。

不过，我们也应该认识到计算机的科技优势，没有计算机，我们国家不可能发展到今天。我们的八、九届全国政协副主席安子介在香港孜孜不倦地研究汉字学，发明了“安子介汉字六位数计算机编码法”和“安子介写字机”，把汉字和计算机沟通了；后来钱三强、钱伟长、费孝通以北大为基础，联合其他社科院等机构研发汉字信息系统。北大的王选被誉为“当代毕昇”，他领导的科研集体研发出的汉字激光照排系统，把汉字和计算机有机结合了，汉字落后论从此翻了身。所以我觉得应该感谢王选这一代人，在这一点上，无论用什么语言去歌颂他们都不为过。

今天，我们要把认识汉字、书写汉字、宣传汉字提高到国家战略层面去认识。为什么这么说呢？有一位西方领导人说过：中国永远成不了超级大国，因为他输出的都是产品没有输出文化。还有些人说，要想让中国淡出世界舞台，首先使中国汉字不能在全世界公开应用，多么恶毒的攻击！所以我们今天学汉字，写汉字，宣传汉字就要提高到国家战略层面去认识。

中国人一定要学好中国字。四大文明古国，其他三个文明古国的文明文化都没有得到传承，只有我们中华民族的文明文化传承了下来，为什么呢？这其中汉字发挥了重要作用。从汉代到盛唐，不管朝代怎样更替，历史如何变迁，都没有把汉字扔掉，这就是汉字强大的生命力。在历史上，由于书法实用功能的要求，字体逐渐发生改变。从甲骨文到大篆，从大篆到隶书，笔法多了，书写速度也快了。后来又有汉简、草书，又有章草、行书、楷书，直到今天的简化字。我们不要认为汉字就是一个写，在书斋里头可以玩一玩，更重要的是要研究承载着中华民族精神的汉字文化，研究汉字传承的问题。

当前社会浮躁是方方面面的，但是只要认真地写写汉字，心情就踏实了。我做过实验，当年我曾到我孩子所在的小学教书法课，教了一个学期之后，好动的孩子都不乱动了，都专心地写字。这说明运用我们的笔、我们的墨、我们的纸去写字，能让你精神集中。

为什么能精神集中呢？因为笔是软的、墨是稀的、纸是洇的，软笔稀墨写在洇纸上，三者营造的意境就使得你必须精神集中。孩子精神集中了，就可以专心致志地去干一件事情。再如，老人专心致志地去写字就可以入静，入静则有助于达到身心健康。所以并不是要把汉字书写说得多神乎，而是确确实实能通过写字达到身心健康。

学习书法首先要研究汉字，因为书法的载体是汉字，而汉字又是由“六书”：象形、指事、形声、会意、假借、转注六种方法来组成的，是通过形、音、意三者结合来完成的，不能仅靠汉语拼音，汉语拼音只是其中一方面。既然我们学的是书法，就应该用六书的方法，通过形、音、意三者结合来表现汉字的伟大。我们学习书法这种艺术，还不仅仅是为把字写好，把字写得漂亮，成为书协会员、理事等，更主要是通过书法宣传汉字文化。毕加索说过，我要是中国的艺术家，我绝不学绘画，我一定要学中国的书法。现在全世界320多个孔子学院都在不同程度地传播我们的汉字书法艺术，传播中国的文化。所以我觉得，加强书法的学习，我们要增强民族责任感，加强书法的学习也是增强我们民族凝聚力的重要内容。

书法的艺术特色

书法要讲究三个要素：笔法、结构、章法。这是最基本的要素。什么叫好，什么叫不好，怎么算好，怎么算不好？它有没有标准？我个人认为还是有标准的。首先看是笔法，笔法是用笔的方法，赵孟頫说用笔千古不易，启功先生说结字是主要的。不管怎么说，笔法是第一位的；第二个问题是结构，楷书有楷书的结构，篆书有篆书的结构，隶书有隶书的结构，只有结构掌握好了，字才能写得漂亮、美观。第三是空间的章法。下面举个例子说说书法种类的艺术特色与问题。

就拿小篆来说吧，它写起来的根本问题是什么？孙过庭《书谱》里说："篆尚婉而通。"这是品评篆书的一个基本标准。写篆书的时候首先要从小篆入手，再向两边发展：一方面，要想追求古典、雄浑的风格就写大篆、钟鼎铭文。如果再飘逸点儿，可以写写甲骨文。另一方面，要追求规整的风格，可以从小篆开始直奔隶书，而写隶书一定要写汉隶，有了汉隶的基础之后再向简帛发展。

小篆是书法学习里边很重要的一门。要想把小篆写好，首先要懂"说文"。"说文"是指汉代许慎所著的《说文解字》，里面一共讲了 9353 个字，进行了彻底的分析。说的是文，解的是字，而且有 540 个部首，这 540 个部首可以说把中国古代的篆书全部归纳起来了。《说文解字》以后，历代的文人都在它的基础上做点评、解注等等。最重要的是清代的段玉裁，进一步做了说文解字注，称为《段注说文解字》。所以如果大家有兴趣，一定要把《说文解字》从头到尾看明白，有条件的把王福庵或者杨沂孙、吴大澂写的说文 540 部首，首先写好。有这个基础再进一步写其他字体，你就是有本了。王福庵在近现代来说，在写小篆和金文结合方面，确确实实是个大家，他的字形演变和字的结构相当漂亮。

要写玉箸篆，像清代的王澍等人写得也不错，如果把字写得太大，就显得笔画单薄，这个从笔法上来说还要适当吸收王福庵、吴大澂的写法。秦始皇统一六国的时候书同文，车同轨，把所有部首文字都规整一样了。规整是好的，但是从艺术角度说就板滞了。从清代邓石如写篆书以后到吴让之、王福庵、吴昌硕等等，包括当代一些大家都在书法风格上有所变化，所以你拿它做基础是必须的，也是应该的，但有了这个功底之后，还要好好地再往前进一步发展。

再有就是每个字的美感，不要扭得太厉害。小篆的美感，《康熙字典》的字头要比《说文解字》的字头好看得多。小篆是修长的，5 比 8 的比例，不能停留在王澍这些人的笔下，要把小篆和隶书、魏碑去结合一下，赵之谦就是结合好的范例。徐三庚写字太媚，吴让之写得就规矩，所以在他们的基础上，最后落到王福庵身上，从王福庵再向邓石如方向发展，追求老辣、雄浑的味道。

书法只有继承、发展和出新

书法艺术离不开笔墨纸砚。笔、墨、纸、砚是宝，而我们现在都没有拿它们当宝，忽视了它们的重要性。今天条件这么好这么充足，对笔对墨对纸一定要有研究。首先说选纸，完全的草书用太厚的纸是不行的，用净皮或者特净皮就看自己本身掌握的程度了。因为纸薄写起来轻松，纸厚，有的纤丝就出不来。如果稍微大一点的字，最好用特净皮。什么是净皮呢？就是纸的成分中有相当一部分是檀皮。檀皮比例大，稻草比例小，就是特净皮。我们看宋元以前的纸几乎都算熟纸，那个时候没有羊毫笔，更没有檀皮，檀皮是明以后才有的。为什么要买五年十年或十年以上的纸呢？十年以上的纸因为与空气接触，慢慢由生变熟了，但还保持生宣的味道，既洇又不全洇，笔墨层次，跃然纸上，使书画家用起来更能得心应手。

我们现在要求笔到意到甚至笔不到意到的效果，这就需要你的运笔和腕力，还需要使用合适的墨。我们使用的墨汁，原来是一得阁的，现在被玄宗墨汁取代了。玄宗墨汁稠，兑水稀释之后还很黑。如果写草书，就找一块好的砚台，端砚或者歙砚。为什么说这两种砚台好呢？这是因为它发墨快，什么是发墨呢？就是石头很硬，水含在里头，研墨的时候墨块往下掉，石头本身不出面儿。值得注意的是，这些对笔、对纸、对墨的严格要求是建立在把字写好的基础之上，本身字写得都不行，再好的条件也没用。

现在似乎是为了追求一种时尚，书法作品经常是这空一块，那空一块，或者剪一块、贴一块甚至盖满印章，我认为都不是美。其实乾隆在书画作品上的盖章就把作品全给破坏了，我们在写文章的时候特别地批评过他。但是由于拍卖炒作，所有盖着乾隆章的都值钱，一哄而起，所以把这风气带起来了。我们现在把一幅书法作品盖得满脸花，有必要么？没必要。本来印章是起到画龙点睛的作用，这些印章把画面破坏了还被认为是一种美，我不这样认为。所以在这些问题上还要规规矩矩，不要故意的这里盖一方，那里盖一方，并不美。其实盖章也要讲究，齐首章不能用方块章，得是长方形、椭圆形或不规则的。作品要文雅，与做文人书家一脉承传。最好写自己的诗词，加强自己在诗词歌赋方面的修养和提升，能够使你的笔墨或者字形字体更趋向于文人化。文房四宝承载文明，是通过文房四宝把书法作品表现得淋漓尽致。

我们在书法问题上只有继承、发展和出新。今天再好的草书也超不过明朝，明朝人的花样在博物馆里有的是，但都没流传下来。真正流传下来的大家，都是规规矩矩、符合法度的。书法、书法，是书写的方法，法书、法书，是有法之书。我们再怎么写也没离开篆、隶、草、真、行，在书法的行当里头，老祖宗已经给我们留下了两千多年的文字记载，这么多好的东西我们还没有好好继承，我们使用笔墨的时间远远比古人少。所以大家要静下心来，踏踏实实地向古人好的墨迹和碑帖学习。文物出版社出版的《中国法书全集》18 册，就是在启功先生的亲自指导下，从甲骨墨迹，到晚清吴昌硕，共选用 1849 件法书真迹，全面记录了历代名家法书，可以说是新中国成立以来的第一部法书巨著。希望大家认真阅读，继承好传统，在继承的同时争取出新。

我们学书法不能离开博物馆，一些学习书法的人连博物馆的真迹都不看是不应该的。现在国家博物馆、故宫博物院等多家博物馆每年都有很好的墨迹碑帖展出。大家只要有时间、有精力都应该走进博物馆，那里是取之不尽、用之不竭的宝库。在书法的行当里，特别要好好地向古人学习，学了七分再学十分，像李可染先生说的，用最大的努力打进去，再用最大的勇气打出来，往往打不出来就是书匠书奴，打出来了就是大家，但是你不进去就永远得不到书法的真谛。

演讲人简介

苏士澍，全国政协常委、著名书法家，现任全国政协书画室副主任、中国书法家协会副主席、文物出版社社长。编有《篆字编》、《隶字编》、《楷字编》、《行书编》等大型书法工具书及《中国书迹大观》等大型书法专业书，著有《中国书法艺术·秦汉卷》等，主编多卷本《中国法书全集》。

孟子的“国际正义观”

王中江

孟子“问诊”天下

我们简单来看一下春秋战国时期。

我们知道，中国历史从上古的“三代”（夏、商、周）到西周的晚期发生了重大转变。从西周周平王迁都洛阳开始，西周已经衰落，历史进入到一般所说的春秋战国时期。这个转变在中国历史上是非常重大的转变，整体上是周天子的权威逐渐丧失（“失尊”）的过程。在这个过程中，不同的诸侯国家兴起，如春秋“五霸”、战国“七雄”，诸侯国之间开始兼并，并发生冲突和战争。当时的诸子百家，就如何解决当时诸侯国之间的矛盾、冲突提出了各种各样的看法。法家的观点非常直接，就是通过国家的富足和军事的强大，毫不留情地进行兼并和征服。墨家代表的路线是一个和平主义的路线，墨子提出的口号和信念就是诸侯国之间要互爱、互利，即“兼相爱，交相利”，他们的目标就是“兴天下之利，除天下之害”。现在中国的发展，也是采取和平共处的发展模式，采取互惠、互利的发展模式，坚持的实际上也是“兼相爱，交相利”的原则。还有一位墨家人物宋荣子，他也是一位和平主义者，为了避免无谓的争斗，他将侮辱不当作侮辱，“救民之斗，禁攻寝兵”。这个人物（宋牼）在《孟子》里也出现了，而且他跟孟子还有一个故事，后面我们会讲。

在儒家里面，孟子是思考所谓“国际关系”的代表性人物。他是如何来看待春秋战国时代诸侯国之间关系的呢？当时是，诸侯国受利益的驱动，发生了一系列的冲突和战争。我们知道，人类的历史一直以来都是在和平与冲突、发展与战争之间交替进行的。对于战争，我们通常会区分两种，一种是正义的，一种是非正义的。如何去判断一种战争是正义的还是非正义的，分歧是非常大的，因为战争的双方都会声称他们发动的战争是正义的。因此，评判战争的正义性和非正义性，是一个历史过程。在历史过程中，大家通过历史研究来为战争的性质作出分析和判断。在这方面，人类还是有共识的。

在春秋到战国时期的几百年中，诸侯国之间发生的战争是无数的，孟子如何看？孟子认为"《春秋》无义战"（《孟子·尽心下》）。孟子是用一个很高的标准来衡量春秋时期发生的那些战争，认为这些战争都是不合乎正义的。那么，这个"正义"是什么？我们看孟子的一些说法。孟子说"五霸者，三王之罪人也"（《孟子·告子下》），意思是说春秋时期的五个霸主国家都是夏、商、周三代圣王的罪人，孟子对他们采取了否定的态度。孟子对战国时期战争的否定也是非常突出的，他说"今之诸侯，五霸之罪人也"（《孟子·告子下》），认为战国时期的诸侯王、诸侯国又是春秋五霸的罪人。孟子一方面说"《春秋》无义战"，另一方面把春秋时期和战国时期相比，又认为前者还是要好一些，那么战国时期的诸侯为什么更坏呢？因为到了战国时期又出现了"七雄"，他们左右了当时的诸侯国之间的关系。因此孟子说"《春秋》无义战"，但是"彼善于此"（《孟子·尽心下》）的情况还是有的。到底哪些是比较好的，哪些是比较差的，孟子没有具体讲。明清时期有个历史学家顾炎武，他对春秋、战国时期的不同地方作了一些比较，认为春秋时期在总体上还是比较和平文明的，而到了战国时期，战争则变得非常残酷。

近代以来，随着中国和西方发生交往，中国要同外部世界建立一种新型关系。为此，清代开始引入国际法，当时称之为“万国公法”。为了理解国际法，或者说为了让清政府接受国际法的概念，自己不再把自己当成天下宗主国，一些人鼓吹中国同其他各国之间建立一种新的国际关系，一种平等的国际关系。为了借助于国际法，他们说国际法不止是西方近代建立起来的，同时也是中国古老的一种法律。他们认为春秋战国时期的诸侯国之间的关系，类似于欧洲近代发展起来的国际关系。

当时，有一个叫丁韪良的美国传教士，他是最早开始从春秋战国时期来寻找与现代国际法之间类似性的人。他写了一本书（《汉学菁华》），讲的中国古代“国际法”，主要是春秋战国时期中国人维持诸侯国之间关系的一些规范和信念。他说在当时的诸侯国关系中，国人讲礼仪，违反了就要遭到大家的谴责，还要受到联合讨伐，那是一个非常重视声誉的时代。当时的诸侯们对褒贬都会有一种强烈的反应，因为他们把天子看成是荣誉的源泉，在名义上他们仍承认周天子。丁韪良说：“（周天子的）这种伦理道德上的优势，恐怕没有比中世纪几乎所有基督教国家的君主们习惯向罗马教廷表示的尊敬更贴切的模拟了。”他还说任何国家都会把守信看作是国际交往中最重要的美德，他沿用孔子的话“人而无信，不知其可也”来证明这一点。

但是，为什么还会发生冲突和战争，特别是战国时代，战争变得越来越残酷？孟子认为主要有两个原因。第一，战国时期的诸侯国都将自己的利益看成是最高利益。这些利益是什么呢？就是土地、人口和财富，就是要扩大自己的版图，掠夺别国的财富和资源，这些目的都是非常明确的。第二，当时一些诸侯国家的君主们主要考虑统治者的利益，而不是百姓的利益。可以看看《战国策》有关国家发展战略的记载，“欲富国者，务广其地”，这点是非常清楚的。所以，孟子强烈批判完全被利益所驱动而发展的这一行为。孟子还说，现在为君主服务的人，见到君主都会说我有能力帮助你扩大地盘，帮助你把仓库弄得满满的，孟子认定这样的人是“民贼”，君主应当向好的方向去发展，要“向道”，要“志于仁”。如果是用强占的手段，结果就是助纣为虐。

孟子有一次遇到了墨家人物宋牼，也就是《庄子·天下篇》中记载的那位和平主义者。孟子问，老先生你去什么地方？宋牼说，听说楚国和秦国要发生战争了，我现在要劝说他们休战。孟子就问，你主要想用什么理由去说服他们呢？宋牼就说，我要告诉他们，不要发动战争，发动战争对自己不利。孟子说，你的志向很远大，但是你的号召力和采取的理由是不可行的。为什么不可行？孟子认为不能用利益来引导他们，不能用利害关系去说服他们。如果宋牼从利害关系说服了秦、楚不发生战争，这其实也已经是好事，但孟子并不满足于用对自己有利、无利的权衡标准来决定是否做这件事情，而主张考虑事情正义与否。简单地说，就是要优先考虑道德和正义，不能从利害关系出发。

孟子的仁政理想

在孟子思想中，王道与霸道、义与利是明确二分的。儒家人物是道德理想主义者，他们坚持依靠道德正义——仁、义、礼、智、信去治理国家，所以在儒家思想中，广义的王道是建立一个内外共治的、王化无外的、稳定太平的天下秩序。这一点在儒家里面是一个整体思想，孟子正是这一思想的代表。在孟子看来，理想的治理就是靠王道、靠仁义，这与靠军事、靠霸权的霸道政治是完全对立的，因为后者不是向仁的。

孟子是第一个提出“王道”学说的古贤。在他看来，实现王道治理的最好典范是尧、舜、禹、汤、文、武。孟子认为，一个国家治理的好坏不是以土地和人口的大小、多寡为标准的，而关键在于这个国家是否施行仁政。孟子曾说“以力假仁者霸”（《孟子・公孙丑上》），意思是如果一个国家有力量，他“以力假仁”就可以成为霸主。一个霸权国家即便没有行仁义，也要以借用仁义的名义实行统治。统治者不会说我就是强权，我就是霸主，它即使行强权，它也会借用正义之名、仁义之名。大家都知道，日本侵略中国的时候，它假托的就是“大东亚共荣圈”，是非常冠冕堂皇的名目下面的霸权和侵略行为。

孟子对王道和霸道是明确二分的，他认为夏、商、周的圣王都是靠仁爱正义的理念去治理天下的。以霸道去争夺天下和治理天下，最终是行不通的。孟子说：“不仁而得国者，有之矣；不仁而得天下，未之有也。”（《孟子・尽心下》）进一步来说，孟子追求王道政治，是基于人民的福祉。我们现在都非常熟悉儒家的民本思想，但儒家不只是讲民本，其实还讲民心和民意，即要十分清楚百姓的愿望是什么，他们希望得到什么，他们关心什么，他们想选择什么。因为儒家信奉“民之所欲，天必从之”。

在孟子的思想中，重视以民为本，他认为帝王要满足百姓的愿望和要求，“天视自我民视，天听自我民听”。那么，该如何得民心呢？民心又是什么呢？民心就是老百姓所想要的，你要满足他们，老百姓所讨厌的你不要给他们。纣王失去民心，是因为违背了人民的愿望，结果国家垮台了。《孟子》书中记载了发生在邹城的故事。邹城在春秋时期叫邾国，当时常常闹灾荒，但国家的仓库还是有粮食的，百姓得不到救济。邹城的百姓中，年轻力壮的都逃难到他乡，年老体弱的则被抛尸荒野。可见，当时的政治是非常黑暗的。在邾国和鲁国的战争中，邾国有 33 名官员战死在沙场，而参战的民众都临阵逃跑了，邾国国君最后被老百姓抛弃了。（参见《孟子・梁惠王下》）

在如何治理国家上，孟子提出了很多很重要的思想，其中最重要的思想是仁政。孟子认为如何施行仁政呢？在仁政思想中，首先是经济保障，所以孟子的仁政思想就是让百姓过上一种富裕充足的生活。在经济上为百姓的生活提供保障，在制度上的表现，就是实行井田制和“制民之产”。(《孟子·梁惠王上》）百姓如果没有恒产的话，就没有恒心，就会违法作乱，就会无恶不作。这里并不是说人心有多坏，只是要指出，当百姓生存不下去的时候，是什么事都可能会发生的。老子说：“民不畏死，奈何以死惧之。”(《老子》第七十四章）意思是说，到了老百姓连死都不怕的地步，再用死去威胁他就没有任何作用。因为当一个人活不下去的时候，他会认为铤而走险是死，等着饿死也是死，为了生存下去，他可能什么事情都做得出来，是很可怕的。同样，孟子在这点上也说，一定要让老百姓有生存权，能够很好地生活下去。可是统治者有时候却不管百姓的死活，特别是在自然灾难来临的时候。诺贝尔经济学奖获得者阿玛蒂亚·森研究灾害和饥荒的问题，他的研究为什么能够获奖？其中一个原因就是他关注到了灾荒和人事的关系问题。在世界历史上，发生灾荒的大多数原因并不是缺少粮食，但灾难却发生了，主要是因为别的地方不能把粮食拿出来供应给灾区，从而使一个地区的人在短时间内大量死亡。所以，孟子说：“狗彘食人食而不知检，途有饿殍而不知发；人死，则曰：‘非我也，岁也。’是何异于刺人而杀之，曰：‘非我也，兵也！’”(《孟子·梁惠王上》)，这是值得后人深思的。

国家贵在养德

孟子曾提出“以大事小”和“以小事大”(《孟子·梁惠王下》）的说法。这里的“大”、“小”是指大诸侯国和小诸侯国。大诸侯国与小诸侯国面临的问题是不同的。针对不同国力的诸侯国，孟子提出了不同的外交方法。我们知道，现在全世界有200多个国家，大小都非常不同，有的国家人口少至1万人，甚至是几千人，这种国家单靠其自身的军事力量实难以生存下来。小国在大国面前如何保护自己？现代国际秩序的维持主要就是依靠国际法，国家不分大小都具有主权，也都要承担国际义务，所以弱国受到强国侵略的时候可以诉诸国际法。

在现实世界里，国与国之间的关系是非常复杂的，除了用国际法来解决国际纠纷以外，更现实的考虑是国与国之间的平衡。在孟子的时代，诸侯国关系里有很多小国，也有很多附属国，他们该如何去做呢？齐宣王问孟子：“交邻国有道乎？”孟子回答说：“有。惟仁者为能以大事小。”（《孟子·梁惠王下》）大国为什么还要侍奉小国呢？大国虽然大，但是对小国应该像对待兄弟一样去爱护他、关心他，他才会从内心里尊敬你，这就是“以大事小”。

小国面临大国应该怎么办呢？孟子说：“惟智者为能以小事大”。当时诸侯国中处在大国之间的小国有很多，其中滕国临近齐国，齐国要筑薛城，薛城离滕国很近，滕文公非常害怕，怕此城筑起来会危及滕国。孟子告诉他不用担心，接着便以“大王事獯鬻”的例子来劝导。他说，周当时受狄人的侵犯，大王不想发生冲突，就将自己的部落迁走了。当时是“非择而取之，不得已也”（《孟子·梁惠王下》）。大王没有办法，如果他不迁走，就面临一场残酷的战争，结果不可预测。他不能让自己的人民白白牺牲，所以当时他让步了。滕文公说，滕国是小国，要竭力事大国，仍不免于被兼，该如何是好呢？孟子告诉他，只要把小国治理好。如果非得决一死战，老百姓会愿意为你战斗的；你若治国无方，老百姓则不愿意为你战斗。孟子说，宋也是小国，现在行王政，齐国和楚国都想讨伐他，但不用怕：“苟行王政，四海之内皆举首而望之，欲以为君，齐楚虽大，何畏焉？”（《孟子·滕文公下》）也就是说，对外的抵抗力来自内部的治理状况。

孟子有一句名言，叫“仁者无敌”（《孟子·梁惠王上》）。孟子这句话是说“仁者”是不可战胜的。梁惠王说别的诸侯国那么强大，我现在东败于齐，“西丧地于秦七百里，南辱于楚”（《孟子·梁惠王上》），对此我个人感觉非常耻辱，我想把我的人调动起来为他们洗刷耻辱，我如何去做。孟子给他提出的办法就是施行仁政，把国内的人民治理好，让老百姓过上好的生活。你只要把内政做好了，自然就“仁者无敌”。“仁者无敌”主要靠“人和”，在于赢得民心，即“天时不如地利，地利不如人和”（《孟子·公孙丑下》）。固若金汤但最后还是被攻破，其原因何在？这就是孟子说的“得道者多助，失道者寡助”（《孟子·公孙丑下》）。

关于诸侯国之间的关系问题，孟子的原则是：“以力服人者，非心服也，力不赡也；以德服人者，中心悦而诚服也。”（《孟子·公孙丑上》）就是要以德胜人、以德悦远近，用美德吸引世界各地的人，让附近的人都非常快乐，让远处的人都愿意到你的国家来，所以孟子说要用善和仁义去治理人，人们才会心悦诚服。

最后，我们做一个总结。就一个国家的内部的治理而言，单靠坚持正义是有限的，单靠壮大力量也是有限的。秦国主要是靠霸道而成为强国的，继它统一了六国后，为什么在短时间内就垮掉了呢？汉代人总结秦国覆灭的教训，说秦国过于追求强权，不讲仁义和道德。王充总结过韩非学说的缺陷，也总结了秦国人统治的缺陷，他最后得出的结论是，治理一个国家和治理天下要靠两个东西，一要养德，一要养力。养德是培养正义的价值，而养力便是发展自己的力量。这两个方面，一定要相互配合，缺一皆不可。（参阅王充《论衡·非韩》）从这种角度来看，孟子也许过分地强调“养德”，对于力量的发展他确实关心不够，因为他认为一旦强调利益就会引起争夺。这是我们对孟子“国际正义观”的一些讨论和总结。我们站在历史的立场上，以现代的观点看问题，要看到国家的发展一方面是国家力量自身的发展，另一方面也是国家正义的发展，只有这样，才能得到应有的尊重。

演讲人简介

王中江，现任北京大学哲学系教授、博士生导师，教育部“长江学者特聘教授”；兼任中华孔子学会常务副会长等职。致力于中国哲学、特别是中国近现代哲学和先秦哲学的研究，先后出版学术专著10余部，译著2部；发表学术专题论文百余篇；主编有“中国哲学前沿丛书”、《新哲学》、《中国儒学》等。

现代大国应对文化经典进行生命还原

杨义

寻找文化的原本，疏通精神的脉络

一个现代大国需要对自己的文化经典进行还原研究，清理原始经典的知识发生的根源，思想者的文化生命基因，文本背后的文化意义密码，以及诸多被历史烟尘遮蔽的千古之谜。要弄清自己的家底，激活这份深厚的家底的文化生命，才能有根有据、底气深厚而又潇潇洒洒地开展新的文化创造。对家底做一个明白人，是莫大的幸运而莫大的快乐的事啊！连祖宗的遗产都是一笔糊涂账，时时聚讼纷纭，道不清一个子丑寅卯，又如何去说服别人呢？现代大国责无旁贷地应对自己的基本经典和文化伟人，给出一个原创性的，既根基牢靠又生趣盎然的说法，才能形成自己的最为根本的文化软实力。

“还原”就是寻找中国文化之原本，寻找它的思想力和生命力发生及存在的本真。还原似乎是一个二律背反的命题：一方面，历史是不可能原原本本、百分之百地重新复原的，历史进入人们的记忆和记录，都要经过筛选和叙说，这就有所删除，有所聚光。不要说二三千年前的历史，就是昨日发生在另一房间的事情，你派人现场记录，再来向你复述的时候，已经不能纹丝不动、任何细节都不遗漏地重现出来。另一方面，还原又是非常必要的，对于一个文化而言是具有根本性的。虽然你不可能重现你经孕育出生的全部细节，但通过 DNA 的检测和分析，你还是可以指认亲生父母。经典是人书写和编纂的，那里蕴含着人的生命痕迹，可以追问著作者是谁，为何把书写成这个样子，其中的知识如何发生，思想如何被原创和接受。推求原始，辨析原委，走近诸子，触摸他们的体温，还原历史现场，是艰难的，也是必要和具有可能性的。

我们应该重温唐代刘知几《史通·书志篇》提到的两个掌故，其中说："帝王苗裔，公侯子孙，余庆所宗，百世无绝。能言吾祖，郯子见师于孔公；不识其先，籍谈取诮于姬后。故周撰《世本》，式辨诸宗；楚置三闾，实掌王族。逮于晚叶，谱学尤烦。"中国人重视谱系学，不应仅限于家族谱系，更重要的是弄清自己的文化谱系、精神谱系。孔子向东夷酋长郯子请教远古的文字记载之外的职官制度和图腾崇拜，打通了民族间隔，打通了文献传统和口头传统的间隔，并且说出"吾闻之：天子失官，学在四夷，犹信"的感慨。可见 27 岁的孔子问礼还原远古的礼制，是采取了何种开放的胸襟。

另一个反面的掌故，发生在此前两年，《左传》鲁昭公十五年（公元前 527 年）记载：这年的 12 月，晋国的荀跞去洛阳，参加穆后的葬礼，籍谈作为副使。葬礼完后，周景王以鲁国进贡的酒壶斟酒，宴请晋国的使臣。宴席间，周景王问籍谈："诸侯都有礼器进贡王室，为何晋国独独没有？"籍谈回答："诸侯受封，都在王室接受明器的赏赐，用来镇抚社稷，所以能够把彝器进贡给天子。晋国居住在深山，与戎狄为邻，远离王室。天子的赏赐达不到，拜见戎狄还来不及，又怎能进贡礼器？"周景王反问，"你忘了晋国始祖唐叔是成王的同胞兄弟，受赏怎能没有份？"并且列举了历朝赏赐给晋国的车马、斧钺、皮甲、香酒、弓箭，这些都是晋国要记录在册，用来彰显荣耀、教育子孙的。"籍氏是因官职得姓氏的，从你的九世祖以来，就管理晋国的典籍，作为籍氏子孙，为何连这些都忘了呢？"客人离开后，周景王说，"这就是'数典忘祖'"。这里涉及封建制度、赏赐制度、进贡制度、丧礼制度、书籍制度，作为籍氏后人竟然忘记了掌管的典籍，忘记了典籍背后的祖先。这与孔子的文化旨趣决然相反，孔子倡导“礼失而求诸野”，在这“失”与“求”之间，是要聚合各种生命痕迹、缀合各种文化碎片，以还原文化的根本的。

正是基于这么一种文化思路，我近年潜心于“先秦诸子还原”研究。其旨趣，是要在文本、生命、文献、民俗、考古等多个学术维度上追求的一种学术境界，透视诸子创造学说的生命过程，对诸子学说进行文化基因的分析，以疏通中华民族在其思想文化史上生长起来的文化精神脉络。

在材料的缝隙中寻找古人的生命存在

令人深感遗憾的是，在诸子学研究中，一些文献根柢相当好的学者，经常忽略了文献、典籍之中，蕴含着著作者的生命。这种生命，使典籍得以发生；对这种生命的寻求和激活，又使古今可以进行对话，共享智慧。《礼记》记载，孔子临终对子贡说：“丘，殷人也。”这是追述和强调他的祖籍在宋，是殷人后裔。既然孔子这样强调了，弟子对孔子的丧葬就要按照殷礼实行。众弟子在孔子墓前庐墓守心孝，就是仿照商朝初年太甲到成汤、太丁在桐宫的墓地庐墓守孝的殷人丧葬之礼来执行的。以礼解经的结果，就会发现，《论语》材料的最初回忆记录，只有承认发生在庐墓守心孝的三年（二十五月）的历史现场。如果众弟子分散前的这 25 个月，不对夫子进行深切的追思和编纂追思录，那么对于事师如事父的弟子而言，又怎么面对孔子反复对他们讲的“三年无改于父之道，可谓孝矣”呢？这就印证了汉儒所讲，《论语》第一次编纂发生在“夫子既卒”的时候（鲁哀公十六年，公元前 479 年）。

以礼解经，就是以当时士人行为规范来把握他们的办事方式，它应该与以史解经、以生命解经相互配置。由此又可以推导出《论语》第二次编纂，发生在庐墓守心孝结束，子夏、子张、子游推举有若主持儒门（鲁哀公十八年，公元前 477 年）的很短时间内，这在《论语》文本中留下足够的生命痕迹。第三次编纂发生在曾子死（鲁悼公三十一年，公元前 436 年）后不久，这是柳宗元在《论语辨》中考证出来的，宋儒程朱辈也认同这个说法，《论语》文本中也留下足够的生命痕迹。第一次编纂的主持者，据郑玄说，是仲弓、子游、子夏，这条线索经过荀子，通向汉儒；第三次编纂的主持者是子思及乐正子春等曾门弟子，这条线索经过孟子，通向宋儒。两千年儒学的汉、宋两大学派，在《论语》于春秋战国之际五十余年间的三次编纂中，埋下了它们的最初源头。

这也告诉我们，东周秦汉的书籍制度与宋以后的刻本制度存在着实质性的差异，它往往不是一次编成的，或现有一个祖本，然后在多次编纂中有所调整、有所增删；或组简传抄、单篇别行，抄录、口传、汇集、整理交叉进行，从而在不同时间、不同地域、不同学派的手中，形成了类乎考古学的“历史文化地层叠压”。研究者不应抓住以后来叠加和扰乱的某些痕迹，就攻其一点不计其余，轻易地斥之为“伪书”；也不应由于记载很早，就忽略有晚出的材料掺入，并叠加于其中。认真的态度，应该是细心辨析文本中的裂缝，各家记载的差异，材料沾染的飘尘，推究不限于真伪的多种可能性，究其发生，察其原委，从字里行间窥见生命的脉动。若要形容这种研究方式，当可用得上“披沙拣金，集腋成裘”八个字。

我常有一种感慨，在材料的缝隙中发现古人生命的存在，或者说“以迹求心”，是需要悟性，需要敏锐的眼光的；而某些科班训练却钝化了被训练者的悟性和眼光，把材料当成死材料，对其中蕴含着的生命脉动视而不见。在这一点上，有些学者简直不如一个破案的警察。按照这些学者的方法，只要拿尺子量量脚印的方位和尺寸大小，就心满意足，觉得非常“实证”了。许多人读《史记》，连“老子者，楚苦县厉乡曲仁里人也”，都不问一问老子仅是“周守藏室之史”，对于如此官阶，先秦的官方文字会把他的里籍记录得如此详细吗？《史记》记载那么多人，里籍记得最详细的，只有三个人，一是《本纪》中的刘邦，二是《世家》中的孔子，第三个就是《列传》中的老子了。这说明了什么？说明老子的详细里籍，应是司马迁 20 岁远游所得，《史记·太史公自序》说他“二十而南游江、淮，上会稽，探禹穴，……北涉汶、泗，讲业齐、鲁之都，观孔子之遗风，乡射邹、峄。戹困鄱、薛、彭城，过梁、楚以归”。他到过刘邦、孔子的故乡，而“过梁、楚以归”，是指他过大梁之墟，观秦引黄河水灌大梁而灭魏的遗迹，以及信陵君拜访岩穴隐士，不耻下交的城东之夷门；而又经过“楚”，按照他回洛阳、长安的路途计，这个楚只能是“陈楚”，即老子的家乡。

至于梁启超发现老子传八代就到文、景之世，而年少于他的孔子传了十三世；尤其是老子之子李宗“为魏将”，如果按照周烈王于魏文侯四十三年（公元前 403 年）承认魏、赵、韩为诸侯来算，距老子出生已经一百六七十年了，因此他的儿子无论如何是够不上的。新发现的唐朝墓碑中，有《唐右骁卫朔坡府故折冲都尉段公墓志铭》，其中记载：“公讳会，字志合，淄州邹平人也。其先颛顼之苗裔。盖李宗自周适晋，仕魏献子为将有功，赐邑封段干大夫。孙木，文侯之师，偃息蕃于王室，因地命氏，遂立姓焉。”这块墓碑照顾到李宗够不上魏文侯，就把他为魏将的时间上推了百年左右，安置在魏献子执政晋国的时期（公元前 514—前 509 年），这倒是对上榫卯了。

但是以下六代，又如何能够延展到文、景之世？问题在于老子出关隐居的时候，已是起码六七十岁的高龄，他的儿子辈不可能把他抛下，出山应聘为将；经过三四代之后，耐不得寂寞的后人出山求职，才在事理之中。细读《老子列传》，既然老子出关后“莫知其所终”，那么谁又能知道“盖老子百有六十余岁，或言二百余岁，以其修道而养寿也”？如果抽掉插入的老莱子、太史儋两则材料，接下来的就是老子之子李宗为魏将。揆之情理，这个李宗实际上是老子的三四代孙，他出山后凭着何德何能被聘为魏将？最好的办法就是自称老子之子，老头子还活着，已经一百六十多岁了，甚至后来还活到二百多岁。战国初年，老子的“长生久视”之学已经流行，说他“修道养寿”，成了活神仙，当是令人惊叹的奇迹。后人如此神化祖宗，也就抬高了自己的身价。

战国神仙信仰的风气中，并非李宗一人要弄“年龄崇拜”的戏法。大梁人尉缭于秦王政十年（公元前237年）游说秦王，但他写的《尉缭子》一开头就是：“梁惠王问尉缭子曰：‘黄帝《刑德》，可以百胜，有之乎？’尉缭子对曰……”梁惠王在位时间是公元前369—前319年，即便尉缭二十岁，在梁惠王最后一年与他对话，那么他拜见秦王政时也已经一百零三岁了，又怎么能接受秦王政的挽留，当上秦国的将军，帮同规划消灭六国的军事谋略呢？于是乎，人们就只能猜测大梁人有两个尉缭了。其实，这是掉入了古人利用年龄崇拜所设下的文化陷阱。这就是孟子为何说“尽信书，则不如无书”了。古人也是人，他为何这样说、这样写，必须看透他的内心，才能解读他的生命密码。退而言之，事物是存在着多种可能性的，为何人们只是质疑认认真真地搜集材料、想为世间留下信史的太史公，而不去质疑历史上那些求职者、游说者呢？这是一时风行的思维定势在作怪。

只有超越前贤，才能与世界对话

我们面临着如何对待前人成果的问题。两千年来，无论汉儒、宋儒、清儒或民国前辈学人，研究六经诸子都积累了丰厚的成果，许多建树都可以成为我们进一步探本寻源的前阶，这不是一日半日就能讲得透彻的。现在严峻的思维定势是，有相当一些学问不可谓不博的学者，每每将前人的成果当成压抑自身创造力的负担，离开前人扔下的拐杖就不会走路，遮蔽了以明敏的眼光直探原始典籍之本原的视野。而一代学术气象，并非只靠一味仰脖子就可以开创出来的。过度的崇圣或过度的非圣，能够当“敲门砖”，能够制造思潮，但是与现代大国的学术风范存在着错位。现代大国学术可以接纳前贤，却又必须超越前贤，才能与当代世界进行广泛的对话。清学是古学的集大成，在文字、版本、校勘、辑佚上，其功至伟，不容狂妄抹煞。但是任何一代学术都有其强项和短板，我曾经分析过“清学三弊”，一是在文化高压下不敢讲民族问题，而中华民族文化共同体的精神谱系，离开汉胡或华夷的互动，是讲不清楚的。二是贬抑民间口头传统，只有经传神圣，民间文学不够“雅驯”。三是他们没有看到近百年的考古发现，对战国秦汉许多要籍的形成、演变或缺环，只能在因袭多于发明的注疏中兜圈子。至于民国学术，引进新学理，开拓新学科，做了许多得风气之先的奠基工作。但是疑古过度，是否反映了弱国心态，值得思考。辨伪，提出了许多新锐的问题，但由于没有大量的出土材料的参照，往往容易以宋元以下的版本知识，去评判战国秦汉属于另一种书籍制度的典籍之真伪，因而新出土的材料每每令之陷入尴尬。这样说，现代大国学术并不是存心非薄前人，而是为了解放今人，只有认识前人的不足处、薄弱处，才能拓展今人的原创空间。

既然当代学者有志于开创现代大国的一代学术风范，就应该更新思想方法。思想方法的更新，可以使我们看到经典的新的侧面和层面，从这些新发现的侧面、层面触摸生命的温度，直抵意义的本真。一切资源，对先秦诸子进行深度的还原。比如孔子适周问礼于老子，在战国秦汉的儒家典籍、道家著述、诸子记述、史家叙事，甚至汉画像石中，都是没有怀疑的。但是由于孔子随行弟子较少，没有录入《论语》，儒学后来做大，难以忍受自己的祖师前面还有一个道家的祖师，有碍于道统的纯粹，因而就使得本是先秦诸子光彩夺目的“老孔会”的开幕式，“雾失楼台，月迷津渡”了。

《史记》在《孔子世家》、《老子列传》中，以互见法记载“老孔会”，《仲尼弟子列传》也有所涉及，一个卓越的历史学家如此使用材料，说明他对此事发生过，是坚信不疑的。但他并没有准确地考明“老孔会”发生的具体时间，对于《左传》鲁昭公七年（公元前535 年）记述孟僖子安排鲁昭公由楚归鲁的礼仪，紧接着记述孟僖子病将死，遗嘱孟懿子、南宫敬叔向孔子学礼，二者相距十七年，《史记》却没有仔细辨析，造成了史源学上的混乱，导致后世即便相信孔子适周问礼与老子者，对他们相会的年份，出现五花八门的说法，谁也说服不了谁。

其实，只要将散落在《左传》、《礼记》、《史记》、《说苑》、《孔子家语》等典籍中的材料碎片，考之以史，辩之以礼，贯之以生命脉络，再对当时列国的治乱形势加以核对排除，尤其是把握住《礼记·曾子问》中孔子与老子参加一次出殡而遭遇日食这个关键，就可以缀合材料碎片，发现孔子适周问礼的时间是：鲁昭公三十一年（公元前 511 年），孔子四十一岁。《礼记·曾子问》记载孔子曰：“昔者，吾从老聃，助葬于巷党，及堩，日有食之，老聃曰：‘丘。止柩，就道右，止哭以听变。’既明，反而后行。曰：‘礼也。’反葬，而丘问之曰：‘夫柩不可以反者也，日有食之，不知其已之迟数，则岂如行哉！’老聃曰：‘诸侯朝天子，见日而行，逮日而舍奠。大夫使，见日而行，逮日而舍。夫柩不蚤出，不暮宿。见星而行者，唯罪人与奔父母之丧者乎？日有食之，安知其不见星也！且君子行礼，不以人之亲痁患。’吾闻诸老聃云。”从这则记载“柩不蚤出，不暮宿”，可知周人出殡是在上午。

经过严密的史源学、文献学、考据学、历史编年学的辨析所得出的结论，不妨以现代天文学加以验证，查《夏商周三代中国十三城可见日食表（食分食甚）》及 *Five Millennium Canon of Solar Eclipses: -1999 to +3000*（*2000 BCE to 3000 CE*），可知在洛阳可见的日食的准确时间是，鲁昭公三十一年（公元前 511 年）在公历 11 月 14 日上午 9 点 56 分前后。《仪礼·既夕礼》记述入葬之日，“厥明，陈鼎五于门外”，举行郑重而简单的祭奠哭踊礼仪之后，“主人拜送，复位，杖，乃行”，可知按照周制，葬礼是在上午举行。因为葬礼之后还有虞祭，《礼记·檀弓下》云：“日中而虞。葬日虞，弗忍一日离也。”疏曰：“虞者，葬日还殡宫安神之祭名。”《释名·释丧制》又云：“既葬，还祭于殡宫曰虞。谓虞乐安神，使还此也。”因此孔子从老聃助葬所遇到的日食，应发生在上午 10 时左右，正好符合周朝礼制。若考证在其他年份，出殡遇日食的时刻皆不合周朝礼制。由此证得，孔子适周问礼于老子，在鲁昭公三十一年秋冬之际。

从散落多处的材料碎片中还原古老的生命活动，既是对古人的尊重，也是对自身学术敏感力和解释力的试练。我有一种感受，抱着一种尊重心，对散落的碎片精思明辨，穷原竟委，进行认真、审慎、科学的复原性缀合，乃是还原诸子生命的有效方法。这不仅是技术问题，关键的还是一种文化态度。这是一个艰难而浩大的以碎求全的“逆向工程”，不是将已经碎片化的历史残片再捣成粉末，而是聚精会神、锱铢必较又呕心沥血地还原典籍的生成、历史的现场、古贤的情感生命，破解诸多千古谜团。

唯有通过还原诸子经典的本义，还原诸子思想发生的生命性和过程性，还原中国文化完整的而不是碎片化的生命过程，进而破解历史公案，释疑千年谜团，才能使我们的文化根柢牢固、根脉舒展，从而开启古今互通智慧的闸门，为现代大国的文化创造输入丰沛的元气。

演讲人简介

杨义，1946年生于广东。现任中国社会科学院学部委员，文学研究所研究员、博士生导师。曾任中国社会科学院文学研究所所长、中国鲁迅研究会会长、《文学评论》主编等职。主要著有《中国现代小说史》、《中国叙事学》、《楚辞诗学》、“诸子还原”四书（《老子还原》、《庄子还原》、《韩非子还原》、《墨子还原》）等作品。

中华文化的生命力特征

严绍璗

多元文明视野中的中华文化

今天我讲述的主题是中华文化的本质特征。这个题目的含量很大，需要从世界文化史的立场上考察。中华文化无疑具有极为悠久的历史和极为丰厚的内容，它涵盖面非常广泛，生命力甚为坚强，一直处在与世界文化能动的过程中。我们知道，世界各个地区的族群先后从蒙昧时代进入到文明时代，使人类世界最早形成了四大文明区。公元前5000年左右，非洲北部的塔萨文化依托尼罗河流域，创造了古埃及文明。但是公元前332年马其顿亚历山大大帝征服了古埃及，埃及文化逐渐丧失了它的独特的文化价值。西亚两河流域文明是公元前4000年左右由苏美尔人以亚洲西部的底格里斯河和幼发拉底河为中心创造的。但是公元前22世纪以来，这里有连绵不断的战争，美索不达米亚南边的巴比伦人与北边的亚述人多次进入这个区域，又曾经被波斯王国所灭，两河流域文明便逐渐蜕变。公元前2500年左右，亚洲南部以印度河与恒河流域为中心，形成了古印度文明，这一文明以哈拉巴族群为中心，创造了哈拉巴文化。但是这一文明大约在公元前1500年据说由于雅利安人进入而逐步瓦解。上述三大文明区，由于不断的战争、部族的瓦解，原有的古老文明丧失其本体性价值，而转换成为另一种文化形态。在人类文明史上，形成最早的一个文明区域，即大约在公元前6000年前后，在亚洲东部开始形成了以黄河流域和长江流域为依托，并且波及到珠江流域和云贵地区的中华文明。这一文明在自身发展过程中，一直到 21 世纪，不仅没有出现过文化的断裂，而且超越了它生存的本土，在亚洲东部地区形成了一个以发源于中华大地的稻米农业为基本生存方式，以汉字和汉字文化为语言记录工具的“东亚古代文明共同体”，成为世界文明史进程中非常独特的文化景观。世界上最古老的四大文明所提供的人类智慧和成果成为世界文明萌发的摇篮，由此也引出一个值得思考的问题，为什么中华文明能够不断成长和发展？这里面最根本的特征是什么？

中国古代文献《周易》中关于文明和文化有这样一段经典性的表述：“文明以止，人文也。……观乎人文，以化成天下。”这或许是人类世界最早表述的关于“文明”和“文化”的命题。文中所说的“止”是指脚趾的“趾”，也就是踪迹、根基的意思。用现代汉语来解释，它其实阐释了文明与文化的基本关系——即文化是文明的根基。《周易》的命题表述的社会生活中具体的“物象”其实就是文明的形态，而诸多文明形态的根基，就是“文化”。在《周易》的时代，我们的先人已经诠释了“文明是文化的外在表现，文化是文明的内在核心”。

关于文化和文明概念的讨论，当今世界还在不断地进行着。上个世纪 80 年代我曾经参加过联合国教科文组织的关于编写世界文化史的一个讨论。当时提供给我们的材料，是世界上很多著名学者关于文化和文明的概念阐述以及对文化与文明关系的理解，我记得大约有 170 余种。这么多数量当然表现了世界学者的智慧，但也告诉我们对这个命题的认知，差异竟然如此之大。遗憾的是在这么多的表述中，竟然没有引用过《周易》中这么杰出的智慧，实在是很大的缺陷啊！作为一个中国的文化学者，我更倾向于 3000 年前我们中华民族的祖先在《周易》中所表述的这一命题。它可以回答我方才提出的问题——在世界最古老的四大文明中，为什么中华文明自形成以来一直到当今从未断裂过？为什么会成为世界文明形态中一个独特的文化景观？当然有很多复杂的因素，但是最根本的原因就在于中华文明内部存在着一个具有强大生命力的文化核心。

多源文化滋养的复合体

那么中华文化产生与发展的逻辑过程是怎样的？中华文化内具生命力的基本特征究竟是什么？我想首先要从中华文化的起源来考察。

中华文化内具生命力的第一个特征在于它是多源头文化的复合体。与古埃及文明、两河流域文明和古印度文明不同，中华文明不是单一族群所影响的单亲文明，而是多源头文化的复合体。这需要从三个层面来考察：传说图谱、文献图谱和考古图谱。这三个层面有互相重叠的部分，但是它们都非常清楚地向我们显示了中华文化是在今天中国广袤的土地上由多源族群文化所生成的。

第一层面是传说图谱。传说图谱指的是中国历史上丰富多彩的传说，比如盘古开天辟地说、女娲造人说、炎黄文明起源说等等。这些传说并没有文献证据和实物证据，但不是随便几个人说的，而是一代一代相传而来。

炎帝和黄帝同时作为中华文明史的主角，第一次完整出现是在《列子》中。我们现在知道它是一本伪书，它标榜是春秋战国时期的著作，但自 19 世纪以来，中国学者已经证明这本书大概是魏晋时代的作品。《列子》中有《黄帝》一篇，第一次对黄帝和炎帝有了比较宏观的记录。“黄帝与炎帝战于阪泉之野，帅熊、罴、狼、豹、貙、虎为前驱，雕、鹖、鹰、鸢为旗帜。”阪泉在今天河北省逐鹿县的东南，这里面提出了文明史上一个非常有意思的问题：黄帝怎么有能力率领熊、罴、狼、豹、貙、虎这么多动物进行战争呢？文明史的知识提醒我们，这些所谓的熊、罴、狼、豹、貙、虎，其实都是各个氏族的图腾族徽，这些氏族以黄帝为首形成部落联盟。黄帝为什么能够把他们带动起来？我想符合逻辑的解释是黄帝本身也可能是一种图腾。而炎帝是以火为图腾的一个族群，炎就是烈火、大火的表示。这样，一个以动物为图腾的集团军和一个以火为图腾的集团军在中国河北展开了一场大战，我们可以把它理解为不同族群之间的战争，是早期华夏多个族群的融合状态。

第二层面是文献图谱，主要讲的是夏商周文化。依据中国上古文献的记载，并且有考古作为支持，中华文明的起源可以以夏商周作为源头，中国最早的文献以《尚书》、《周易》为代表，多记载过这样一个历史过程。

来看看《尚书》，尚就是古代，书就是文献，这就是当时所编订的一部古代文献。《尚书》关于夏朝的记载有 4 篇；殷商的记载有 11 篇；周书很详细，有 30 篇。根据上古文献的记载，商人和周人的起源是不相同的。《诗经》中《商颂》一篇讲到“天命玄鸟，降而生商”。什么意思呢？就是上天授命于“玄”（可以解释为大，也可以解释为黑，可能是大而黑的鸟），让它下降到大地上，于是产生了商人。《史记·殷本纪》对此记载做了非常有意思的解释，说“殷契，母曰简狄，有娀氏之女，为帝喾次妃。三人行浴，见玄鸟堕其卵，简狄取吞之，因孕生契。”殷商的最早的老母亲叫简狄，她和一些女孩在河边洗澡的时候看到了一只大鸟生下了一个蛋，她偷偷吃了这个蛋，就怀孕生下一个孩子，这个孩子就是商族的祖先契。司马迁时代不可能具备现代文明史的理论，但是他的描述应该说是符合文明史事实的，他要讲的是殷商是一个鸟图腾崇拜的族群。

关于周族的起源，我们也还得找《诗经》来说。《诗经》说“厥初生民，时维姜嫄。生民如何？克禋克祀，以弗无子。履帝武敏歆，攸介攸止，载震载夙。载生载育，时维后稷”。这里文字解释很复杂，我们只讲述它的故事，它的故事就是司马迁在《史记·周本纪》里面讲的“周后稷，名弃。其母有邰氏女，曰姜原（通嫄）。姜原为帝喾元妃。姜原出野，见巨人迹，心忻然说，欲践之，践之而身动如孕者。居期而生子”。有邰氏女儿姜嫄走路的时候碰到了一个巨大的脚印，她心里很高兴，踩了这个脚印，于是就怀孕了，所生的孩子就是周氏族的祖先后稷，名弃。这个故事里有一个基本信息——周氏族产生于一种图腾，他们的老母亲踩住了一个巨大的脚印，这是什么脚印并无定论，但表明了周和商是两个族群。

第三层面是考古图谱。在古代文明史研究上，考古是最确定的材料和论证依据。20 世纪以来中国的考古学取得了巨大成就，为我们研究中国文明起源提供了非常重要的材料，已经构成了文明起源的多源性考古图谱。

1921 年在河南仰韶村，1928 年在山东的章丘龙山镇相继发现了新石器文化遗迹，这就是今天非常有名的仰韶文化、龙山文化。1954 年在陕西西安发现了半坡村遗址，是新石器晚期文化，可以看出当时新石器文化沿着黄河流域形成的轨迹。我们很多人把中国文明称为黄河文明，认为黄河文明是中华文明的摇篮。但是从文化学理论来看，20 世纪 50 年代以来，长江流域相继发现了新石器时代的一系列文化遗址，如河姆渡文化遗址、三星堆文化遗址等。这些遗址告诉我们，在中国今天的版图内，在长江流域乃至云贵地区等，和黄河流域一样存在着极为辉煌的古代文明。20 世纪 70 年代初期以来，中外学者已经开始把中华文明不仅仅称为黄河文明，而是称为河江文明。

作为中国文化的研究者，我想，把从黄河文明的概念扩展到河江文明是很重要的。21 世纪初期中国南方的珠江流域又发现了一系列重要的新石器文化遗址。越来越多的遗迹可以证明中华文化是在今天中国这样一个广袤的土地上形成的，是以诸多氏族族群共同的智慧和力量所创造出来的多源复合体，它的生命力一直延续到今天。

新陈代谢，永葆活力

接下来我要讲第二个特征，我认为中华文化的内部存在着一种十分活跃的新陈代谢机制，它表现为在特定的时间和空间里能够进行自我筛选、自我反省，甚至自我淘汰和自我创新。从文化史研究来说，一种文化形态如果没有自我调节的能力，或者说自我调节的能力不够，就很难应付现实的变动。任何一种文化的产生都是和特定社会生态、自然生态相呼应的。文化的生命力和文化的自我调节功能密切相关。

中华文明的第一次具有体系性的新陈代谢，是春秋战国时期的诸子百家。诸子百家的主要成果是把殷商所提出的敬畏天地、祭祀祖先进行了调整和提炼。随着当时生产力提升、生产关系变革，以及社会形态的多样性发展，诸子百家提出了一些新的思想，今天我们称之为道家、儒家、墨家、法家等等。表现在这样三个层面：

第一，关于社会生存的基础原则，以儒家为首的思想家们提出敬德保民、和合克己，以稳定的心态相互相处，以保证社会的相互稳定。

第二，面对着各诸侯王国连绵不断的互相争斗，墨家提出了兼爱非攻、止戈为武，强调社会要有爱心，不要用战争解决一切问题。

第三，在推进社会发展层面，法家和道家提出了阴阳相生，自强不息。阴阳相生指矛盾的对立面可以互相转化，产生万物，而任何族群都要自强不息，奋斗到底。

这三个层面就把中华文化从殷代和周代前期复杂的崇拜礼仪中，引向了面对现实社会，以人为核心的新理念。中华文化的新元素因此而得以产生，其中许多合理的成分一直延续到现在。

中华文化第二次大规模的自我反省发生在公元前2世纪左右。经过战国时期的社会动乱和秦朝的严酷统治，社会生态的变异迫使文化进入到一种新的构建之中，出现了贾谊等杰出的思想家。贾谊认为文化发展需要面对三个层面的问题：第一，他认为强权超过了道义的力量，最终造成了秦始皇的残暴。所以他提出君主的权力应该以道义原则、以法纪礼仪加以管束。第二，需要反省的不仅是君主的权力，民众也应受到约束。“民无廉耻，国不可治矣。”社会也应该有道义的原则，就是民众要建立起廉耻的概念。第三个问题针对官僚群体，强调身为一个官员必须有所作为。

上述对于社会生存发展的思虑发生在西汉时期，是对诸子百家学说的反思，其总体原则应该说是偏向于儒家的，但又不尽相同，吸收了法家和墨家的有价值成分，进行提升和补充。它其实是儒学经过了几百年社会检验出现的变体，可以说是汉代的新学问。这个新学问一直从汉代延续到唐代，我们在文化史上称为汉唐儒学。

汉唐儒学发展到唐代又出现了许多新的情况，中华文化又进行了第三次反省和推陈出新，完成于宋代，我们称之为“宋学”。汉学确定了自己的主体地位后，发展到魏晋时代受到了玄学的冲击。到了唐代，皇家的主体意识在名义上高举儒学的旗帜，但很多皇帝信奉道教。此外，还有从印度传入的佛教。由于社会宗教力量开始发展，像所谓“儒佛之争”，造成了社会不同层面的一些矛盾，开始冲击汉唐儒学。

在这种状态之下，从宋代开始，中华文化逐渐进入理论化的状态，从一般的政治学说进入对宇宙和生命本质的探讨，然后又回复到现实生活中，开始具备哲学思辨的内容。同时佛学开始吸收中华文化思想，其中禅宗学派以佛学理念和中国本土文化相结合而形成非常具有中华文化本体特征的一个佛学派系，这个派系很快传播到朝鲜和日本，产生巨大的影响。

中华文化从宋代以来构建的核心是宋明理学，发展到 16 世纪后，由于文化本身的运行以及中国社会的重大变动，它又出现了变化。对于一般民众来说，宋明理学带来了一个非常困难的思索层面。学者们对于绝对本体的理有深刻思考，认为文化的终极目标是要追踪这个理的存在，在理性和欲望争斗中来寻求人的本质特征。但这个理回到现实的政治和民众生活中又极为困难，因为人本身的生存有很多欲望，在理性和欲望之间存在着很多的矛盾。宋明理学没有能够提出一种解决或者整合这种矛盾的可能性。特别是南宋以来，中国若干城市的商业资本开始萌芽，我们称之为人欲的要求也慢慢高涨起来。这种人欲的高涨并不能通过理论家加以遏制，宋明理学开始显现出一种颓势局面。

在这样一个过程中，从 16 世纪末到 17 世纪中期，中国社会也发生了很大的变动，中国文化再一次自我调节。这次改变从规范儒学本体的愿望出发，以追求事实本相的实证精神来反对“存天理、灭人欲”的理论的说法。这时中华文化强调研究义理精神，进入了所谓的“朴学”阶段，即实证主义阶段。它的内涵与方法论，以我们今天的学识的研究来看，实质上包含了近代实证主义的某些要素，在前近代时期保持和提升了中华文化的生命力。

中华文化的包容性和亲和力

最后我想谈谈中华文化的包容性和亲和力特征。首先，中华文化不仅内部可以自我调节，而且对于外来文化的冲击具有很强的化解和包容能力，从而不断发展。中华文明与外部文明的概念是具能动性的，历史上很多外部文明现在已经变成中华文明的内在部分了。这个互相冲突的过程将近有 1000 年的时间，最终中华文化承受外来文化的冲击，把它们分解在中华文明的主体之中，使它们成为中华文化的新的成分。这种包容能力来自我前面所讲的中华文化起源的多源性，以及中国在当时的世界上相对先进的生产力形成的物质基础。中华文明作为一种世界文明的形态，一直根植于这种文化传统之中。

其次，中华文化不是一个内向型的系统，在包容外来文化冲击的同时，它又不断向周围地区发射自己的能量，是具有广泛和深厚亲和力的文化。文化和文明的传播有多种方式，一般说来，主要通过三种方式来实现：一是人种传递，通过人种的迁徙来传递这个人种所具有的多层面文明形态。二是物质传递。例如，丝绸之路使中华文明以物化的形态传递到了广泛的地区。三就是精神形态传递，其中特别重要的就是文献典籍的传递。文集是一个民族文明的主要载体，因此文集的流动和传播，是文明发达的重要体现。中华文化在这三个层面上都有巨大的能量，其影响也是非常丰富多彩的，这里我仅以 2500 年来东亚古代文明共同体的形成与特点做一个简要的解析。中华文化向东亚三大区域——朝鲜半岛、日本列岛、中南半岛的传递在上述三个层面是全面展开的，彼此交错，最终形成了一个文明共同体。它以汉字为基础，所以我们习惯上也称之为“汉字文化圈”。

我以为至少可以在五个层面提出东亚文明共同体的内涵的基本特征：第一，他们先后接受了由中国传入的稻作农业，成为工业化之前最基本的生产方式和族群生存形态。第二，他们先后接受了由中国传入的汉字，成为各国记录自己语言的工具，并且在这个基础上创造了自己的文字，比如日本的假名和越南的喃字。第三，他们先后接受了中国传入的以金属制作为核心的生产工具，并且形成了器物制造的技术手段。第四，他们先后接受了中国以儒学为核心的多种文化学说，并且渗透于社会生活的各个层面之中。第五，除中南半岛之外，朝鲜半岛和日本列岛先后接受了中国大陆汉译和汉创的佛教诸宗派，并成为主要的宗教信仰。

以上各个层面的相互组合，我们看到形成了一个内涵丰厚、结构紧密、力度强硬的文明系统，表现了中华文化具有广泛和深厚的文明亲和力特征。

演讲人简介

严绍璗，1964 年毕业于北京大学中国语言文学系，现任北京大学中国语言文学系教授、（教育部人文社科研究重点基地）北大外语学院“东方文学研究中心”学术委员会主任、全国古籍整理与研究出版规划领导小组成员、国际中国文化研究学会名誉会长。从事以中国文化为基本教养的“东亚文化”研究，并长期对以日本为中心的海外汉籍善本原典进行追寻、整理和编纂，撰著出版《比较文学与文化“变异体”研究》、《日本中国学史稿》、《日藏汉籍善本书录》（3 卷）等 14 种学术专著。

礼乐皆得谓之有德

彭　林

中国文化的核心是“礼”，但是这“礼”包含着“乐”，讲得周备一点，中国文化是礼乐文化。《礼记·乐记》说：“礼乐皆得，谓之有德。”只有把“礼”和“乐”的真谛都得到了，才是有德之人。其中的道理何在呢？我今天就来谈一谈。

全世界无论哪个地区、哪个民族，它的文明发展到一定阶段，都会认识音乐，用音乐自娱、互娱或者娱神。但是，没有一个民族像中国这样，把音乐作为教化的工具。《礼记·经解》提到孔子的六经之教，其中，以礼为教称为“礼教”，以乐为教称为“乐教”。在中国文化中，“乐”不仅是娱乐的手段，而且是社会教化的重要工具。

上古音乐成就及儒家音乐理论

中国是音乐发端非常早的国度，根据文献记载，中国音乐的起源可以上溯至黄帝。相传黄帝时有许多创造，其中之一就是发明了十二律。音乐中有1（哆）、2（来）、3（咪）、4（发）、5（嗦）、6（拉）、7（西）七声音阶，它们之间的音高是不平均的，有两个半音，在一个复杂的演奏当中，需要把这个七声音阶平均起来，才可以旋宫转调，它的基础就是把七声音阶分割成十二律。

《尚书·尧典》记载：“帝曰：夔，命汝典乐，教胄子，直而温，宽而栗，刚而无虐，简而无敖。诗言志，歌永言，声依咏，律和声。

八音克谐，无相夺伦，神人以和。”夔曰：“於！予击石拊石，百兽率舞。”当时舜帝任命了一批官员，其中一位名叫“夔”，职责是“典乐”。夔掌管音乐，主要是教育“胄子”，使他们通过学习音乐，正直而温和，宽厚而懂得敬畏，刚毅而不暴虐，行事简而无敖。“八音克谐”，就是用金、石、土、革、丝、木、匏、竹等八种材料制作的乐器在一起奏响也能和谐。

中国人懂得和谐的道理是从音乐开始的。整个社会由不同的人组成，不同特长、不同思想的人在一起，能做到和而不同，和谐相处，好比“笙”的七根管子，高低、粗细、大小不同，但能围绕着主旋律吹奏出和谐的曲子。这就是中国人的思想，不要求同一，但能在大主题下追求和谐。既保留个性，又能找到共性。夔说，啊！我很高兴，我重重地敲编磬（石），一奏起乐，凤凰来仪，鸟兽皆舞，天下一片和谐景象。

上述关于尧舜时代音乐生活的记载，长期以来被人们所怀疑，四千多年前的中国，音乐水平有这么高吗？然而，考古学提供了大量可以佐证的材料，仅举几例。比如河南舞阳贾湖出土的骨笛。贾湖文化大约距今七千到九千年，比仰韶文化还要早。贾湖遗址发现了 16 支用鹤类的肢骨制作的笛子，先民将鹤的腿骨两端截掉，在一侧钻 6~8 个孔，但没有吹孔，也没有贴膜的孔。实验演奏证明，需要直着吹，吹时口与管壁形成一个角度，把气吹到内壁上，使笛子内部产生气流震荡而发声。经过仪器测音，其中的 20 号骨笛，音准相当精确。这些笛子手工制作，孔与孔之间距离不等，说明制作者已经懂得某种数理关系，知道距离和音高是有联系的，且每个孔位都做有记号，不断调整，以求最佳音准。有的小孔只比针眼大一点，很难想象它是用什么工具钻的。这是世界上最早的吹奏乐器之一。再如殷墟出土的一件五孔陶埙，已经具备十一个半音，离十二律只有一步之遥。

更有让人叹为观止的是湖北出土的曾侯乙编钟。曾，是古代一个名不见经传的诸侯国，国君的名字叫“乙”。这套编钟共 64 枚，分 3 层悬挂在铜木结构的钟架上，编钟与铜构件的总重量达 4400 公斤。编钟是合瓦型的，敲击钟的中间和两侧会发出两个不同的乐音，称为“双音钟”。钟体多有铭文，注明该钟的音高以及与有关国家音律的对应关系。编钟的音域宽广，跨五个八度（现代钢琴为七个八度），中心区域可以旋宫转调。两千多年前，小小的曾国的乐器就已发达到这种程度，当时诸侯、天子的乐器，水平又将是如何，简直令人不敢想象。

古代群众性的歌唱活动也非常普及，著名歌手史不绝书。《列子·汤问》提到，薛谭到秦青门下学习唱歌，一段时间之后，自我感觉特好，故不想再学，欲辞别老师。老师很伤感，在郊外为他饯行。秦青“抚节悲歌，声振林木，响遏行云”，连白云都停下来听他唱。薛谭非常惭愧，自知浅薄，便留下来继续跟老师学习。

《列子·汤问》还提到民间女歌手韩娥，她游历到齐国，最后断粮了，就在临淄城下唱歌求食，她美妙婉转的歌声吸引来很多民众，人们纷纷赠以食粮。她离开之后三天，当地人们发现，家里梁上还回荡着她的歌声，这就是“余音绕梁，三日不绝”典故的来历。

《昭明文选》里《宋玉对楚王问》记载，有客在郢中唱歌，一开始唱《下里巴人》，国中属而和者达数千人；接着唱《阳阿薤露》，国中属而和者犹有数百人之多；最后唱《阳春白雪》，音调高亢，国中属而和者依然有数十人。当时群众性歌咏活动之盛，于此可见一斑。

尤其可贵的是，春秋战国之际，在器乐、声乐都发展到一个相当高的水平以后，学术界开始研究音乐理论，包括音乐的起源、分类、功用、社会价值等，形成了独具中国特色、堪与古希腊音乐思想媲美的音乐理论，它的代表作便是儒家经典《礼记》中的《乐记》篇。

提到音乐，人们往往会联想到“黄钟大吕”、“弦歌干扬”之类的道具，《乐记》说，这些不过是音乐的外在形式，属于“乐之末节”，不是音乐的本质，所以，“童者舞之”，让舞童去操演便是。音乐的本质究竟何在？儒家对此进行了深入的探索，其中“声、音、乐三分”的理论，是儒家音乐思想的核心。

音乐的起源与人的心理、情感活动密切相关。《乐记》说“凡音者，生人心者也。情动于中，故形于声。声成文，谓之音。”人是有着丰富情感的动物，人心被外物打动后，情感随之而起，并且会“形於声”。《毛诗序》说：“情动于中而形于言，言之不足，故嗟叹之；嗟叹之不足，故永歌之；永歌之不足，不知手之舞之、足之蹈之也。”情动于中而后会形于言，如果觉得这样还不足以表达内心的情感，就会“嗟叹之”；如果觉得还不足，就会“永歌之”，甚至“手之舞之、足之蹈之”，手舞足蹈。人的情感一层一层地渐次高涨，就形成了各种表达情感的方式。

“情动于中”而“形于声”，用“声”表达情感，是音乐的最低层次，想要吼一嗓子，把心声喊出来。“声”，是最低的层次，单调，直白，没有审美情趣，连动物都能感知。

古人通过长期的探索，发现了七声音阶。藉由七声音阶，以及调门和旋律等技术手段创作的乐曲，表达的情感更加丰富、生动，具有审美价值，更容易打动人心。“声成文，谓之音”，“文”是文采，是艺术规律，由此形成的“音”，是高于“声”的第二个层次，相当于今天所说的音乐。

音乐的种类很多，或者庄严，或者典雅，或者颓废，或者放荡。不同的音乐，给人以不同的感受，好的音乐催人向上，让人的心智、理想沿着正确的方向走；也有的音乐让人沉溺不起。因此，喜欢听什么样的音乐，人的气质也会随之改变。

儒家认为，“音”的范围太过宽泛，良莠不齐，理应有所区别，再作细分，把那些内容健康纯正，风格典雅，能体现道德教化的

“音”单独提出来，这一层次格调最高，称为“乐”。《乐记》说“德音之谓乐”。“音”和“乐”很相近，都是七声音阶，都是根据一定的旋律、调门创作出来的，但是两者在本质上不同，有优劣、高下、精粗之别，这正是《乐记》中子夏说的“夫乐者，与音相近而不同”所体现的思想。

《乐记》还讲到“君子乐得其道，小人乐得其欲。以道制欲，则乐而不乱；以欲忘道，则惑而不乐。”人不能没有快乐，人一快乐就自然而然地想跳舞或唱歌。君子关注的是，如何把握住娱乐活动中的道。一味追求感官的刺激与情绪的发泄，心性由此失去理性的把握，迷离惑乱，泛滥不归，就不会有真正的快乐。如果用道来制约，就能达到乐而不乱的境界。所以，要懂得“以道制欲”，倡导健康、高雅的歌曲，那么，社会风气才会端正。

《乐记》说：“德者，性之端也。”人心显露在外的，是德。人心的仁、义、理、智四端都是德的体现。“乐”是“德之华”。“金石丝竹，乐之器也。诗言其志也，歌咏其声也，舞动其容也。三者本于心，然后乐气从之。是故情深而文明，气盛而化神，和顺积中而英华发外。”真正的乐，犹如道德之花，而道德是人性的开端。金、石、丝、竹，只是表达这种情感的器具。

《乐记》又说：“凡音者，生于人心者也；乐者，通伦理者也。是故，知声而不知音者，禽兽是也；知音而不知乐者，众庶是也。唯君子为能知乐……是故，不知声者不可与言音，不知音者不可与言乐。知乐，则几于知礼矣。礼乐皆得，谓之有德。德者，得也。”“音”是人的心声，从“音”区别出来的“乐”，可以通伦理。禽兽只能感知“声”，人能创作“音”，这是人与动物的区别之一。众庶由于受教育的机会不足，所以只懂得“音”而没法懂得更高层次的“乐”。君子真正懂得“乐”的精义与妙用。

有个典故，讥讽魏文侯知音而不知乐。魏文侯喜好附庸风雅，有一天，他和孔子的学生子夏讨论音乐。他问子夏，“吾端冕而听古乐”，总是担心会睡着；而“听郑卫之音”，就不知疲倦。“敢问古乐之如彼何也？”“新乐之如此何也？”子夏就说，古乐“进旅退旅”，进退齐一，“和正以广”，表达的是平和中正之道。“弦匏笙簧，会守拊鼓”，用的都是非常正的乐器，互相配合，没有奸声。君子聆听到此，可以说出古乐的义理，然后想到文武之道，想到修身齐家、治国平天下。但是新乐不然，行伍杂乱尊卑不别，一曲终了，君子不知所云。“此新乐之发也”，非常之肤浅。最后子夏讥笑魏文侯，“今君所问者乐也，所好者音也。”你不懂什么叫乐，所以听了会睡觉。《乐记》说，如果你连“声”都不懂，那怎么讨论“音”？如果连“音”都不懂，又怎么讨论“乐”？懂得“乐”的人，就一定懂得“礼”。在先秦文献中，“德”与“得”可以互训，得到事物真谛的人，才是有德之人，所以说“德者，得也”。礼使人的行为合于道德理性，乐使人的心性中正平和。按照“礼乐”的要求来生活，便能内外兼修，成为德性高尚的君子，所以《乐记》说：“礼乐皆得，谓之有德。”

音乐通乎政

古代君子特别注重音乐的社会教化作用。

音乐与为政得失、社会风气好坏紧密相关。街上流行什么样的音乐，就可以知道民风如何。如苏州人说话，吴侬软语，评弹从内容到唱腔都是缠绵悱恻，所以当地民风柔弱，多出才子佳人，鲜出武将。西北则完全不同，秦腔激越高亢，人们每每在田间吼着嗓子唱，所以民风就比较刚烈。民风与音乐有关，这是不争的事实。人在唱歌之时，内心必然受到熏陶，天长日久，就会随之转移，所谓“润物细无声”，就是这个道理。

《吕氏春秋·音初》说“闻其声而知其风，察其风而知其志，观其志而知其德，盛衰、贤不肖、君子小人，皆形于乐，不可隐匿。故曰：乐之为观也深矣。”听听当地流行的民歌，可以知道民众的志向，他们崇尚什么，道德水准如何。所以一个社会的盛衰，一个人是贤还是不肖，是君子还是小人，只要看他喜欢什么样的音乐，就不难洞悉，通过音乐可以观察到非常深的问题，所以《吕氏春秋》又说“音乐通乎政”。

《礼记·王制》记载，上古君王要定期巡守四方，了解风俗人情。所到之处，地方官员要述职，内容之一，是展示当地的民歌。音乐能够反映民情。《乐记》说“治世之音安以乐，其政和。乱世之音怨以怒，其政乖。亡国之音哀以思，其民困。”有道之君，上下和乐，民声一定安详愉悦，清正典雅。反之，昏君当道，其政乖违，民生困顿，民声必定怨而怒之。至于行将灭亡的国家，民生困顿，民声必然怨恨。

历史上圣明时代，必定有时代颂歌，有史诗般的歌曲出现。相传黄帝时代的乐章叫《咸池》，颛顼的乐章叫《承云》，帝喾的乐章叫《唐歌》，尧的乐章叫《大章》。这种标志性的时代乐章，称之为“圣乐”。

除了尧舜这些传说中的圣贤之外，但凡有功于天下百姓的，也会留下歌颂他们的乐章。如大禹治水，万民欢欣，留下的乐章叫《夏迭》；汤商伐桀，除暴安良，留下的乐章叫《大护》、《晨露》；武王克商后，周公作的乐章叫《大武》。王国维先生曾有论文专门考证《大武》乐章。成王时，殷民叛乱，周人曾用大象冲锋陷阵，所作的乐章叫《三象》。

《吕氏春秋·适音》说，“故有道之世，观其音而知其俗矣，观其政而知其主矣。”世界上有哪个国家是把音乐与政治、与为政得失如此紧密地联系在一起的？只有中国。

孔子所处的春秋晚期，社会风气非常之衰败，表现在音乐上，则是流行音乐的泛滥，其中郑国的郑声尤其糜烂淫荡。孔子对此非常生气。他反对这些格调低下的、不健康的音乐，他说，“恶紫之夺朱也，恶郑声之乱雅乐也，恶利口之覆邦家者。”(《论语·阳货》)朱色是正色，紫色不是，但是人们不喜欢正色，反而喜欢不正的颜色，紫色把朱色的地位、影响都掩夺了。郑声就好比是紫色，把雅乐搞乱了。另外还有所谓“利口”，即能言善辩、巧言令色之徒，他们足以把国家给颠覆了。所以，孔子极其厌恶这不正的紫色、令人颓废的郑声，以及佞巧的“利口”。

需要指出的是，后史书上所说的“礼崩乐坏”，并不是说那个时候没有音乐、没有乐器，而是说音乐的格调低下，乐手的乐器虽好、技巧虽高，但演奏的已经不是德音雅乐，而是靡靡之音，郑卫之声。儒家在分辨这些音乐的时候，有一个背景，那就是流行音乐的产生。在历史上，雅乐和流行音乐的较量都没停止过，时至今日，依然如此。

移风易俗莫善于乐

治理一个国家，最基本的问题是治民，民风民情淳朴敦厚，则社会安定，百业兴旺。但是人心难测，不易措手。此外，中国幅员辽阔，是世界上任何一个古文明都无法相比的，由此带来的问题是风俗歧异，难以统一。所以，古时曾有学者用“如朽索之驭六马”来比喻治理百姓的艰难。

在儒家文化的体系中，音乐的功用，从根本上讲是要解决人心的问题。《郭店楚简》讲：“凡学者，求其心为难。”要变化人的心最难，与人相交要得到彼此的心也最难。“虽能其事，不能其心，不贵。”一个人虽然能把一件事做好，或者尽管做的是好事，但如果动机不正确，没有把心放正，就并不可贵。《郭店楚简》有两句话讲人心与音乐。一句是“凡声，其出于情也信，然后其入拨人之心也（厚）”，“信”是真实的意思，心声是真实的感情，最能打动人，拨动人的心弦。另一句“乐之动心也，濬深郁陶”，乐能直接打动人心，深入人心。这是音乐的重要特点。孔子听了歌颂舜的乐曲《韶》，居然“三月不知肉味”，感慨说“不图为乐之至于斯也”！想不到听好音乐能达到如此境界。

儒家认为，治民并不困难。《诗经》说“诱民孔易”，“诱”是诱导、教育，“孔”是非常的意思，诱导民众向上，其实很容易，因为人心本善，性情相同，经常听德音雅乐，是教化民众、敦厚社会风俗的最佳途径。教化，不是生硬地强迫百姓去认同，而是用民众喜闻乐见的方式，在愉悦的氛围中涵养德性，化民成俗，做到“民不教而自化”。

古人深谙此中奥妙，所以想方设法利用各种场合推广乐教。例如周代每隔三年，各乡就要选举贤能之士，推荐给国君任用。在向国君举贤之前，要在乡学中举行“乡饮酒礼”。在整场礼仪活动中，一乡之人按照礼仪规定依序喝酒，而乐工在堂上堂下奏乐助兴，这些音乐经过精心选择。首先，乐工歌唱《诗经》中的《鹿鸣》、《四牡》、《皇皇者华》，说的都是君臣之间的平和忠信之道。接着，笙奏《南陔》、《白华》、《华黍》，说的都是孝子奉养父母之道。然后，堂上、堂下轮奏，堂上鼓瑟唱《鱼丽》之歌，堂下笙奏《由庚》之曲；堂上鼓瑟唱《南有嘉鱼》之歌，堂下笙奏《崇丘》之曲；堂上鼓瑟唱《南山有台》之歌，堂下笙奏《由仪》之曲。最后器乐与声乐合起，奏唱《周南》的《关雎》、《葛覃》、《卷耳》，《召南》的《鹊巢》、《采蘩》、《采蘋》，说的都是人伦之道。一乡之人揖让升降，觥筹交错，涵咏于笙歌雅乐之中，润物细无声，为德音雅乐所化。

《礼记》说，“是故乐在宗庙之中，君臣上下同听之则莫不和敬”，这是发自内心的因“和”而生的敬；“在族长乡里之中，长幼同听之则莫不和顺。”长幼之顺，也是发自内心之和；“在闺门之内，父子兄弟同听之则莫不和亲。”总之，社会各层面的和谐，都是通过德音雅乐的传唱来完成的。

中国传统文人抚琴弹曲，旨在陶冶心性，净化灵魂，追求意境是第一位的。因而在抚琴之前，要沐浴焚香，静坐入定。轻轻拨动琴弦，脑海里出现的是静谧的山林，有曲径通幽，松涛与瀑布声徐徐入耳，心灵宁静。由琴声导入，深深涵泳其中。一曲终了，灵魂如洗。要成为一位温良亲和、有品位的人，就要懂得这样用乐来谐和自己的心性。

《礼记·乐记》说：“乐者所以象德也，礼者所以缀淫也。”“乐”是内心德行的体现，“礼”是防止行为出格的规范。“礼”和“乐”令你内外兼修，尽显君子风范。

改革开放之初，中央乐团首席指挥李德伦痛感大学校园弥漫低俗音乐，严肃音乐几乎没有听众，作为有社会责任感的音乐家，他率领中央乐团走进北京各高校，亲自讲解交响乐的基本知识，并演奏西方古典乐章。每一乐章演奏完毕，全场鸦雀无声，半分钟后，全场响起暴风雨般的掌声。在场的一位同学感叹地说：“心灵就像被洗过了一样。”心灵宁静、灵魂升华的感觉，油然而生。演出结束后，李德伦先生与笔者交谈时，引用《孝经》里的两句话：“移风易俗莫善于乐，安上治民莫善于礼。”足见李先生是一位懂得乐教理念，并且身体力行，将它付诸实施的音乐家。

古希腊著名学者毕达哥拉斯认为，音乐可以培养人的美德，可以治疗疾病，可见儒家的音乐思想与古希腊哲人的理念是相通的。时至今日，西方人依然非常重视青少年的古典音乐教育，认为这是人生教育的基础，所有孩子从小都接受系统的古典音乐教育，以此树立学生的文化根基，涵养贵族气质。

近年，关于音乐具有缓和人的情绪的功用，正在被越来越多的人重新认识。报载，德国某个小镇的汽车站，等车者常常在此吵架。有人就提议，在那里装个喇叭放古典音乐。自那以后，吵架的现象明显下降。候车者听着巴赫、莫扎特的音乐，会跟着哼起来，吵架的心情随之消失。还有一则报道，说新加坡的监狱，每到放风时，都是囚徒寻衅闹事、打架斗殴的好机会，这在新加坡、香港的电影里时常可以看到，警官一来马上装作没事。后来，尝试在放风时放古典音乐，结果囚犯闹事者明显减少。此外，台湾的东海大学，一位女教师开设一门音乐欣赏课，一开始，课上的男同学都坐不住，但几堂课下来，这些学生都变得沉稳、安静了。这就是音乐的妙用。

遗憾的是，上述古人都懂的道理，我们偏偏浑然不知了。改革开放之初，西方音乐蜂拥而至，我们不加甄别，一概欢迎，某些低俗的、不健康的音乐，在我们有意无意的帮助下流行国中。我们甚至认为，音乐的本质是娱乐，是纯粹的个人行为，任何人无权干涉，因而放弃了引导大众的责任。之后，商业加入音乐文化生活，把收视率、票房价值作为衡量作品高下的唯一标准，一些高雅的作品遭到唾弃与排斥。笔者有一位朋友，立志在民间提倡高雅音乐，把《兰亭序》谱成曲，在小范围演唱，极受欢迎。但却很难进入国家媒体，原因是收视率不可能高！如今学声乐、器乐的孩子越来越多，但孩子的气象并没有整体提高。其原因是，不少家长让孩子学习音乐，纯粹出于孩子高考可以加分的功利目的，从而背离了音乐教育的本质，使之沦落为纯粹的“术”，令人扼腕长叹！

今之于古，时代不同了，但社会面临的问题依然没有改变：如何让人的身心走向完美。从这一点而言，礼乐的社会价值依然没有过时。创作出符合我们这个时代的德音雅乐，引领社会进步，依然是我们的历史使命。

演讲人简介

彭林，清华大学人文学院历史系教授、博士生导师，国际儒学联合会理事，中国社会科学院古代文明研究中心客座研究员。主要从事先秦史等历史文献学和中国古代学术思想史的教学和研究，尤其注重对儒家经典《三礼》以及中国古代礼乐文化的研究。

众妙之门

王蒙

老子之“道”

我很年轻的时候，那时候我读的是任继愈先生的《老子今译》，我觉得老子的思想令我折服，比如老子说：“故有之以为利，无之以为用”，他说一个房屋，它之所以有用，就在于它的中间是空的。他这是在讲方法。再如“夫唯不争，故莫能与之争”，他以这种智慧来达到超凡入圣的境界。

我今天想讲几个问题。第一个问题我想谈一下我对“道”的理解。我自己对此有一个最简单的说法，这个说法在学术上可能是站不住的。我觉得“道”就是中华文化的上帝。为什么这么说呢？什么是神？按照神学的教科书来说，就是终极关怀。在《道德经》里，道就是终极，道就是本体与本质，道就是起源，道就是归宿，道就是概括。所以它是一个概念神，终极本身就是一个概念，这个概念和“上帝”的概念非常接近，因为它是终极，是最高、最大、最概括、最完全、最永远。“上帝”到底是什么？按基督教来说，耶稣是上帝的儿子，上帝是耶和华，但耶和华是没有形象的，你到教堂里头，不管是雕塑，还是油画，耶稣、圣母、12 个大弟子、圣保罗、圣弗兰西斯科、圣彼得等，都有形象，还有一些当地知名宗教人士都有形象，但耶和华是没有形象的。他一有了形象，神就人格化了，人格化后，就会出现很大的麻烦。你们看《达·芬奇密码》里说耶稣还有一个妻子抹大拉，梵蒂冈声明说这是胡说八道。再比如说你们看捷克裔的作家米兰·昆德拉，他说欧洲神学界曾经用一二百年的时间争论一个问题，就是耶稣进不进卫生间。因为他是人格化的，他当然就有这些问题。

中国人崇拜概念，什么叫“名”，对名的解释也非常多，但是我宁愿以我个人喜欢的想法来解释，我觉得名就是概念。有名、无名在《道德经》里面也是非常重要的概念。因为命名这是人类智慧的重要表现，孔子也最重视这个“名”，“必也正名乎”，他最重视这个名。而这个名到了道呢，“道通为一”，什么意思呢？用黑格尔的话，就是把杂多的世界统一起来，它都是道，都是从道当中来的，“道生一,一生二,二生三,三生万物”。道就是智慧，道就是规律。

《道德经》里还有一个说法，说道本无名，道是没有名的，“强字之曰道”。我有一个解释，名是名，字是字。名，譬如说蒋中正，中正这个是名，他的字是介石，当然我们平常都说蒋介石。毛泽东，泽东是名，润之，是他的字，过去都有正式的名和一个字，所以这个道呢，是字，因为它无以名之，你没有办法起一个名字，但是你在思想上，在理论上，以至于在语法上，都会追求终极、达到终极。终极是看不见的，你看到的都是有限，但是既然有了有限的，反义词构造的法则就可以让你有无限的概念，无限就是道。找到这个东西本来应该叫什么呢？就叫终极，有人问，你说了半天，到底什么是道呀？太好了，你不说这个“到底”了吗？道就是到底。你问到底什么是道，说明你已经感觉到道了。你只要是有这种无限的感觉、永恒的感觉、终极的感觉，你就是已经走进了这个“道”，触摸了这个“道”。但是，勉强的、正式的名字想不清楚到底是什么，这个“道”到底是什么东西，“强字之曰道”，我们给它勉强起一个字叫作“道”。

老子讲到道的特点是一曰大，二曰逝，三曰远，四曰反。第一，大，它是最大的，涵盖了一切的，好事、坏事，好东西、坏东西都是在这个“道”之间。二曰逝，它又是不断地变化的。三曰远，它是恒远的。四曰反，它又是辩证的，是自己不断地否定自己。大、逝、远、反，就是这个“道”。

这个“道”还像什么呢？如果用数学的观念来说，它像无限大，无穷大，就是“∞”，任何人都有对“道”的类似的这种体会。譬如说唐代陈子昂的诗说，“前不见古人，后不见来者，念天地之悠悠，独怆然而涕下。”道是什么呢？道就是不见，前不见，后不见。道就是悠悠，道就是怆然而泪下。这个“道”在《道德经》里头一共出现70次左右，但是出现得最多的字不是“道”，是“天”，或者是“无”，“天”和“无”到底哪个多，我现在还需要再统计，它们都出现百次以上。所以这个“道”作为存在的另一种形式，就是天。“天”很容易解释，全世界的人，对终极的触动、感悟，都离不开天。你看现在国家博物馆正举行托尔斯泰的展览，天津大剧院马上要演出《战争与和平》。《战争与和平》里面会写安德烈受了重伤以后，他的感悟就是天，他看到的也是那个天。

道的另一个方面就是“无”和“有”。《周易》上说的是一阴一阳谓之道，但是《道德经》里对阴阳讲得很少。我认为，对于老子来说，是一无一有谓之道。万物生于有，有生于无。为什么这万物生于有，有生于无呢？能够把有变成无，又能够把无变成有的只有一个概念，就是数学的无穷，无穷就是终极，终极就是无穷。

还有和“道”有关的一个字眼就是“自然”，这个“自然”跟英文的nature不是一个意思，而是它自己就是那个样子，它自己就是这样变化的，就是这样做的。这在《道德经》中也是非常重要的。如果我们再数学化一点，无的概念就是0，有的概念就是N，道的概念就是无穷大。为什么说道？一曰夷，二曰希，三曰微，一个是说看不见，一个是说听不见，一个是说摸不着、抓不着。为什么他看不见，抓不着，摸不着呢？因为它是一个概念，但是概念你不能说它是无，这概念哪儿来的？一切的无都是有的无。比如说一个人去世了，说这个人没了，因为他有，说李白死了，李白没了，因为有个李白，但是从来大家不会讨论“李黑”有没有，因为我们的脑子里是根本就没有存在过一个李黑。所以无就是因为有的结果，有就是因为无的结果。这也是西方讨论的本体，就是说道、无、有这都是一个本体的概念，都是一个存在的概念。这是我要说的第一个意思。这个意思如果说得不太清楚，也没关系，因为我也没有更好的办法或者更好的思考来把这个话说清楚。

有无之境

这个“无”还是一个理想的概念，而且是一个方法论的概念。刚才说一个存在的概念不容易解释，解释成一个理想的概念和方法论的概念就很容易。我们希望很多东西无，希望什么无呢？比如说无忧无虑，我们希望没有压迫，没有剥削，没有痛苦，没有枷锁。马克思是怎么动员大家来相信他的学说的呢？他说，工人阶级“失去的只是锁链，得到的将是全世界”。失去锁链这是前提，得到全世界是后果，是理想。失去了锁链，得到了全世界就是万物生于有，有生于无，你怎么样才能得到全世界呢？你必须失去锁链，你无。当然老子的说法就很高明了，比如一个房子，房子有四壁、有房顶、有地板，老子那个时候大概不用地板，就是土地，但是房子的用途不在于你有这些东西，而在于这间房子它是空着的，我们才能进来。这是一个非常了不起的观念，在某种意义上，“无”比“有”还重要。西方的政治学也有类似的观点，它认为一个政府让人们去做什么并不是它最主要的责任，它最主要的责任，最不可或缺的地方，就是它明确了你不可以做什么：比如你不可以偷东西，你不可以杀人，你不可以放火，你不可以破坏公共秩序，你不可以对别人造成人身伤害，你不可以侵犯别人的财产或者是公共财产。把“无”视为一种理想，其实很重要的一条表现在马克思主义的理论，共产主义的理论。马克思理论的魅力在哪儿呢？在我看来，就是实现了共产主义以后，没有国家机器，没有政党，没有阶级。从这个角度讲，我认为，马克思的理论和老子的无为理论达到了一致。

真正彻底的无为是什么意思呢？我认为老子提出这个无为来，是由于在东周时期，天下大乱，春秋无义战，而且每一个诸侯国、邦国都在那儿急着办自己的事，都在发展自己，强大自己，希望能够掌握当时的整个局面，他们认为中国就是天下。所以老子提出无为，他有挽狂澜于既倒这样一种想法。实际上，你做的许多事情都是适得其反。所以他提出来要无为而治，你最好什么都不要做。我们解释老子这个无为而治的时候，有时候会碰到一点尴尬，就是绝对的无为这是不可能的，你要绝对的无为，你连写个五千个字的《道德经》都是没有必要的。所以一个人不可能完全无为。所以有的人就解释，无为不是什么都不做，而是说让你不要刻意地为。但是他毕竟说的是无为，他不是说无刻意为，所以我愿意把它解释成什么呢？无为是一种理想，是一种文化，而且这个理想在中国来说源远流长，不限于老子。因为孔子在《论语》第十五章上也讲了，他说大舜是真正无为而治者，大舜怎么无为而治呢？他南面为王，往那儿一坐，天下事自然就是好好运行。这是我对无为的第一种解释，就是说这是一种理想。

我看“无为”还指什么呢？它主要指的是统治，它指的是君王，指的是臣子，它当然不是指工农、老百姓，工人不做工，农民不种地，老百姓不娶媳妇、不嫁人，那怎么行呢？所以庄子说得很清晰，说上无为而下有为。当然这种理解你也可以从反面说，它没有从勤政方面谈问题，没有从有一分热、发一分光这方面来谈。所以老子不是鲁迅，老子也不是那些最有作为的政治家。但是他们的无为，确实是针对了春秋当时的那种“乱为”，压迫人民、折腾人民、压榨人民的一些“为”。所以我第二个解释，就是它针对的是权力和权力运作者。

我对“无为”的第三个解释，这个无为和那个不刻意的为没有任何的矛盾，不刻意的为也是正确的。这个无为对我们方法论的作用是什么呢？就是有所不为。甭管你掌握不掌握权力，一个人有所为的前提是有所不为。譬如说我自己，面对别人对我的批评，我几乎没有接过“招儿”。为什么呢？不是由于我有什么特殊的构造，我只是要把时间用在更有价值的事情上。但是我该“搭理”的时候，又绝对要“搭理”。我对什么叫好人，什么叫坏人有个定义，好人就是有所不为。造谣的事不干，为自己蝇营狗苟的事不干，搞黑斗的事绝对不干，侮辱别人的事绝对不干。但是什么叫坏人？坏人无所不为。这个问题在香港我跟查良镛先生聊过，他非常赞成我这个说法。所以老子这种无为而治的思想是非常伟大的思想，它是一个向往，绝对的无为是不可能的，但是老子善于用这个“无”。

我对“无为”还有第四个解释，就是无为的好处在什么地方呢？就是学会用减法。“为学日益，为道日损，损之又损，以至于无为”。你在计划你的生活、你的学习、你的人生的时候，除了考虑我要做什么以外，你还要考虑我不要做什么。学会用减法的人太主动了，太快乐了！学会乘以零，甭管闹得多厉害，你都可以给它乘以零。所以这无为里面也还包括学会用减法。庄子跟老子则不完全一样，庄子更多的考虑是自救，是精神上的自我救赎。庄子是我有我活下去的招儿，我有我的思路。

老子里还有一条就是“无争”，充分运用了这个“无”字，无争、无私，这一点一般人是难以做到的。当然以现在的眼光看，争也是必要的，这又是中国学说的一个特色。不只是老子无争，孔子也主张无争，主张争也是君子之争，客客气气，千万不要撕破了脸来争。所以有人说中国文化是早熟的文化，我们在东周时期已经预见到了竞争的恶性化、竞争的白热化、竞争的沸腾会造成什么后果。所以老子说，“天下皆知美之为美，斯恶已；皆知善之为善，斯不善已”。钱锺书先生对老子这个说法有点质疑，觉得老子有点矫情，说为什么知道美就不好，知道美就显出丑来了？丑也不是美的人给他造成的，比如说你知道西施美，你就认为东施丑了，但东施的丑并不是西施造成的。

老子对无争说得非常清楚：“夫唯不争，故莫能与之争。”我不跟你争，你还跟我争什么呢？有时候要跟太极拳似的，有些事我不和你争，有些事我要争，不要什么都争，大事、小事，事无巨细。

无私也是这样。老子说，“非以其无私邪，故能成其私。”所以有人说老子是阴谋家，说你看他实际很自私嘛，他的无私是为了能成其私。但是事实上，确实是你越不计较你的私利，你的私利就越多，你的人气就越旺，你的群众关系就越好。你又谦虚、又谨慎、又质朴、又真诚，好东西都在你那儿，评模范也是你，涨工资也是你，给教授头衔也是你，中国人是最讲印象的。你要从这个道理上理解老子这句话。你们看看老子对“道”的解释，看看老子对战争与和平的解释，看看老子对他的“无”和“有”的解释，就能够判断老子并不是耍阴谋。老子究竟是什么意思呢？就是鲁迅最喜欢说的，实际上是俄罗斯的谚语：“鹰有时比鸡飞得低，但鸡永远不能比鹰飞得高。”老子的意思是说，你对一些东西抱有退让的态度、豁达的态度、放松的态度、“无”的态度，你反倒该有的都有。人要无为才能无不为。这个无和有非常的麻烦，人生的主要悖论，数学的主要悖论就是无和有造成的。说今天讲课无，讲完了作用是无，你实际什么也学不到。若是这个无，就不好办了。但是你这个无的本身，能不能无呢？你说，既然是无嘛，无也应该无，那你就是较劲儿了。所以你那个无本身首先就应该无，就是什么都否定，你把否定给否定了，那就可以不否定了嘛，也就是可以肯定了嘛。无也可以无，那不就是有嘛。那么“有”，什么都可以有。那无可不可以有？无既然可以有，说明你那个有也是靠不住的嘛，也可以变成无的。所以一切的悖论的最根本的起源就是这个。有一个很有名的悖论，是罗素发明的，叫理发师悖论，说这个理发师他不给给自己理发的人理发。因为你已经自己给自己理发了，我就不给你理发了。那么现在就出现了一个问题，这个理发师给自己理发吗？他要给自己理发，他就是给自己理发的人理了发，就是你有的结果把无也有了。他要是不给自己理发，那理发师就是一个明明不给一个不给自己理发的人理发，理发师就应该给自己理发，他自己把自己否定了，就这么一回事。所以这人生很好玩儿，你研究数学、哲学、神学它都是相通的。

知白守黑

再讲老子的一些战略、策略的思想。老子有句很有名的话："知白守黑。"知白守黑，这是黑格尔最喜欢的话，我估计黑格尔不懂中文，他翻译出来的意思就是"把自己沉浸在黑暗里，注视着光明"。这一听还有点像顾城的诗，"黑夜给了我黑色的眼睛，我却用它寻找光明"。"知白守黑"究竟是什么意思？你什么都明白，你明镜似的，但是你宁可难得糊涂，你做糊涂客。"知雄守雌"，我知道"雄"更强大，但是我保持我的柔弱。"知荣守辱"，我知道什么叫风光，但是我愿意保持我这种低姿态。我觉得这作为人生处世的道理，很有意义，当然也不是绝对的。比如老子还说"将欲歙之，必固张之"，你本来要把他囚禁起来，你先把他放开。"将欲弱之，必固强之"，你本来要削弱他，但是你要先使他强大。"将欲废之，必固兴之。将欲取之，必固与之"，你想要废除他，你先让它兴旺起来。你要从他那儿拿到什么东西过来，你先给他一点东西。这个策略有些时候是很有效的，但不是绝对的。据说有一个军阀，他就使用过这种办法。他想废了谁就封谁为司务长，当司务长三年，三年里都不查账，三年以后一查就够抓捕了，不用审就可以直接枪毙。南宋朱熹就特别不赞成这一点，所以朱熹先生说老子的心最毒。但是问题是，老子他是替老百姓说话的。为什么？老子说，老百姓为什么吃不饱？因为你当权的人吃得太好！老百姓为什么穷？因为你当权的人钱太多！尤其是老子的那句话，“天之道，损有余以奉不足”，就是要把太强势的东西往下压一压，压下去献给弱势群体。人之道，则不然。他说“人之道，损不足以奉有余”。什么叫“损不足以奉有余”呢？就是北京话“越穷越吃亏，越冷越撒尿（sui 平声）”。你本来就穷，还让你交苛捐杂税，要罚你的款，又要剥削你。所以历史上中国农民的起义，打出来的旗号都是“替天行道”。为什么叫“替天行道”？就是杀富济贫，就是“迎闯王，不纳粮”。那么什么叫“损有余”？我“喀嚓”你们这些“有余”的，你的钱太多了，你多的要去交税，开你的仓，我放粮。所以从这个角度来说，我们光从技巧上看，那么好人也可以用技巧，坏人也可以用技巧。庄子也讲“盗亦有道”，庄子甚至讲，那些道德的东西，好人也可以用，坏人也可以用。

但是老子还有些理论，比如他反对战争，他主张那些越是强势的越要对自己有所约束。所以他提出一个很怪的观点，全世界很少有的，就是“柔能克刚”，柔弱才能胜刚强。什么东西柔弱？他认为有生命的东西柔，柔是“生”的特征，坚强是“死”的特征。他拿植物作例子，一根树枝很柔弱，软软的，一弯就能弯好几圈，当然它是一棵活的树；一个干树枝，一弯折了，那当然是死的树。所以老子又说，“物壮则老。”你太壮了，你太棒了，你就老了，当然你不壮也照样得老。但是老子说，物壮则老，是为不道。查《辞源》，“坚强”有两个意思：一个是刚强，一个是固执。我查英语词典，英语中“坚强”这个词，它也是两个意思，一个是当刚强讲，一个是含有固执的意思。所以老子他提倡这一套，这一套你不能说没用，有些时候它有用。他说什么叫“勇”？“勇于不敢。”这也绝了，不是勇于去做什么，而是勇于不做什么，一看我惹不起你，我回头走了。惹不起，躲得起。我们这一类的思想很多。你看我虽然是躲得起，但是最后我还要战胜你，这是中国式的思想。“文革”当中大家都背毛主席语录，毛主席语录里有句很有名的话：“捣乱，失败，再捣乱，再失败，直至灭亡——这就是帝国主义和世界上一切反动派对待人民事业的逻辑，他们决不会违背这个逻辑的。这是一条马克思主义的定律。斗争，失败，再斗争，再失败，再斗争，直至胜利——这就是人民的逻辑，他们也是决不会违背这个逻辑的。”我当时不明白为什么这么说，我就想，应该改成斗争，胜利，再斗争，再胜利，最后到决胜。但是毛主席说的是事实，有这种思想，有这种事实。因为中国人民革命就是不停地失败，但是到了关键时刻，它胜利了。楚汉战争也是楚国一直是大胜的，所以最后，项羽他也不承认失败，他认为是“天亡我也”。所以柔弱胜刚强，你不能说完全不可理解，就是这种情况，他处在弱势，所以一直退让。毛泽东在中国革命战争的问题里面讲，他的战略是什么？“敌进我退，敌驻我扰，敌疲我打，敌退我追。”所以老子的这种观点，用现代话来说，就是辩证的，这套辩证的东西，有些时候是管用的，但不是绝对的。也有人分析，说中国历代真正做到了无为而治的，同时也是真正做到了孔子所说的“为政以德”，仁政的，就是汉文帝和汉景帝时期的“文景之治”，所以孔子的“为政以德”和老子的“无为而治”，它们是一致的。

演讲人简介

王蒙，中国当代著名作家、学者，第八、九、十届全国政协常委。出版作品有《老子的帮助》、《老子十八讲》、《一辈子的活法》、《庄子的奔腾》、《王蒙文集》等。

家训与中华文化一瞥

谢扬举

历代“家训”的传承发展

古人常言家、国、天下，国一家联称而合为“国家”。家庭是社会的细胞，是道德的乳母。具体到中国古代，家庭对传统文明和社会的维系，发挥了长期而特殊的作用。应该说，正是家国一体的模式，使得中国古代家庭对中国文化、政法、经济、教育等的作用发挥到了极致。“家”在中国历史上承载有太多的意义，可以说是中国人现实化的终极关怀。对家庭、家族的重视，催生了家庭教育的发达，造成了中国家训的繁荣。今天，我们有必要实事求是、辩证地看待中国古代家训文化，扬弃糟粕，吸取精华，古为今用。

“家训”一词，首见于《后汉书・边让传》，本意指家庭教育。这个词出现虽然晚，但家庭教育的由来却非常久远，伴随着家庭的起源就发生了。按照《尚书》和《史记・五帝本纪》的说法，早在黄帝、尧、舜、禹时期，就有家庭训导。今天我们说的家训，通常指长辈对同辈或晚辈的家庭教育，狭义用法指的是有文字记述的、用于家教的“教本”。家训的体裁极为多样，例如：专著、文章、诰、诏、敕令、书信、遗言、格言、警句、歌诀、铭文等。中国家训之发达，在世界文化中实属罕见，其源流起自西周，可谓源远流长、博大精深。

周文王注意对太子姬发和子孙的训导，《尚书・酒诰》、《逸周书》的《文儆解》、《文传解》有多条记载。武王为警示成王姬诵，在其席、盆、几案、镜子、门柱、窗户等各种显眼的物品上刻写诸多铭文，内容包括：提醒成王记住殷鉴，谦虚谨慎，敬天保民等。西周家训以周公最为突出，体现在《尚书》的《康诰》、《酒诰》、《梓材》、《多士》、《无逸》等，以及《史记·鲁周公世家》、《礼记·文王世子》中。从中可以看出，周公反复劝诫成王等王公子弟增进私德和政治道德以及治国之道，以史为镜、节制淫乐、勤政无逸、知稼穑艰难、知人任贤、明德慎刑、宽惠百姓、咸和万民等，这些是最早的帝王家训。东周时期，孔子有劝其子孔鲤习《诗》、学礼的家训（《论语·阳货》、《论语·季氏》），对中国“诗礼传家”的家教传统产生了显著影响。《左传》、《国语》和诸子书中亦不时有零星文字。

家训成型在汉代。刘邦临终留下《手敕太子书》，追悔自己长于乱世、不喜欢读书的遗憾，告诫刘盈：勤学书法，与诸弟敬重老臣。刘向撰《列女传》，书中记述了许多贤娘慈母相夫教子的美谈。东汉班昭为训示女儿恭守礼教，著《女诫》，被尊为“女圣人”。这是第一部针对女性的家训，虽然其中关于男尊女卑、夫为妻纲的思想并不合理，但是教育女性修持美德、仪态端庄、勤俭持家、和睦家族等是无可厚非的。三国时刘备有《遗诏敕刘禅》，告诫太子只有贤德才能服人，命其多读《汉书》、《礼记》、诸子、《六韬》、《商君书》等。名臣诸葛亮在《诫子书》、《诫外甥书》中要求子侄外甥志存高远、淡泊明志、宁静致远、静以修身、俭以养德，流传甚广。南朝梁徐勉在《诫子崧书》中说：“以清白遗子孙，不亦厚乎？”劝导长子保守清白家风，见利思义，见贤思齐。南北朝时颜子推的《颜氏家训》是中国历史上最早的家训专著。该书7卷20篇，4万多字，依次为“序致”、“教子”、“兄弟”、“后娶”、“治家”、“风操”、“慕贤”、“勉学”、“文章”、“名实”、“涉务”、“省事”、“止足”、“诫兵”、“养生”、“归心”、“书证”、“言辞”、“杂艺”、“终制”，经纬万端，包罗甚广。自此以后家训代有人作。

唐、宋家训递有发展。唐代士大夫、文人学士常有诗文劝导子女。唐太宗的《帝范》集历代帝王家训之大成，为太子确立12条准则，包括维持君王大体、封建亲戚、求贤任能、知人善任、从谏如流、远邪去谗、节欲诫盈、啬智崇俭、明赏慎罚、务农为本、威而不武、兴礼崇文等。唐末名臣柳玭有《诫子读书》，对立身、事业和家族得失兴废均有较详细的分析和劝导。宋代文艺复兴，家训兴盛。司马光撰有《家范》、《居家杂议》、《训俭示康》三篇家训。其中《家范》引经据典，取精用弘，以德、礼为中心，包罗广泛。范仲淹的《义庄规矩》和《续订规矩》很有特色，对封建家族的财产管理、分配和使用做了多条规定。南宋最著名的家训是袁采的《训俗》三卷（其好友刘镇将其改名为《袁氏世范》），号称“《颜氏家训》之亚”，包括“睦亲”、“处己”、“治家”三门。陆游的《放翁家训》重视处世之道、爱国保族，歌颂耕读传家。

明清家训臻于鼎盛，产生近百部。明朝大臣庞尚鹏的《庞氏家训》，范围包括务本业、考岁用、遵礼度、严约束、崇厚德、慎典守、端好尚等。明代思想家袁黄为训示儿子写了《训子言》（即著名的《了凡四训》），包括立命之学、改过之法、积善之方、谦德之效四部分。另一位明代思想家高攀龙的《家训》，提倡爱人敬人、宽待他人、改过迁善等。康熙撰有《庭训格言》、《庭训》、《圣谕十六条》，强调家教从早抓起，认为娇生惯养的孩子长大后痴呆柔弱，提倡行善、志学、慎独、主敬、居安思危、以孝为先、学习科学知识等。明清官僚、士大夫也热衷于撰写家训，如薛瑄的《示儿》诗，吴麟征的《家诫要言》，方孝孺的《家人箴》、《幼仪杂箴》、《四箴》，吕坤的《孝睦房训辞》、《近溪隐君家训》，朱柏庐的《治家格言》，傅山以传授治学方法为主的《家训》，万斯同的《谕侄》等。晚清时期，中国遭数千年未有之大变，出现大批有识之士，多留有宝贵的家训，例如，林则徐、曾国藩、左宗棠、李鸿章、张之洞、郑观应、严复、梁启超、孙中山等。

据《中国丛书综录》，从南北朝到清代产生的家训有117种。这个统计并不全面。其中，最典型、影响显著的家训不外乎：作为家训滥觞的周公家训，作为家训标志的《颜氏家训》，作为官僚士大夫家教典范的《袁氏世范》、《曾国藩家训》，作为帝王家训的《帝范》，作为女子家训的《内训》，作为民间最流行的有朱柏庐的《朱子治家格言》。家训取材极广，或剪辑经典，或采撷百家，或体会亲身经历，或总结学术成果，有继承，有发挥。中国文化中的很多精华，通过家训，熔铸成了至理名言。它们一般文朴义丰，情理交融，切实易行，为立身、处世、治家所必备。

家训中蕴含的中华人文精神

家训对人的独立意志或曰志气给予充分的重视，对人的重视，核心是重视人的尊严。要求子孙立志，因为这对培养独立的思想和生存能力是必要的。孔子说，匹夫不可夺志。三国时期文学家嵇康在《家诫》中说，“人无志，非人也”，要求儿子嵇绍拒斥内外诱惑，秉持独立志向。清代学者汪辉祖要求后代“于身名大节所关，须立定脚跟，独行我志，虽蒙讥被谤，均可不顾。必不可舍己殉人，迁就从事”。曾国藩认为立志就是“金丹”。“家训”重视人的情感，不但强调物理、事理，也强调情理。这是早期儒学人文精神的固有特点。家训对不近人情的东西多有澄清。颜之推谈丧礼时说“然礼缘人情，恩由义断，亲以噎死，亦当不可绝食也”。礼根据人情而设立，恩情也可以根据事理而断绝，即使父母因为吃饭噎死，也不该因此而绝食。这在今天看起来很平常，但在礼教严苛的时代并不容易。儒学有尊重生命的倾向，讲“生生之谓易”，致中和、化育万物。颜之推说：“夫养生者先须虑祸，全身保性，有此生然后养之，勿徒养其无生也。”即养生要以保全生命为前提。他又说：“夫生不可不惜，不可苟惜。”珍惜生命并不是不讲原则，而是要注意到人的尊严是有贵于肉体生命的。

家训主张出于人本身而尊重人。虽然总体上属于家礼、家法范畴，但几乎全部家训都强调“敬”。“敬”是礼仪文明的灵魂，指的是：自卑而尊人、恭己而敬人。袁采教导他的儿子说：“礼不可因人分轻重”，“世有无知之人，不能一概礼待乡曲，而因人之富贵贫贱，设为高下等级，见有资财有官职者，则礼恭而心敬，资财愈多，官职愈高，则恭敬又加焉。至视贫者贱者，则礼傲而心迈，曾不少顾。殊不知彼之富贵非我之荣，彼之贫贱非我之辱，何用高下分别如此？”无知的人不能平等地以礼待人，对富者、贵者极其尊敬，对待贫者、贱者则傲慢无礼，却不知道他人的富贵贫贱，与个人的荣辱并无关系。这是对礼教微言大义的正本清源。旧时明智的帝王贵胄也能注意到这一点。如唐太宗，礼贤下士，他的《帝范》对“敬”特有讲究，认为以国骄人必然招致辱身败亡。曾国藩在家信中常常教育兄弟子侄“敬人”。

家训发扬人的道德理性能力。家训继承中华人文精神信赖人的道德理性能力的传统，注意给人以道德上的启蒙。王夫之在《示侄孙生蕃》中，继承孟子的人禽分别论，说“人字两撇捺，原于禽字异”，教育晚辈不要丢失人的道德理性。袁采说“人贵于反思”。“反思”实际上是孔子“为仁之方”、忠恕之道、孟子“反求诸已”、“反身而诚”的新说法。早期儒学认为，人人能发展成道德的人——直至成为圣贤。家训大多教育子女在平凡的生活中学做圣贤，为仁由己，自强不息。

家训的直接目的是育人治家，教导后人认识幸福与努力的关系。

早期儒学开启了民本主义，关注民生，谋求人的幸福。家训要求凡人都要尽人伦义务，尽人的使命，特别重视家族、家庭与社会的人伦和谐幸福，每每引导子弟发挥主体能动性，建构社会和谐。明末清初思想家陈确说："敬于父母则孝顺，敬于夫妇则肃和，敬于兄弟则友爱，敬于朋友则利益，敬于僮婢则从令，敬于一切世俗则无辱，敬于言则不妄，敬于事则有成，敬于讲诵则有得，敬于作书临文则法日进。"他所谓"敬"，不是某些宋明道学家一味静坐、主敬之敬，而是对于一切都要诚心竭力去做。家训本于儒学精神，强调家庭中夫妇、父子、兄弟三亲是所有社会关系的根本。《颜氏家训·兄弟篇》说，兄弟有不和，会导致群从疏薄，以至于童仆变为仇敌。为何有人能折腰巴结权势，谄媚交通于富贵，而独不能亲其亲？为何有的子女论才能可胜任治理一方而独不能尽儿女的孝行责任？有的家训对人伦和谐提出了较为深刻的分析。如袁采《训俗》已注意到天下家庭不和谐，并非都因为父子责善、兄弟争财，更深的原因是"性不可以强合"，勉强不能带来融洽、和睦的人际关系。所以他说家长不能独裁，"父兄不必责子弟同于己，子弟亦不望父兄惟己之听"。

有的家训远远超出了治家的目的。清初史学家万斯同的家书具有较高的治理思想价值。万斯同富有历史理性，注重经国济世。他从学术上勉戒后生，应当以天下民生为学术使命。他感到同时代学者沉溺于诗文，不知经济为何事；潜心于古文，未尝以天下生民为念；他们讲的圣贤之学，往往疏于经世，以此为粗俗之事而不屑做，"于是学术与经济，遂判然分为两途，而天下始无真儒矣，而天下始无善治矣"。万斯同重经世致用，强调学术与经世统一，极有意义。万斯同说："苟徒竭一生之精力于古文，以蕲不朽于后世，纵使文实可传，亦无益于天地生民之数，又何论其未必可传者耶？"沉溺于诗文、学术以求不朽之名，即使作品能够传于后世，也无益于人民的命运，又何况那些未必能传于后世的呢？这是对古代经世实学、济苍生福祉的人文精神的发扬。

家训与中国文化的清流

古代家庭处在漫长的专制社会的笼罩下，不能不受家—国同构的宗法政治和一些陈旧的文化观念牵连局限，因此也含有一些糟粕，例如愚忠愚孝、蒙昧迷信、男尊女卑等。此外，受家庭情结的纠缠，家训可能会导致重家庭而不关心社会、国家，存在造成社会发育和治理相对滞后的潜在危险性。但是家训的主流是积极的，对自身和整个中国文化都有洗礼的意义。

传世家训，主要是为了教导后代成就人格、传家立业、为人处世、自食其力、利国利民。凡是歪门邪道、邪说淫辞、索隐行怪、恶习陋俗等行而不远的东西，家训一般是不道不教的。家训吸取和坚持人文理性方向，对人文精神的扭曲多有辨正，对文化传统常常能起到正本清源的作用。家训既是中国文化的产物，也是中国文化代代相传、绵延长久的重要支柱。

家训大多把对久经历史考验的经典学习作为神圣的任务，由此提供了培植人文理性能力的活水源头，从而使普通市井之家亦多以诗书传家。《朱柏庐家训》说：“祖宗虽远，祭祀不可不诚；子孙虽愚，经书不可不读。”颜之推说：“所为学者，欲其多智明达耳。”袁采认为“子弟不可废学”，“盖子弟知书有所谓无用之用者存焉”，强调读书是为了使人智慧、明达，摆脱了急功近利的狭隘的读书价值观。宋、元、明、清学者在家训中多仰慕圣贤君子、崇尚天理、维护道德，教导子弟多读书明理，克服野蛮、愚昧、迷信、猖狂妄行。通过学习经典培植理性的价值是读书做官、经商谋生等其他价值所无法比拟的。家训所谓经典，并不局限于儒学一家，兼有对道佛教乃至百家精华的取用。这些都是家教中人文精神得以保持健康存在的根本原因。

家训对封建礼教的僵化多有批评。“五礼”之中丧、祭二礼常流于伤残浪费，婚、宾二礼常流于奢靡夸诞，失去古礼以虔诚、敬重、俭朴为本的精神。陆游批评南宋愚昧的丧家花费大量钱财，侈于道场斋施。他说，若贵侈才能得福，那么贪吏巨富之家岂不是华福不尽？而穷人家岂不是都要“沦坠”、下地狱？“佛法天理，岂容如是？”旧时处丧期间要求喝稀粥，陆游遵循上古礼缘人情的制礼原则，以为有些人体气衰弱，不能去掉肉食，这虽于丧礼小有出入，但也是不得已，应当允许。旧时陋俗有童子订婚，袁采告诫他的儿子说不可前定终身。家训对礼教扭曲的自我反思与批判，基本上是对先秦礼学中人文理性的复归。古代礼学讲究时中、适度、称情制宜等原理，在陈确的家训中得以体现。陈氏《丛桂堂家约》中的人文理性已达到启蒙觉醒的水准。他反对生子时祭拜父母、神佛，主张改革聘、嫁、丧、葬时礼，求从简从俭从省。他劝诫不要竭尽亲友之情、逼尽僮仆余力，不可亵使婢女等，反映对人的平等敬重。

家训大多反对“巫觋祷请”、“符书斋醮”的迷信，反对道德上的绝对天命论等，强调人为的努力。袁黄在家训中以身为教。早年有人给他算命，把他的运程算定了，袁黄大半生就如此致误。后来云谷禅师告诉他，积善行可以改变命数。他从此积极努力，打破了老者算命的结果。他训示儿子说：“称祸福自己求之者乃圣贤之言，若谓祸福为天所命则世俗之论矣。”他进一步要求儿子在显荣时要想到落魄，在顺利时常想到厄运。这是发扬辩证理性的人文精神。虽然家训中有不少讲“天命”的文字，但仔细分析可知：家训所讲的天命，主要是指“谋事在人，成败在天”的意思，不是教人等待命运安排、无所作为。这个“天命”起源上是消极的，用法上常常是积极的。比如，当儒者讲道德人格的自我完善时，是力避天命说的，这在家训中常见。曾国藩说：富贵功名，半由人力，半由天事，“惟学作圣贤，全由自己做主，不与天命相干涉”。袁采明示其子：穷达沉浮与道德操行不要扯在一起，操行是“吾人当行之事”，不能要求操行高则荣贵，否则就必然弛废道德。

中华人文精神起源很早，内容丰富，家训与家教开辟了中华人文精神教育的新途径、新方法。家训发挥其作用自有原因，颜之推指出：家训教育建立在人伦亲情的基础上，对同样的教导，人们一般从信其亲人；禁止童子暴谑，师友不如傅婢的指挥；阻止凡人的争斗，尧舜之道还不如妻子的劝导。这是符合常情常理的。传统家训文化具有传承人生哲理、知识技能和社会文明等的重要作用，家教是人生天然而永恒的教育形式，是人生成长，也是社会化教育不可荒废的环节。中国古代家训蕴藏有珍宝，这些完全可以和封建糟粕剥离，时至今日，我们需要重新审视古代家训文化的作用，应该发掘其时代价值，利用它们为社会教育服务。

演讲人简介

谢扬举，全国政协委员、西北大学中国思想文化研究所教授、博导、副所长，主要从事中国思想史、中西哲学比较、环境哲学思想研究。在各类期刊论文集发表百余篇论文，代表作有《道教与环境哲学会通研究》。

中国画之美与中国艺术精神

薛永年

中西异趣

20世纪以来，中国画处境发生了史无前例的变化，西方的艺术文化对中国画产生了极大的冲击。究其原因，一是清末民初的临摹仿古，丢失了“外师造化，中得心源”的优良传统，使得中国画陈陈相因，丧失了生命力；一是衰落的中国，面对西方的船坚炮利，为了救国图强向西方寻求真理，也寻求改造艺术的良方。

在20世纪初，改革家大都以科学的眼光批判中国画，否定写意画，主张改造中国画，他们都要求艺术像科学一样求真务实，在形似基础上发挥创造，特别是以西化的写实技巧改造中国画。其结果，一方面提高了中国人物画的“应物象形”能力，丰富了中国画的面貌；另一方面也在一定程度上遮蔽了中国画的写意传统。齐白石先生则是一个例外。

从齐白石谈起。齐白石画过很多幅荷花图，他在92岁时画过一幅《荷花影》：水面上一枝荷花，水面下一道荷花影。齐白石在这幅画中发挥了大胆的想象：在现实生活中，荷花在水面上的影子应该是倒影，但齐白石老人画成正影；水面被微风吹过，荷影应该是散乱的，但画中的荷影却是完整的；画中还有一群蝌蚪在追逐水面下的荷影，但现实中荷花的影子只有经过光折射才能看到，水下的蝌蚪是看不到的，又何言追逐荷影。齐白石这一大胆的想象，如果

仔细品味，其实是在告诉我们一个道理，追逐美丽的事物是一种很美好的行为，但如果追求的是水月镜花般虚幻的事物，则永远无法追逐到。可见，齐白石在这幅画里，不仅仅单纯在画植物，还在告诉观者一个生活的哲理。齐白石还有一幅《荷花图》，画中一株荷花落入水中一个荷花瓣，一群蝌蚪在追逐荷花瓣，这是很有情趣的一个构思，但和上幅荷花画作相比，又不完全一样。齐白石还有一张《秋荷》，残荷在阳光照耀下非常娇艳，没有秋天凋落的零落感，而是“不是春光胜似春光”的感觉。可见，三幅画中第三幅是比一般的秋荷更好的作品，第二幅是比第三幅更有意趣的作品，而第一幅是最好的作品，是神来之笔。

中国画何以能够屹立于世界民族之林呢？它有它独特的贡献。要了解中国画独特的艺术美，就需要了解中外绘画的共同性和差异性，就要进行比较，以认识“同”中之“异”（中国画的特殊性）和“异”中之“同”（中西绘画的共性）。我们讨论中西绘画的不同，为的是弄清中国画之美的特殊性，不等于否认中西绘画作为视觉文化的共性，更不等于主张中国画不需要吸纳西画的有益因素。对中西绘画的比较，不能只看个别的现象，做枝枝节节的比照，应该放到整个历史发展的概貌中去比较，但从作品入手进行视觉图像的比较，摆事实，讲道理，是最明白易晓的方法。

人物画的传神美。中国人物画的写意以传神为基础。东晋画家顾恺之《女史箴图》中有一段“冯媛当熊”，画的是西汉元帝时，冯婕妤随汉元帝到皇家园林观赏，一只黑熊突然蹿出来，威胁到汉元帝的安全，冯婕妤奋不顾身地迎上前去保护汉元帝。在这幅画中，不同人物有不同的神情状态。汉元帝作为一国之君神情比较凝重，后面两个宫女是撒腿就跑，前面武士是且战且退，冯婕妤则挺身而出、毫无畏惧。这幅画通过不同情态的比较，突出了冯婕妤大无畏的精神，不是面面俱到地描写，这就是中国人物画的传神美。五代

南唐画家顾闳中的《韩熙载夜宴图》，描绘南唐韩熙载家夜宴行乐的场景。北方人韩熙载到南方做官，怕被怀疑有异心，天天晚上夜宴，让人感觉他沉迷吃喝玩乐，没有政治野心。但是皇帝不放心，还是派两位画家潜入韩家去目识心记，其中就有顾闳中，在顾闳中的画里韩熙载表面上是看跳六幺舞，但他的面部表情是很忧郁的，有些心不在焉，是在想心事。当然，传神也可以说是中西绘画的一个共性，区别只在于中国画的描绘有详有略，所谓“四体妍蚩本无关乎妙处，传神写照正在阿堵中”，紧紧抓住关键的眼睛。不妨比较一下清代宫廷画家、意大利人郎世宁的《乾隆大阅图》以及清代画家、扬州八怪之一金农的《自画像》。前者是全面表现了人物形象的方方面面，讲求体感、质感、光线、透视，符合西方的写实观念，但不分主次，平均使用力量。郎世宁对中西交流作出了贡献，但他的画在当时并不是一流。而后者通过用一笔画就将人物逍遥自在的神形表现得十分生动。

山水画的意境美。中国山水画讲究意境美。西方没有山水画，只有风景画，大多描写眼前所见，不赋予景物更多的文化意蕴。中国山水画则不仅要画所见，还要画所想、所知，赋予画作更多精神层面的含义。如宋代李成的《读碑窠石图》中，有一位旅行者骑着驴在看古树旁的碑文，画家通过与自然对话，来与历史对话，不是画风景，而是画以往的功业，历史的沧桑。西方的风景画，比如《造船木森林》则表现植物对人类实际的功用，而非精神层面的旨趣。

花鸟画的意趣美。中国花鸟画讲究意趣美。宋代画家李迪的《禽浴图》，描绘一只八哥鸟跳到浴盆里洗澡。浴盆是小孩洗澡用的，但小孩还没洗，八哥却跳了进来，非常具有生活情趣。17 世纪荷兰的一些静物画，虽然画了鸟，但是作为人类的猎物，是死的，没有生命的。由此可见，中国花鸟画中的鸟儿是活灵活现的，是有生命的，是和人同时存在于一个世界中的；而荷兰静物画中的鸟儿是

被人所虏获的，是作为人的食品、物品出现的。法国画家莫奈画的《荷塘图》，是描写室外荷塘闪烁着天光的景象，没有赋予其更多主观意象。而金农的《莲塘图》，则赋予了画外意象。金农是杭州人，到扬州工作后想家了，当时正值六月，杭州已是“接天莲叶无穷碧，映日荷花别样红”了，于是画了这幅画。不仅画荷叶田田，还有一叶小舟，虽然看不到任何人物，但题跋说能引起读观者的联想，仿佛能感受到衣香鬓影，丝竹管弦，给观者画外的意象。

中国画之美

不似之似。对于“不似之似”，齐白石的说法是“妙在似与不似之间，太似为媚俗，不似为欺世”。本质是中国画对象形、形似的超越。现实中虾的眼睛是圆点，而在齐白石的画中，虾的眼睛变成两个“直道”。他不是在画虾的眼睛，而是在画虾游动时眼睛在闪光的感觉，这样显得更生动更传神。你说它不像，实际更像。山水画也是，宋代画家范宽的《溪山行旅图》，是在山脚下描绘的，但山上的树林却描绘得非常清楚，在山下根本看不见，这需要提升视点才能看到。可见，范宽描绘这幅画并没有固定在一个立足点，而是不断地移动视点，当然不是实际的移动，是想象中的移动。这幅画中所描绘的景象在真实生活中不可能存在，跟实际景象拍摄出来的图片绝对不一样。似与不似之间，还可以表现为“语带双关”，清初画家梅翀《松芝图》中的松树，既像松树又像山，但又都不完全像。如果看作松树，则松枝是一边倒的；如果看作一座山，“松枝”是山的脉络纹理，画家是用视觉的“语带双关”的形式，来表达寿比南山不老松的祝寿美意。这是一个特例，此类作品不太多，但对我们很有启发意义。

舍形悦影。中国画特点之一是舍形而悦影，就是从投影的启示来把握对象。元代画家顾安擅长画竹，说是得自唐代画家萧悦观墙上竹影而画竹的启发。历史中有很多记载都是在画影子，而不是在画形。比如陈淳《白阳集·墨牡丹诗序》中说："甲午春日，戏作墨本数种。每种戏题绝句，以影索形，模糊到底耳。"他讲的就是通过形来找影子，再通过影子来把握形，要模糊地把握对象。明代画家徐渭在《徐文长集·画竹》也说道："万物贵取影，写竹更宜然。"清代郑燮有一段《板桥题画》非常生动："余家有茅屋两间，南面种竹，夏日新篁初放，绿荫照人，买一小榻其中，甚凉适也。秋冬之际，取围屏骨子，断去两头，横安以为窗棂用匀薄洁白之纸糊之。风和日暖，凉蝇触窗纸上冬冬作小鼓声，于时一片竹影零乱，岂非天然图画乎？凡吾画竹，无所师承，多得于纸窗粉壁日光月影中耳。"20 世纪以来，我们对古代传统画作的认识有些是片面的，中国传统有时候被遮蔽，所以我们在力求建立传承体系时，有时候还要挖掘传承。

程式语汇。中国画的另一个特点是程式化。中国画的图像是程式化的，是对应物象的符号，不是如实描写。闻一多先生曾讲过，中国画是提示性的，通过意会就能达到目的，比如画竹从程式入手，程式用活了，修改程式变成自己的语汇，就有了自己的特点。中国画程式的形成，一方面是对应物象的图式，另一方面是按照一定的程式来操作。

奥理冥造。中国画还有一个特点是奥理冥造——大胆的想象与幻化。奥理冥造为北宋沈括所言，就是说要大胆的想象与幻化。齐白石《自秤图》中，一只小老鼠跳到一杆秤的秤钩上，似乎想称称自己的重量，奇怪的是，上面的秤绳不知由谁来提，秤砣不知由谁挪动使之平衡。画中的图像其实是齐白石的想象，通过想象来调侃小老鼠：你这只小老鼠偷油吃，偷粮食吃，不要自以为有什么了不起的，你到底有多大分量，不妨自己来称一称。所画内容在现实中并不存在。再说一个大胆想象幻化的例子。清代黄慎的《瓜月图》中，瓜藤上的西瓜是切好的一牙西瓜，旁边题诗："剖开天上三秋月，飞作人间六月霜。"说的是，夏天天气很热，晚上如果剖开一个像月亮一样的西瓜，吃到嘴里一定会很凉快。再看八大山人的《鱼鸟图》，说是鸟，但有鱼的尾巴；说是鱼，又有鸟的翅膀。对此可以有两种解读。一是八大山人作为明宗室后代，明朝灭亡对他来说可谓国破家亡，清初又实行极端民族政策，"留头不留发，留发不留头"，八大山人这样的前朝王孙，只能出家做和尚，意为不留头发，并不是承认清政权。从这个角度理解，他经历了跌宕起伏的身世悲剧，内心非常悲凉，如果想到"海阔凭鱼跃，天高任鸟飞"这句古诗，会感到海再阔，鱼也没法跃；天再高，鸟也没法飞。再一种则从大的禅僧身份来索解，意在不执着一物：鱼和鸟是可以转化的，这件作品的题跋就是引用了庄子的《逍遥游》："北冥有鱼，其名为鲲。鲲之大，不知其几千里也；化而为鸟，其名为鹏，鹏之背，不知其几千里也。"这种大胆的想象，也并非凭空而来，而是有文献典籍的依据。

仿佛有声。中国画还讲究"仿佛有声"，即视觉的转化。齐白石的《蛙声十里出山泉》，通过画水里游来的蝌蚪，表现远处的蛙叫，用视觉形象表现听觉的感受。这是一幅作家与画家合作的作品，是作家老舍先生命题请齐白石所画，老舍写信说："蛙声十里出山泉，查初白句。蝌蚪四五，随水摇曳，无蛙而蛙声可想矣。"齐白石根据老舍的意思画了这幅画。中国画不仅要表现画外意、象外意，还要表现视觉以外的其他感觉。俞成《萤雪丛说》言，"徽宗政和中，建设画学，用太学法补试四方画工，以古人诗句命题，不知伦选几许人也……又试'踏花归去马蹄香'，不可得而形容，无以见得亲切。一名画者，克尽其妙，但扫数蝴蝶飞逐马后而已，便表马蹄香出也。"这位画家通过视觉表现了嗅觉。钱锺书在《通感》中说道：

“在日常经验里，视觉、听觉、触觉、嗅觉、味觉往往可以彼此打通或交通，眼、耳、口、鼻、身各个官能的领域可以不分界限。颜色似乎有温度，声音似乎会有形象，冷暖似乎会有感觉，气味似乎会有体质。”近年来，有学者就指出中国诗歌讲究通感，我觉得在现代艺术创作中也可以发挥通感的作用。这也是一个好的传统。

比兴如诗。中国画追求诗歌一样的比兴手段，重视儒家的比德思想。五代荆浩就在《笔法记》中以儒家“比德”的思想赋予松树人文精神。宋代《宣和画谱·花鸟叙论》主张，通过表现诗人一样的感受（“寓兴”）来寄托情怀，与观者进行精神的交流，所谓：“所以绘事之妙，多寓兴于此，与诗人相表里焉。故花之于牡丹芍药，禽之于鸾凤孔翠，必使之富贵；而松竹梅菊，鸥鹭雁鹜，必见之幽闲；至于鹤之轩昂，鹰隼之击搏，杨柳梧桐之扶疏风流，乔松古柏之岁寒磊落，展张于图绘有以兴起人意者，率能移精神遐想，如登临览物之有得也。”虽然混同了“象征”和“寓兴”，但揭示了两种表现精神世界的途径。南宋画家陈居中的《四羊图》中，嬉戏玩耍的两只小羊活泼可爱，母羊慈爱地欣赏着两个孩子的玩耍，公羊则站在上面显现出比较严肃的样子。这幅画充满了亲子之爱，是在画感受，也是拟人化的。

以书入画。以上的“寓兴”主要是中国画跟诗歌的密切关系，除此之外，传统中国画与中国书法的关系也很密切。南宋画家马远的《水图》中，黄河的奔腾澎湃、长江的烟波浩渺，都是靠线条表现出来的。靠线条轻重、虚实、刚柔、组合，再稍微着墨就会把对象惟妙惟肖地表现出来。这跟毛笔关系密切。元代赵孟頫《秀石疏林图》是其非常著名的作品，画后题诗：“石如飞白木如籀，写竹还须八法通。若也有人能会此，方知书画本来同。”讲的是笔迹形态与物象的结合，要画石头就用飞白来画，表现石头历经千年风霜的沧桑；要表现树木的生命力就用钟鼎文，线条是很圆润的；而画竹枝

竹叶“永字八法”都能用上。书法入画，对线条、点画形成了一种历史积淀，积淀了质量上的要求，黄宾虹论笔墨讲“平如锥画沙”、“一波三折”、“屋漏痕”，都是对点画质量的基本要求，更能体现“一阴一阳之谓道”的“天地之心”。再说墨，可以是泼墨，一气呵成，也可以是破墨，先用淡墨再着浓墨，也可以先着墨再用水，形成不同的形态。黄宾虹《九子山》图，就是用积墨，一层一层地着墨，线条是编织的、不重叠，黑中透亮。笔墨除状物外，还可以写心，让点线形成一种节奏或韵律，跟人的性格及当时的感情状态相对应。

诗书画印结合。中国画讲究诗书画印的结合，一幅画其实已是一种综合艺术，形成了相关艺术的综合与互动。清代画家郑板桥的《衙斋图》，就通过与书法题跋的结合体现了作者的仁心。他在衙门中听到风吹竹子声，以为是老百姓的啼饥号寒，就通过画老竹子和小竹子的关系，将画作跟题跋结合，表现了亲民之官关心百姓疾苦的思想感情。清代画家李方膺的《钟馗图》，创作于他做官丁忧回家期间，家乡遇到天灾，他很有感触，便画了这幅《钟馗图》，在诗画结合中表达了愤世嫉俗的感情。题中文字是“节近端阳大雨风，登场二麦卧泥中。钟馗尚有闲钱用，到底人穷鬼不穷！”画的是钟馗撑着破雨伞，看似很穷，可腰里却别着一串铜钱。由此可见，作者并没有按传统将钟馗画作正义的正面形象，而是画成了一个装成清官的贪官。诗书画印的结合除可以拓展意境，使画外意和画内表现密切结合起来，生发延伸画境之外，还影响了画面构成，李方膺《游鱼》中，如果没有右侧的柱式大字题字，画作所表现的气势就会有所削弱。

中国画的艺术精神

最后简单谈谈中国画艺术精神的一些方面。中国画作为综合艺术，具有其独特的艺术精神，主要表现为天人和谐以及载道、畅神三方面。中国画讲究天人和谐。如齐白石《青蛙图》，画一只小青蛙被抓住了，拴在岸边，另几只小青蛙跑过来，可能在想方设法营救小伙伴。在齐白石看来，青蛙不是人类的果腹之物，而是一个生命，跟人一样，同样有忧虑。这种“齐物论”思想，是符合生态保护意识的。清代画家华喦的《腥羽寒溪图》，画水下三只鱼鹰追逐一条大鱼，题字写到“腥羽猎寒溪，搅乱一潭玉”，作者站在爱护自然保护生态的角度，强调的是人与自然的和谐之美。郑板桥的《墨竹荆棘图》就更明显了，他借哲学家张载的《西铭》，阐述了一个道理。并不是说，竹子是君子荆棘是小人，没有小人君子就显不出来。而是在讲自然生态，荆棘和竹子并存是很正常的。“莫漫锄荆棘，由他与竹高。西铭原有说，万物总同胞”。在自然界，荆棘和竹子是互相依存的，强调既要开发自然又要保护自然。

从功能上来看，中国画的艺术精神还包括载道、畅神两方面。中国画之美，与求真向善联系在一起，好的作品都是真善美的统一。一般而言，中国画有两种功能。一种是载道，是对群体的，有其认识客观世界和道德教化的作用；另一种是畅神，是对个体的，帮助陶冶性情，实现精神超越。两种功能都是终极关怀，而且很多时候会结合起来，寓教于乐。

关于载道，顾恺之的《女史箴图》中，有一段画宫廷妇女正在对着宫廷镜子梳妆，画旁题箴文曰：“人咸知修其容，莫知饰其性；性之不猬，或愆礼正；斧之藻之，克念作圣。”讲人人都知道去美容，但不知道修炼自己的内心，试图起到一种道德教化作用。山水画也是如此。明代沈周的《庐山高》图，通过山的高来表现人的道德高尚。还有元朝水利专家任仁发的《二马图》，画一只胖马一只瘦马，题字曰：“世之士大夫廉滥不同，而肥瘠系焉。能瘠一身而肥一国不失其为廉。苟肥一身而瘠万民，岂不殆污滥之耻欤！”这是一件反腐倡廉的作品，实际也涉及了道德教育。

关于畅神，很多山水画以及之后的花鸟画、人物画都有这样的作用，比如黄公望的《富春山居图》。还有八大山人，一说到他，我们总会想到他的画作思想多表现一种愤懑不平的情愫，但其实到了晚年八大山人已完全超越了这种思想感情，他的《河上花》就是更讲求自然和谐的。

演讲人简介

薛永年，1941 年生于北京，美术史论家，书画鉴赏家。现任中央美术学院教授、博士生导师。兼任中央文史研究馆馆员、中国美术家协会理论委员会主任、国家画院美术研究院副院长。曾任美国俄亥俄州立大学访问教授，香港中文大学、台湾艺术大学客座教授。著有《中国美术简史》、《扬州八怪与扬州商业》、《华喦研究》、《书画史论丛稿》等。

红楼梦是曹雪芹苦难童年的梦

蔡义江

为什么要说这个题目

今年春节，我受母校浙江大学副校长罗卫东之邀，在该校作了一次红学讲座，主题就是本文的题目。

为什么要说这个题目？因为对《红楼梦》写的究竟是什么尚有认识上的分歧。有的同志认为它写的是作者童年幸福生活的回忆，与我的看法恰好相反。这关系到小说创作基础的重大理论问题，是很有必要谈一谈的。

首先是曹雪芹生卒年这一客观事实。我认定是公元1725—1764年，享年40岁（清代是按虚岁算的）。但现在最流行的说法是他生于1715年（等于承认他是曹颙的遗腹子，其实那是不可能的），比我所说的早10年。这样就遇到了一个问题，就是曹雪芹生父曹頫在雍正五年（1727年）底遭下旨查抄，到雍正六年（1728年）元宵节前实际抄家时，雪芹多大？按我的说法，他是三四岁（与小说中甄英莲被拐的岁数恰巧一样），按生于1715年算，是十三四岁；一则是尚未到懂事、记事的年龄，一则已是很懂事，且有许多记忆的少年了。

卒年有“壬午说”（1763.2.12）、“癸未说”（1764.2.1）、“甲申说”（1764.2.2以后不久）三说，若按公元计，只差一年或多一点时间。上世纪60年代，为准备纪念曹雪芹逝世200周年，遵周恩来总理指示，学术界展开了一场曹雪芹卒年的大讨论。当时“甲申论”

尚未提出，“壬午说”与“癸未说”争得不可开交，势均力敌，谁也说服不了谁，因为双方都各有所恃也都各有所失。中央只好采取折中方案，即在两说的中间，即1963年下半年纪念。今年2013年下半年纪念曹雪芹逝世250周年，也就是遵照了旧例。

雪芹卒于甲申春是对的。壬午、癸未说都与误读一条脂评有关，此脂评在甲戌本中被割裂、连抄已非原样。幸有“夕葵书屋《石头记》卷一”残页发现，可基本恢复原貌，只是二条连抄评未分开，今将其分开抄录如下：

> 此是第一首标题诗（满纸荒唐言），能解者方有辛酸之泪哭成此书。
>
> ——壬午除夕
>
> 书未成，芹为泪尽而逝。余常哭芹，泪亦待尽。每思觅青埂峰，再问石兄，奈不遇赖（通“癞”）头和尚何？怅怅！今而后愿造化主再出一脂一芹，是书有幸，余二人亦大快遂心于九原矣！
>
> ——甲申八月泪笔

前后二条评都是畸笏叟加的。前者评标题诗，意谓能解者怕不多吧！只有像作者那样历尽辛酸，又能流着泪把这番经历撰成书的人，才能真正地解味。语言是机智的，情绪是平静的，性质是解说性的。显然加于作者在世之时。后者则完全是记叙性的，是痛悼芹、脂相继逝世，终使此书成了残编。又不能再起他们于地下而问个究竟，遂生“造化主再出一脂一芹”以弥补此大憾恨的幻想，情绪是十分激动的，从“泪笔”二字亦可见。你想，以泪笔痛悼时，怎么可能用“此是第一首标题诗”的话开头呢？这是可以想象的吗？

畸笏是雪芹生父曹頫的化名。评语中“余二人”即“我们做父母的”意思。他署年月的后期批评特多，从壬午批看，署为“壬午春”、“壬午季春”、“壬午孟夏”、“壬午九月”、“壬午重阳”等，不计这条“壬午除夕”在内，已多至42条，且形式上短短的一句话即署年月的就不少，如“实表奸淫尼庵之事如此。——壬午季春”等，故没有理由不认为“壬午除夕”也像“壬午重阳”之类那样是批评所署的年月。这也与靖本22回的一条畸笏批完全合榫：“前批知者寥寥，不数年，芹溪、脂砚、杏斋诸子皆相继别去，今丁亥（1767）只剩朽物一枚，宁不痛杀！”凡此种种都说明壬午、癸未年雪芹还活着。

为什么雪芹卒年说相差不算大，而从其享年去推算时，许多研究者不取敦诚挽诗中“四十萧然太瘦生”、“四十年华付杳冥”的最确实的指认（殡殓时有讣告）而总喜欢采用未及时获知噩耗的张宜泉较笼统的说法“年未五旬而卒”（《伤芹溪居士》诗注），尽量往大的算，以至主张他生于1715年，是曹颙的遗腹子呢？

我想其中有相当一部分人是有预设立场的，即让雪芹能赶上过一段贾宝玉式的风月繁华生活。他们用过于简单、机械的思维模式去理解“生活是艺术的源泉”这句话，以至于在他们看来，倘若曹雪芹出生太晚，抄家时年纪太小，没有那种钟鸣鼎食的生活经历，《红楼梦》就写不出来。这实在是进入了一个极大的误区。

我常常感慨历史上有些重大事件的发生，往往有其偶然性，好像差了那么一点，情况就完全不同了。我也常常在想，如果曹雪芹早出生十年，也就是说，在曹頫获罪被抄家时，他已经十三四岁了，那情况会是怎么样？想的结果让自已都吓了一跳：那就是也许这么一来，世上就没有一部《红楼梦》了，或者说谁也不知道这世上曾经有个人的名字叫曹雪芹。

来之不易的《红楼梦》

情况果真有如此严重吗？曹寅的过世，在曹家是个重大的转折，境况改变之大，超乎想象。如李煦奏折称“曹寅应完二十三万两零，而无赀可赔，无产可变，身虽死而目未瞑……曹寅寡妻幼子，拆骨难偿。”曹颙袭职后再病死时，其母尚因“舟车往返，费用难支”而未能亲扶其子灵柩暂厝祖茔。雍正二年，曹頫上折请求将织造补库巨额银两分三年补完，有“奴才实系再生之人，惟有感泣待罪，只知清补钱粮为重，其余家口妻孥，虽至饥寒迫切，奴才一切置之度外，在所不顾。凡有可以省得一分，即补一分亏欠”等语，此皆有档案史料记载。可知自雪芹出生后（不论早迟），都已无荣华家庭的影子了。他能过上的充其量是中等地方官员家庭的生活。再看曹頫被抄家时真实的窘境，更令人难以置信。据隋赫德上报的奏折说，除房屋、土地、人口外“余则桌椅、床杌、旧衣零星等件及当票数百余张外，并无别项。”故《永宪录续编》亦称曹頫“因亏空罢任，封其家赀，止银数两，钱数千，质票（即当票）值千金而已。上闻之恻然。”

如果曹雪芹在这样的家境中度过十三四年的话，那么像他在《红楼梦》中所写的荣国府那种生活是体验不到的。但有一种机会是必定会有的，即延师教读或入塾接受正规教育，为将来参加科举考试，进入仕途作准备。如启蒙读本、对对子、熟读《四书》及朱熹集注、深通经义、做好八股文等。聪慧的孩子此时已有相当基础，作好应试准备了。可曹雪芹是这样的吗？

胡适说：“雪芹是个有天才而没有机会得着修养训练的文人。”“他有天才而没有受到相当好的文学训练，是一个大不幸。”（《胡适红楼梦研究论述全编》289、292页，上海古籍出版社）说的就是正规教育。这是“大不幸”呢，还是幸运？我的看法相反。那样的“文学训练”，实在是出不了人才的。试看贾政对宝玉的要求“什么《诗经》、古文，一概不用虚应的故事，只先把《四书》一齐讲明背熟是最要紧的。”不难想见，连楚辞、乐府、唐诗、宋词已不在重视之列，何论小说、话本、戏曲、传奇！这样的教育，能培养出真正的文学家吗？

我们说，雪芹在遭家变时，年纪尚小，才三四岁，失去了这种可能，也就少了管教、约束，有了更多凭自己兴趣爱好来选读各类书籍的机会。对于一个要反映广阔生活画面的小说家来说，具备博识多见的杂学知识，远比能写一手漂亮时文重要得多。人们常惊讶雪芹三教九流无所不晓，不能不说正得益于此。

童年是最富于幻想的多梦年代，而且最好发问，什么都想知道。适逢此际，家遭巨变。这真是老天爷的安排！大众们内心都有巨大的伤痛，也正想有个可以谈谈的地方，于是这个半懂不懂事的可爱的孩子，便成了他们倾吐的唯一对象。其中数奶奶经历最丰富，她会绘声绘色地给小孙子讲述往昔他爷爷时代的种种有趣的故事；母亲当然也能说出不少来；还有为“赡养两代孀妇”而发还的老婢仆，也会“闲坐说玄宗”地给他谈谈往事。这一切在他幼小的心灵中所产生的影响是难以估量的。他会时时神游于早已失去了的石头城里的伊甸园，而想象会不断地填补记忆的缺失，让通常的楼堂馆舍、庭院小景都逐渐幻化为巍峨的宫殿和奇妙的仙境。

幼小的曹雪芹随家人迁至北京崇文门外蒜市口的平民生活区后，生活是困苦的。但因他祖上与康熙有着特殊关系，故在京城高层有姻戚关系或世交旧谊者必定不少。虽说曹頫获罪，在京不能或不便走动，尚为孩童的雪芹，是无须避嫌地被人领着进那些王府侯门豪华的大宅深院的。眼前所见，竟是自家的昨天了。也许他会想，我爷爷时比你还阔得多呢，又谁知道？感受刺激定会很深。再看他后来交往的周边人物，不乏没落的天潢贵胄，如敦敏、敦诚兄弟便是努尔哈赤十二子、被赐死的阿济格五世孙；永忠是康熙十四子、被雍正长期禁锢的胤禵的孙子，如此等等。今昔的巨大荣枯变化，雪芹是知之甚多、看得不少的。这些都会给他的小说创作提供极丰富的素材。

红楼梦的“虚幻性”

现实生活是无法复制的，小说家能表现的只是其幻想中的图景。

《红楼梦》的虚幻性充分证明了这一点。

首先，《红楼梦》是现实基础上最大胆的艺术虚构。这一点脂砚斋是知道的，他说：

此书原系空虚幻设。（第12回评）曹雪芹自己也明白地告诉读者说“满纸荒唐言”，“荒唐言”就是虚构；请特别注意“满纸”二字，那就是从头到尾的意思。可知不但石头幻形入世，一僧一道，警幻仙子，鬼判官索命是虚构，连甄、贾宝玉和钗、黛、湘、元、迎、探、惜等等群芳，或者刘姥姥，还有名园花柳、亭榭楼阁等也都是虚构的。小说中的人物你不必去找原型，那是找不到的。什么谁是贾宝玉的原型，是作者自己还是他的叔叔，黛玉是哪位苏州姑娘，湘云是不是作者的续弦……那都是枉费心机。写小说人物不同于插花，插花可以把长在不同地方的花折下来，聚到一起插入瓶中供人欣赏。现实中的人都有他所处的环境、身份、思想、言行，你无法将他分离出来，安到谁的故事中去。离开原来的种种条件，就不是那个人了。只能是拼凑、改变、重塑，眉眼像甲、口鼻像乙、说话像丙、性情像丁……全凭你的生活经验积累和艺术想象的能力。

脂砚斋谈到贾宝玉形象时说：

> 按此书中写一宝玉，其宝玉之为人，是我辈于书中见而知有此人，实非目曾亲睹者。又写宝玉之发言，每每令人不解；宝玉之生性，件件令人可笑；不独于世上亲见这样的人不曾，即阅古所有之小说传奇中，亦未见这样的文字……合目思之，却如真见一宝玉、真闻此言者，移之第二人万不可，亦不成文字矣。（第19回评）

你看，对雪芹很熟悉的脂砚斋一点也没有觉得书中的宝玉有像作者和其他什么人的地方。此评极其深刻地阐明了宝玉只是作者所成功创造的一个全新的艺术形象而已。这一点好比鲁迅创造了阿Q。

宝钗、黛玉的形象也是如此。脂评说：

(宝)钗、(黛)玉名虽二个，人却一身，此幻笔也。……故写是回，使二人合而为一。(第42回评)

将薛、林作甄玉、贾玉看出，则不失执笔人本旨矣。丁亥夏，畸笏叟。(第22回评)

“合二人而为一”指钗、黛“互部金兰语”，前嫌尽释，不再猜忌，成为知己。此说评红者并不认同，那是另一回事。至少在评者眼里，钗、黛并没有什么真人原型，而是作者虚构出来的，即所谓“幻笔”，正如宝玉有完全相同的一甄一贾两个一样。这几乎已成了“魔幻”手法。宝玉与钗、黛这样的男女主角尚且如此，其余就更不必说了。

人物是虚构的，故事情节也同样。书中最经典的画面如黛玉葬花、宝钗扑蝶、湘云卧裀、刘姥姥进大观园等也都可以细加辨析。

黛玉葬花可找出其继承的渊源来，可以不谈。宝钗扑蝶是作者在修改过程，后来重新构思插进去的。在明义读到小说早期抄本时还不是如此。其《题红楼梦》二十首绝句之四说：

追随小蝶过墙来，忽见丛花无数开。
尽力一头还两把，扇纨遗却在苍苔。

小说中写到扇子蝴蝶的只有第27回。但书中写的是“一双玉色蝴蝶，大如团扇”，非“小蝶”；是“过河”非“过墙”，是往滴翠亭去，当然没有“丛花无数开”景象；三句费解，大概总是说扑蝶或采花举动；末句很明白，也最奇怪，我们何曾读到过“扇纨遗却在苍苔”情节？故知现见情节是后来的改笔。

湘云醉眠的故事在第62回，书中写道：

果见湘云卧于山石僻处一个石凳子上，业经香梦沉酣。四面芍药花飞了一身，满头脸衣襟上皆是红香散乱。手中的扇子在地下，也半被落花埋了。一群蜂蝶闹嚷嚷地围着她。又用鲛帕包了一包芍药花瓣枕着。众人看了，又是爱，又是笑，忙上

> 来推唤搀扶。湘云口内犹作睡语说酒令，唧唧嘟嘟说："泉香而酒洌，玉碗盛来琥珀光，真饮到梅梢月上，醉扶归，——却为宜会亲友。"

这幅充满诗情画意的极美画面，绝非现实中所能有，哪有这么多的芍药花瓣！可谁也不会去责怪作者的夸张太离谱，就像无人去责怪李白的"燕山雪花大如席"诗句一样。

刘姥姥初入荣国府的情景更能说明问题。第6回写道：

> 才入堂屋，只闻一阵香扑了脸来，竟不辨是何香味，身子如在云端里一般。满屋中之物都是耀眼争光的，使人头悬目眩。刘姥姥此时惟点头咂嘴念佛而已。……刘姥姥只听见咯当咯当的响声，大有似乎打箩柜筛面的一般，不免东瞧西望的。忽见堂屋中柱子上挂着一个匣子，底下又坠着一个秤砣般一物，却不住的乱幌。刘姥姥心中想着："这是什么爱物儿，有啥用呢？"正呆时，陡听得当的一声，又若金钟铜磬一般，不防倒唬的一展眼，接着又是一连八九下。方欲问时，只见小丫头子们齐乱跑，说："奶奶下来了。"

这一段精彩的描写，不在于对环境的熟悉而全在于感受的真切。早已熟知这一切的贾宝玉、贾蓉能有这种感受吗？对他们来说，室内焚过香，有各种陈设，挂着的自鸣钟，都是再平常不过的事，只会闻而不觉、视而不见，早就麻木了，不新鲜了。所谓"入芝兰之室，久而不闻其香"，即此理。否则，世上纨绔子弟千千万，有谁能再现他们的荣华生活呢？曹雪芹如果从小也生活在荣国府式的环境中，我以为他是写不出《红楼梦》来的。

请注意，小说许多繁华的场景，都是通过旁人的视角来表现的，即使只是虚拟的此书记述者石头，也必加以点明，这实在不单纯只是表现技巧问题。从这一点上说，刘姥姥的眼睛、耳鼻，其实就是曹雪芹的眼睛、耳鼻。

曹雪芹的不幸童年，实在是他的大幸，苦难造就了这位伟大的文学家。莫言在一次谈到童年与作家创作关系时，引用了两段很有意思的话说：

> 如康·巴乌斯托夫斯基说：“对生活，对我们周围一切的诗意的理解，是童年时代给我们的最伟大的馈赠。如果一个人在悠长而严肃的岁月中，没有失去这个馈赠，那就是诗人和作家。”（《金蔷薇》）
>
> 最著名的当数海明威的名言：“不幸的童年是作家的摇篮。”（《超越故乡·故乡是“血地”》）

这些话是非常值得我们深思的。所以，我希望我们今后看待曹雪芹和《红楼梦》时，一、不要把熟悉生活看得比感受生活、梦想生活更重要；二、不要把小说看成是写生画、肖像画，处处去寻找小说人物和故事情节的“原型”；三、要突破时代社会环境造成的某些僵化的思维模式对我们的束缚。这样，我们就能在对这一伟大作家、作品的理解上大大地前进一步。

演讲人简介

蔡义江，九届全国政协委员、原民革中央宣传部部长、中国古典文学研究专家，在《红楼梦》及中国古代诗歌研究领域成就卓著。1934年出生于浙江宁波，毕业于浙江师范学院（今浙江大学）中文系。大学毕业后留校任教，于1978年赴北京工作。参与了创办《红楼梦学刊》及筹建红学会等工作，并长期担任中国红楼梦学会副会长，学术代表作有《红楼梦是怎样写成的》、《红楼梦诗词曲赋评注》、《蔡义江论红楼梦》、《〈红楼梦〉校注》、《论红楼梦佚稿》等，其中《红楼梦诗词曲赋评注》一书发行极广。

古典诗词欣赏的四种类型

刘石

有情读诗

有一类诗，抒发的是普遍、普通的人情、人性，加之诗风快如并剪，爽如哀梨，只要依着常理去读，带着感情去读，即眼便知为好诗，不必深究，也无法深究，深究则落言诠。如李白《静夜思》：

床前明月光，疑是地上霜。
举头望明月，低头思故乡。

何人没有家乡，谁没有思乡的经验？不需要刻意地调动，这些经验就会涌上心间。对这首诗诗意和诗艺的理解有很多，如“忽然妙境，目中、口中，凑泊不得，所谓不用意得之者”；“悄悄冥冥，千古旅情，尽此十字”；“此诗如不经意，而得之自然，故群服其神妙”等等，完全不错，但于诗歌的情感上并没有太大的意义。

但有人不认为这首诗容易理解，有一册书中写道：

“怎么样才算理解了呢，不妨用下面两个问题检测一下：一、诗中所说的床到底是什么东西，如果是睡床，他怎么能举头望明月呢？如果是井栏或马扎，那说明诗人始终处在月光之下，怎么会有‘疑是地上霜’的心理过程呢？二、诗人只说‘举头望明月’，那他这时‘思故乡’了吗？他为什么要低头？是因为举头太久脖子累了吗？”

这就有些近乎玩笑了。

在这种诗面前，我非常同意闻一多对《春江花月夜》的感叹：

“一切的赞叹都是饶舌，几乎是渎亵。”

读这样的诗，不仅不必了解创作的背景、不需了解别人的饶舌，甚至不必知道作者究竟是谁。

比如这首诗，“白日依山尽，黄河入海流。欲穷千里目，更上一层楼。”大家耳熟能详，而且也知道诗题叫《登鹳雀楼》，作者是王之涣。但这还真不一定。《全唐诗》里两见，它同时也归入一位叫朱斌的诗人名下，诗题也有不同，叫《登楼》。但就欣赏而言，不用管作者是谁，也不用知道登的是哪个楼，诗歌本身创造的、呈现的情思哲理神完气足，完全不劳外求了。

此外还有抒发爱情、友情、亲情的诗。孟郊的《游子吟》：

慈母手中线，游子身上衣。
临行密密缝，意恐迟迟归。
谁言寸草心，报得三春晖。

孟东野46岁进士及第，4年后即50岁时才铨选为江苏溧阳尉这一小官，随即迎其母侍奉。古代的孝子比今天多，孟郊可算其中的一位。但我们何尝需要了解了这些才可以被感动，“仁孝蔼蔼，万古如斯”（明人对这首诗的评语），“孝”是传统的美德，不也是亘古不变的人性吗！

还有体现其他人性光辉的诗篇，如平等意识、人道关怀等。范仲淹的《江上渔者》：

江上往来人，但爱鲈鱼美。
君看一叶舟，出没风波里。

平等与关怀甚至延伸到动物与植物。宋人叶元素的《绝句》：

家住夕阳江上村，一湾流水护柴门。
种来松树高于屋，借与春禽养子孙。

启功先生《古诗》中的四句：

见人摇尾来，邻家一小狗。

不忍日日逢，恐成莫逆友。

袁枚的这首小诗《苔》：

白日不到处，青春恰自来。

苔花如米小，也学牡丹开。

18世纪法国思想家卢梭说："人生而平等，却无往而不在枷锁之中。"人在枷锁中是现实，人不甘于待在枷锁中也是现实。这些诗作，吟咏、赞美的又岂止是动物和植物。

又如对充满生机的山水自然的关注和赞美。清代广东诗人张维屏的《新雷》：

造物无言却有情，每于寒尽觉春生。

千红万紫安排著，只待新雷第一声。

每读此诗，耳畔竟真能响起隐隐春雷，眼前河澌冰涣，花骨朵缀满枝条，真不亚于听一曲短小而磅礴的《春之声》圆舞曲！

套用古人读《出师表》不落泪者必不忠、读《陈情表》不落泪者必不孝、读《祭十二郎文》不落泪者必不友的说法，读上面这些诗而不满心感动或倾情向往的人，或者读上面这些诗而忙着去找分析文章来参考的人，必是寡情不可交之人。

有意读诗

与上面不同的一种情形是，有些诗词如果不了解作品的相关知识就体味不出或不能充分体味出诗之意蕴与诗之美，明珠就算给暗投了。

诗圣杜甫有一首七绝《江南逢李龟年》：

岐王宅里寻常见，崔九堂前几度闻。

正是江南好风景，落花时节又逢君。

这算诗吗？还是诗圣写的诗？我们试着用今天的语言翻译一下，那简直没劲极了。西方有人说过：诗是什么，就是在翻译过程中失去的那些东西。意思就是说，诗是不可以翻译的。这种巧而有味的表达真好。诗固然不可以翻译，但这诗似乎就算不翻译也不觉着好啊——不过，这是在不了解写作背景的情况之下。

如果我们了解这是杜甫 59 岁的生命走到尽头，即他去世的当年（770 年）所写，所涉人物李龟年是唐代最繁盛的开元、天宝年间著名的宫廷乐师，作者青少年时期赶上了大唐盛世，出入公卿之间；以及相关知识如安史之乱前后大唐帝国国运的盛衰和作者自身命运的跌宕；再知道岐王就是唐玄宗的弟弟李隆范，崔九是唐玄宗时任为殿中监的崔涤，亦即中书令崔湜之弟，总之都是些达官贵人吧，就能够理解此诗之妙了。

用研究中国古典文学著述颇多的美国学者宇文所安《追忆》中的话来说："这里有一条回忆的链索，把此时的过去同彼时的、更遥远的过去连接在一起。"我们能够读出清人黄生的感受："今昔盛衰之感，言外黯然欲绝。见风韵于行间，寓感慨于字里。"也会同意衡塘退士在《唐诗三百首》里的评价："世运之治乱，年华之盛衰，彼此之凄凉流落，俱在其中。少陵七绝，此为压卷。"我们还能体会到这首诗如何将"笔愈简而气愈壮，景愈少而意愈长"、"含不尽之意见于言外"这种"含蓄"的艺术手法用到极致。

还可以再举可以类比的宋代的一例，王安石《泊船瓜洲》：

京口瓜洲一水间，钟山只隔数重山。
春风又绿江南岸，明月何时照我还。

我们都知其为名诗。名在何处？那还用说，名在第三句，名在第三句中的那个"绿"字，那可是王安石费尽心思才想出来的！宋人洪迈《容斋续笔》中说，见过别人家藏的这首诗的草稿，这个字先可不是"绿"字，先用的是"到"，圈去后改为"过"，又圈去改为"入"，再改为'满'，改了十几个字，最后到了"绿"就不改了，满意了。今天人们对这个字也颇为追捧，如词性活用、使动用法等等，都不错。

问题是前两句怎么样？

京口，今江苏镇江，在长江南岸；瓜洲，在长江北岸，是古渡口（在邗江，今属江苏扬州），两地隔江相望；钟山，在南京，代指南京。南京在京口之西，两者相距不足百公里。

这样前两句不就成了画地图似的索然无味了？

其实非也。

王安石17岁时随父定居江宁（今南京），19岁时父亲去世，葬于南京，43岁时母亲卒于京师，王安石护其灵柩归葬南京。诗作于宋神宗熙宁元年（1068）春王安石自江宁府赴朝中任翰林学士时，时48岁。自17岁至48岁，共31年。虽然他22岁中进士后辗转各地为官，如知鄞县，通判舒州（今安徽潜山），入京做三司度支判官等，但由上述可知，他与江宁有着不可割断的牵挂，尤其是父母葬地在此，其感情可以推想而知了。

了解了这些，就会发现诗歌前两句可能蕴含着比字面多得多、深得多的意蕴。居住了31年的故地，父母灵柩安置之所，第二句中为何提及钟山就很明白了。又由诗题可知诗作于瓜洲，抵瓜洲前，王安石在京口与金山寺僧宝觉会宿一夕（参其《赠宝觉序》），就可以明白第一句中何以提及京口、瓜洲了。两句的言外之意是，人在瓜洲，再往北就离开江宁属地了，就真的离开友人，离开待了多年的故地，更离开父母灵柩所在地了！我们就可以理解全诗前两句蕴含着的，是对友人的怀想，对父母安息之地江宁的存念，而绝不是在无谓地画什么地图。

现在我们也可以理解，此诗的出色虽然离不开后两句，但绝不仅仅是后两句。前两句的深情委婉配上后两句对在强大自然主宰力映照下的一身渺渺不得自主的感慨，隐约而又分明地告诉我们：作此诗时的王安石起身赴京，大任将降其身（次年任参知政事，推行变法，再次年即宰相位），意气不能说没有一些风发，但他清楚地知道他的前面是地雷阵和万丈深渊，他去了，带着的是多么复杂难言的情绪！总之，只会欣赏诗中的那个“绿”字，未免像对着一桌子的美味佳肴只知道尝鼎一脔，太不懂得享受了。

慧心读诗

除知人论世外，还得用一种慧心来读诗，因为诗是一种艺术，艺术是情感的结晶，也是智慧的产儿。不妨探究，但不能学究。

什么是慧心？就是审美的眼光与能力，对艺术规律的了解与把握，很难一言以蔽之，那么我们就来看看什么不是慧心吧。

王之涣的《凉州词》：

黄河远上白云间，一片孤城万仞山。
羌笛何须怨杨柳，春风不度玉门关。

此诗一题作《听玉门关吹笛》，也有学者认为王之涣可能到过玉门关（见傅璇琮先生《靳能所作王之涣墓志铭跋》），加之诗中末句又提及玉门关，就有人认为玉门关与黄河距离甚遥，在玉门关无法看见黄河，首句不合情理，应该依南宋计有功《唐诗纪事》作“黄沙直上白云间”。

这是不是有道理呢？没有。

一是没有艺术感受的能力，不知这样改动后诗的意境远不如改动前那样雄浑阔远、情景相融，不够美了。恰如程千帆先生《论唐人边塞诗中地名的方位、距离及其类似问题》所说：“这首诗中的地名，彼此的距离的确是非常辽远的，而当时祖国西北边塞荒寒之景，征戍战士怀乡之情，却正是由于这种壮阔无垠的艺术部署，才充分地被揭示出来。”二是不懂得艺术创作的特点。艺术创作不是作地理志。西晋人陆机早说过：“精骛八极，心游万仞”、“观古今于须臾，抚四海于一瞬”。德国作家歌德在《歌德谈话录》也说过：“在许多情况中，作家为了使他所要描写的现象更鲜明突出，甚至可以违反生活事件的原有次序，借以加强作品的普遍的真实性，获取更大的感动力。”鲁迅谈小说创作体会也说：“人物的模特儿也一样，没有专用过一个人，往往嘴在浙江，脸在北京，衣服在山西，是一个拼凑起来的角色。”（《我怎样做起小说来》）三是即使从版本讲，同为盛唐而稍后一点的芮挺章《国秀集》、薛用弱《集异记》都作“黄河远上”。

再举苏轼《惠崇春江晚景》：

竹外桃花三两枝，春江水暖鸭先知。
蒌蒿满地芦芽短，正是河豚欲上时。

诗作以想象赋予画面以生机，大化流行、各有条贯、万物一体、生生不息的和谐天趣与哲理情思非刻意道出而自然流露，实在妙不可言。

孰料奇事惊人。清初一位大学者毛奇龄任清代翰林院检讨，是《明史》的纂修官，学识渊博，著述宏富，有《西河合集》400余卷，可不是一个小学者了。王士禛《居易录》卷二却记载了他的一件糗事，说他素不喜苏东坡诗，有一位朋友在旁边举出这首，心想这首总不能说不好了吧。您猜怎么着？“毛愤然曰：‘鹅也先知，怎只说鸭？’”苏东坡要是听到他的这个“酷评”，用现在的流行语言来说，一定会大呼“给跪了”！

想给跪了的岂止苏东坡一人，北宋的宋祁恐怕也得算一个。宋祁有一首名词《玉楼春》：

东城渐觉风光好，縠皱波纹迎客棹。
绿杨烟外晓寒轻，红杏枝头春意闹。
浮生长恨欢娱少，肯爱千金轻一笑。
为君持酒劝斜阳，且向花间留晚照。

清初的大文人李渔于词中的“闹”字有自己的见解：“若红杏之在枝头，忽然加一闹字，此语殊难着解。争斗有声之谓闹，桃李争春则有之，红杏闹春，予实未之见也。闹字可用，则吵字、斗字、打字、皆可用矣……予谓闹字极粗极俗，且听不入耳，非但不可加于此句，并不当见之诗词。”（《窥词管见》）我们当然无意用这一例来将李渔的艺术水平全盘扫倒，但如果对照着王国维《人间词话》的评价：“红杏枝头春意闹，这一‘闹’字而境界全出。”可以见出差距的巨大。

白居易是另一个直接给跪了的人。他的《花非花》：

花非花，雾非雾。
夜半来，天明去。
来如春梦不多时，
去似朝云无觅处。

有人称之为较早的朦胧诗。好诗而朦胧的很多，很正常，朦胧一定是说不清道不明，也不必说清道明的。诗不会只因朦胧就好，但朦胧诗一定不会因明白而好。偏有人宣称，揭秘了，是谜语，谜底是——“霜”。

细心读诗

慧心之外，还有细心。为什么要细心？因为古人作诗常常是很用心也很细心的。《文心雕龙》说：“呕心吐胆，不足语穷。煅岁炼年，奚能谕苦。”有人“吟安一个字，捻断数茎须”。唐代贾岛作诗“二句三年得，一吟双泪流”，为僧“推”月下门还是“敲”月下门踌躇不已。不仅苦吟家，非苦吟家亦然。苏门四学士的张耒曾“见白公（白居易）诗草数纸，点窜涂抹，及其成篇，殆与初作不侔”。不仅小家，大家亦然。杜甫就宣称“为人性僻耽佳句，语不惊人死不休”。怎么才能惊人呢，改！所以他又以诗句说：“颇学阴何苦用心”，“新诗改罢自长吟”。

因此之故，我们读诗有时也要细读，得求甚解，不能囫囵吞枣，否则诗的好处不易尽显，辜负了古人投入在诗歌创作中的无限心血。

这里着重从关注异文的角度讲一下细心读诗的问题。

首先要强调，出现异文的情况复杂，有后世的误抄或误刻，也有作者本人生前的修改和选择。有人说，弄清作者用的到底是哪一个，或最早的版本用的是哪一个就行了。其实没这么简单。关于文本的历史还原问题难度很大，何况最早的不一定就是最可靠的，不要说宋本未必就可靠，就是作者的手迹，也难讲就一定是最可信的依据。更重要的是，最早的甚至手迹也未必就是最好的。

比如苏轼《前赤壁赋》那段充满哲理情思的前几句：

> 客亦知夫水与月乎？逝者如斯，而未尝往也；盈虚者如彼，而卒莫消长也。

“盈虚者如彼”，朱熹《朱子语类》中说曾见东坡手写本，“彼”作“代”。是的，“代”可当“更叠”讲，于文意未必不通。但我以为“代”不如“彼”。“彼”与“斯”相对，前后的排比整饬而自然。朱熹看见的墨迹我们看不见了，难得真有一本墨迹留存下来，就在台北故宫博物院，上面用的是“彼”，不作“代”。这说明什么？说明苏东坡两个字都用过。著作权是属于作者的，作者本来想怎么改就怎么改，想改多少次就多少次。既然不能明确取舍，作为异文并存，就可以讨论哪个更好。利用异文，可以捕捉不少容易忽略的细微信息，是感受、理解诗文艺术的一条好渠道。

我们看贾岛的《剑客》：

> 十年磨一剑，霜刃未曾试。
> 今日把示君，谁为不平事？

末一句中的“为”字有一个版本作“有”，“谁有不平事”。哪个好呢？我们不妨潜心思索。

我个人很同意清人冯班的见解，以“为”字为优。冯班说，“谁为不平，便须杀却，此方见侠烈之概。若作谁有不平，与人报仇，直卖身奴耳。”（卢文弨《题贾长江诗集后》引）真可谓一字之异，高下立判。就算“有”字是贾岛所用，“为”字是他人擅改，我也要说，改的人足为贾岛的一字师。

再举前面说过的王安石《泊船瓜洲》为例，上面说了，“春风又绿江南岸”一句，人们都津津乐道于“绿”字的出彩，却忽略了其中的一个异文，即“又”字又作“自”，而且都是见于宋本或宋人的记载，就是说宋时已两存。那么哪个更好呢？吴小如先生《读书丛札》中说，作“又”不过表达时光易逝，如此而已；而作“自”更耐人寻味。春风本应有情而偏无情，自绿江南岸，而不管诗人思归不得。春天回归有时，人的去留却不由自主，故发末句之叹。吴先生往往于细致入微的解诗中体现自己深湛的艺术眼识，这样的人当今不多了。

当然，细心的问题同时也是慧心的问题，慧心的问题未必不牵涉有情的问题，有情与有意是相互补充的问题。总之，诗词、诗文的欣赏说易好像不难，说难却真不容易。深者得其深，浅者得其浅，根本说来取决于欣赏者的性情襟抱、学识涵养。要想增强欣赏的能力，提升审美的眼光，又远远不是听一次所谓的讲座、了解几种“类型”就能办到的。

演讲人简介

刘石，清华大学人文学院副院长兼中文系系主任、教授、博士生导师，《清华大学学报》（哲学社会科学版）副主编。主要从事中国古代文学、文献学研究，曾在美国、韩国、马来西亚等多国高校任客座教授。著有《书法与中国文化》、《苏轼词研究》、《苏轼词选》、《有高楼杂稿》、《有高楼续稿》、《中国文学作品选注（宋辽金卷）》、《宋词鉴赏大辞典》等。

马一浮与国学

刘梦溪

浙江大学的人文传统

浙江大学的老师和同学：你们学校我是第一次来，但你们学校的一部分——杭州大学——是我非常熟悉的学校。杭大的一些教授，像姜亮夫教授，敦煌学家；语言学家蒋礼鸿先生；像戏曲专家徐朔方先生；还有词学家夏承焘先生，都是我认识并且熟悉的长辈。我几次到过杭州大学，它的人文传统在全国的高等学校里面是一流的。开始你们合并的时候，我作为局外人，还曾经为杭大抱不平。现在生米煮成熟饭，只好如是了。

我也熟悉你们原来的校长竺可桢教授，当然我不认识他，但是他的书我细读过，特别是他的日记，我读得非常仔细。他怎样去请马一浮先生，见面情形，前后的经过，以及马先生在抗战时期，你们的学校已经从杭州搬到江西泰和的时候，第一次讲国学，竺先生也在下边。他日记里都有记载。后来到广西宜山，竺先生也在那里。我看他的日记很感动，在战乱流离中的这样一所学校，可以说始终弦歌未绝。他的妻子在流离中去世了，而许多的学生和教授都蒙受苦难。但这所大学始终保持良好的教学秩序，无论是在泰和还是在宜山，都是如此。我看这段历史，个人非常感动。那么，可以想见，现在的浙江大学如果能够承继这个传统，未来自是不可限量。

王国维是否真的“烧书”

我是念文学出身，但是中间在学问上有一个转变，上世纪80年代中期的时候开始不那么喜欢文学，因为在集中读陈寅恪、王国维、钱锺书的书，看他们的文章写得太好了，学问太精到了，自己就不想写作了。甚至以前出的一些书，关于文学的，越看越不顺眼，在家里都塞到谁也看不见的地方。由于自己有这个感受，我就相信王国维烧过书。大家知道有一个掌故，在1912年，辛亥革命的第二年，罗振玉有点不赞同当时的新的政治变局，他就躲到日本，住在京都的乡下。这时候王国维也跟他一起去了，他们是好朋友，两个人的关系，故事非常生动，我不去讲它。罗振玉说，王国维到了日本以后，在他的影响下，把带去的《静安文集》——王先生早期学日文，后来又学英文，喜欢康德、叔本华，把他们的著作翻译成中文。而在那个前后，他办《教育世界》杂志，他的很多文章都是在这上面发表的。这些文章，关于教育的，关于文学的，关于西方哲学的，关于美学的……这些文章后来收辑起来，出版为书，叫《静安文集》，他到京都的时候，带了100多册——罗振玉讲，王国维到京都以后，学问发生转变，把带去的书烧掉了。研究王国维的人，大都认为他不会烧书，我也算研究王国维的人之一，但我相信他会烧书。

因为，一旦进入到古史研究，接触到金文、甲骨文研究，就会觉得文学研究未免浮泛。我当时也产生了这个思想，非常看轻文学。但我现在必须补充，当我年长以后，又觉得文学有点意思，它还是史学和哲学的一个很好的补充。我是说，文学也不可偏废。当你的年龄有一点大了以后，学问积累到一定时候，你会觉得文学不能完全满足自己的需求，因为你想追求真相，追求真理，必然要走向史学和哲学，而在这个走向的阶段当中难免轻视文学。可是当年龄再大以后，觉得文学也是多么好啊！

无论何种学问，太“热”都未必好

20世纪的学者当中——我喜欢王国维，喜欢陈寅恪，可以说研究了他们多年——但是我还喜欢另外一个人物，马一浮。我在1996年为一套书写的长序，叫《中国现代学术要略》，后来三联书店出版了，在这篇文章里面，我讲到陈寅恪和马一浮的时候，我说陈寅恪是站在地上，怀着家国的深情，和历史的兴亡之感；而马一浮，我说他站在云端，很早就实现了精神世界的自我超越。在20世纪的学者当中，能够完成自我超越的学者并不多，马先生是一个。

当然，当时很多学界的朋友不赞成我的说法，庞朴先生说：“你把马一浮说成神仙了，怎么可以？”李泽厚也不赞成。我多么高兴，刚才杜维明先生居然说马一浮提出的“国学就是六艺之学”的观点，他表示赞成。杜先生，你知道，我这个观点孤立了十年。（杜维明插话：汤一介也赞成。）是的，汤一介先生是我的好朋友，比我年长，汤先生也同意“国学是六艺之学”。我的文章是2006年发表的，叫《论国学》。我为什么会特别地赞成，简直是不得了地赞成，深深地赞成，无比地赞成马先生的关于“国学是六艺之学”的立说？他的这个见解的重要性究竟在哪里？

大家知道近十年，中国出现了“国学热”，出现了传统文化热，这不是没有原因。因为百年以来，我们长期处于传统的断层当中，当经济有了一点根基之后，围绕经济发展的同时有一个传统的重建问题，有一个文化的重建问题。在这个背景之下出现“传统文化热”、“国学热”，不足为奇，甚至是理所当然的。但是我们做学问的人有一个看法，只要是学问，一旦成为“热”，就没有好事情，还是“不热”好。因此我提出国学不需要那么“热”。我可以举两个例子，过去在我们960万平方公里的土地上，出现了两个“热”：一个是《红楼梦》“热”，叫“红学热”，还有一个是“鲁迅热”。鲁迅好不好？当然好。《红楼梦》好不好？当然好。“热”的结果，《红楼梦》蒙了很多污，到现在很多人一听“红学”还在摇头。很不幸，我曾经很长时间，从大学开始就研究《红楼梦》。“鲁迅热”以后，鲁迅也蒙受了扭曲，反而鲁迅在当代的价值没有真正得到认知。现在很多人否定鲁迅，其实鲁迅何等深刻啊！他没有过时！仅仅由于当年“热”的时候把他捧得太高。人们有一种逆反心理，就把他放在了地上。但真正了解中国文化，了解学术的人，甚至了解文学的人，岂可以轻视鲁迅！当然也不能轻视《红楼梦》，我只是说，无论何种学问，只要是学问，太“热”了都未必好。

国学也一样，如果在没明白国学为何物的情况下，“国学”就大热起来，肯定不是好事情。当然大家真正了解国学了，也就无所谓“热”，就变成日用常行了。前些年甚至说出现了“陈寅恪热”、“钱锺书热”，我个人也甚不以为然。因为陈先生的著作并不很好读，还没研究到怎样呢，就已经“热”了。现在是不是已经出现了“马一浮热”？我希望马一浮不要“热”。为什么？马一浮的书以及他的人格精神最不好懂。甚至最近，我还说过：“我还没看见有几个人真正读懂了马一浮先生的著作。”我的意思，读马，研究马，不那么简单，不那么容易。

马一浮是“儒之圣者”

马先生不仅仅是学者，不仅仅是大儒，他还是20世纪的“儒之圣者”。过去——杜先生了解的——常常把熊十力、梁漱溟跟马一浮相提并论，但在这三个人当中，要讲学问的“本我”境界——注意我用了一个词，学问的“本我”境界——马先生要高于梁，高于熊。但梁和熊也都很了不起，人格精神也都是了不起的。但是马先生的“本我”境界，比梁、熊要高一筹，这是我的看法。我说马先生是20世纪大师中的“儒之圣者”，但是你不能讲熊十力是“儒之圣者”，你不能讲梁漱溟是“儒之圣者”，他们都是儒学思想重构当中很重要的人物。但是只有马先生我们可以称他为“儒之圣者”。但马先生又不仅仅是“儒之圣者”，他还是“高人”，还是“逸士”。在中国传统当中，有品评人物的传统。这个在六朝时期，在魏晋南北朝时期最发达。出现了很多奇书，譬如刘邵的《人物志》，譬如《世说新语》，一部记述魏晋人物风采面貌、品评人物性格精神的专书。我们如果用传统的方法品评人物，马先生显然不仅仅是大学者，不仅仅是大师级的人物，不仅仅是“儒之圣者”，他还是“高人”。原来杭州大学的一些朋友，当时就流传，很多人不敢去看马一浮。为什么这样？因为他的学问太大了，他的眼光太厉害了，你刚一进来，想说的话，没想说的话，他全知道。所以他是“高人”。

马先生学问根底之深厚，他的超越的精神，他的内在精神的净化，少有与之比肩者。他常说的一句话叫“刊落习气”。大家不要以为“习气”就是日常生活中的“庸俗之气”，不仅为我们学者所要去掉，也为一般人所要去掉。当然这是佛家的话。每个从事专业的人也有这样那样的专业“习气”。常常我们看到有一些学人，甚至有一些老师，自己做哪一方面的研究，就把这一方面抬到非常高的位置，觉得另外的领域没有他这个领域重要。这也是一种“专业偏执病”，也是专业的“习气”。专业的成就是好的，专业的精神是好的，专业的“习气”是要不得的，需要“刊落”。马先生身上一无“习气”，把这“习气”完全“刊落”了。他是位“圣者”，他有很多思想，我没法在今天一一细说。

国学概念的取义及流变

马一浮的国学定义为什么重要？在于以前讲“国学”，对国学的内涵外延，没有阐述清楚，或者虽有所说明，但在学理上论证不足。“国学”这个概念中国历史上就有，《周礼》里面就有，《汉书》、《后汉书》、《晋书》里面，都有“国学”的概念，唐代也有，你看庐山下面有个——现在也还叫——白鹿洞书院，也是近30年恢复重建起来的。这个书院是在南宋朱熹把它建成，成为当时的“四大书院”之一。但是在朱熹之前，这个地方不叫白鹿洞书院，而是叫“白鹿洞国学”。白鹿洞国学是个什么意思呢？是所学校。可见，在中国历史上“国学”这个概念是有的，“国学”这个名词是有的，但历来讲的所谓“国学”，都是指“国立学校”的意思。

那么“国学”作为一个现代学术的概念是什么时候出现的呢？至少从我们现在掌握的材料，1902年梁启超和黄遵宪的通信里面，开始使用“国学”的概念。你要知道这两位都是戊戌政变的时候被处罚的人员，梁启超跟他的老师康有为跑到海外，而黄遵宪呢，当时在湖南参加陈宝箴领导的“湖南新政”，黄遵宪也受到了处分。他有在日本的经历，有外交经验，很了不起的一个人。其实他很稳健，在湖南的时候就提出主张渐进的变革，反对激进的变革，实际上他跟康、梁的激进是有区别的，但还是处分了他。

在1898年慈禧太后政变后的晚些时候，被革职的黄遵宪回到广东老家，而这个时候梁启超有一段在日本。他们在1902年有一封通信，梁启超写给黄遵宪的信我们看不到，我们看到的是黄遵宪写给梁启超的信。黄遵宪在信里说：“你提出要办《国学报》，我觉得现在还不是时候。”办《国学报》是不是时候，我们探讨国学概念可以暂且不管它，至少在1902年这一年，一个是梁启超，一个是黄遵宪——试想，他们在晚清，是何等样的地位，何等样的人物——他们提出了并且使用了“国学”的概念。

而在1902至1904年，梁启超写《论中国学术思想变迁之大势》，里面最后一节，又使用了“国学”的概念。他说，现在有人担心，

“西学”这么兴旺，新学青年吐弃“国学”，很可能国学会走向灭亡。梁启超说不会的，“外学”越发达，“国学”反而增添活气，获得发展的生机。他在这里再次用了“国学”的概念，而且把“国学”和“外学”两个概念比较着使用。

我们知道，在1898年——维新改革最高涨的时期——当年5月，张之洞，晚清的大人物，写了一篇文章叫《劝学篇》。他在《劝学篇》的《外篇》里面有一节专门讲“设学”——设立学校——他说在课程设置的时候，要以“旧学为体，新学为用”。可是在1921年梁启超写《清代学术概论》，转述张之洞的主张，他说，只从张之洞提出了“中学为体，西学为用”，全国一时以为“至言”——以为这个话讲得太好了，谁都同意。可是，他在转述的时候做了一个改变：张之洞本来是讲“旧学为体，新学为用”，他在《清代学术概论》里转述成为“中学为体，西学为用”。

从此以后，“中学为体，西学为用”这个判断，一个晚清以来学术思想史上的重要判断，就被所有研究文化研究历史的人记在脑子里了，而忘记张之洞在《劝学篇》里面本来讲的是“旧学为体，新学为用”。我们今天研究“国学”这个概念的渊源与流变，我可以说，张之洞在《劝学篇》里讲的“旧学”，梁启超转述的时候讲的“中学”，跟“国学”的概念——梁启超和黄遵宪1902年讲的“国学”的概念——几乎是同等概念，实际上就是中国的这套学问。可是，当时虽然这么讲了，对于什么是“国学”，没有人做分疏。

时间一直到1923年，大家知道，1922年，北京大学成立“国学门”，1925年清华大学成立“国学研究院”，这个时间很重要。在1923年的时候，北京大学的“国学门”要出版一个刊物，叫《国学季刊》。北大这个《国学季刊》的发刊词请胡适之先生来写，胡适之先生就在这个发刊词里讲——他因为有西学的底子，又有中学的底子，他喜欢下定义——什么是国学呢？他说：“国学”就是“国故学”的“省称”。“国故”是谁提出来的呢？他说自从章太炎先生写的一本书叫《国故论衡》，“国故”这个词，大家就觉得可以成立了。这是在中国现代学术史上，胡适之先生第一次对国学的概念做了一次分疏。

但是我们觉得这个概念的内涵太宽，所以胡先生这个定义事实上没有被学术界采纳，后来很长时间，30年代、40年代——50年代不讲这些了——“国学”的概念继续讲，但不再有人说“国学”就是“国故学”的省称。为什么呢？“国故”这个概念太庞杂，古代的社会制度、古代的人物、语言、文字、文学、艺术、礼仪、风俗、习惯、衣饰都包括在里面。如果“国学”就是研究这些漫无边际的所有中国历史上的这些东西，你就把握不住主要内容了。

所以，事实上，学术界没有采纳胡先生的定义，学术界不约而同地在上世纪三四十年代都认可“国学”的另一个定义，就是国学是“中国固有的学术”。什么是中国的“固有学术”呢？就是先秦的诸子百家之学，两汉的经学，魏晋的玄学，隋唐的佛学——当然唐代的文化内容多了，经学在唐朝也很发达，有《五经正义》——但唐朝的佛学的地位格外突出。而到宋代的时候，一个新的哲学流派出现了，就是理学，以朱子为集大成的理学。而到明代，则是以王阳明为代表的心学，刚才杜维明先生讲了。清代中叶的时候——主要是乾隆时期，清代的学术比较发达——这时候的学问，以考据为主要特征，也叫“朴学”，甚至也叫“清代汉学”。

就是这样一个学术史的流变，大家觉得这就是“国学”。你看钱穆先生在北大讲国学的时候——后来整理成书叫《国学概论》——他首先讲，“国学”这个概念将来“恐不立”，然后说明，他书中讲的是“本国学术思想的流变和变迁”。而马先生给“国学”重新下定义的时候，也说：“今人以吾国固有的学术名为国学。”只不过他并不认可这个定义。因为人家会问：你是指哪个时代的学术呢？先秦的、两汉的、魏晋南北朝的、唐代的、宋代的、明代的，还是清代的？还有，你是指哪一家的学术？讲中国的学术，不仅有儒学，还有道家，还有道教，还有佛学，你是指哪一家的学术呢？所以，马先生觉得把国学定义为“中国固有学术”，还是太笼统，太宽泛。

马一浮重新定义国学

所以马一浮先生在1938年5月，你们浙江大学转移到江西的泰和，在那里，竺可桢校长请马先生去开了一个国学讲座。关于马先生在浙江大学开国学讲座这件事可以写一本书，竺先生一到杭州就任——他是大气物理学家，也是中研院的院士——他刚到杭州，就听说此地有个马一浮，学问超群，立刻登门拜望，邀请马先生到浙大来任教。马先生拒绝了。要知道，马先生不愿在大学里任教，文章他也很少写，这说来话长，以后再作补充。

不久，竺校长又带着人去了，再次恳请马先生来学校任教，马先生又没有同意。第三次，他又去了——这个中国传统的礼仪，事不过三,三次邀请，对方不好再拒绝了——于是谈到用何种名义去开讲座，马先生想到是否可以用“国学讲习会”的名义。因为马先生不是教授，也没有职称，他觉得需要有一个合适的身份名义。他自己提出，可不可以就叫“国学大师”。以马先生的学问和身份，“国学大师”当然没有问题。但是呢，浙江大学的领导研究，说是以“研究会”的名义肯定不行，那是要成立组织了，需要上面批准。至于“大师”的名字，认为有点像佛教，也不好，就没谈成。

第二年，日本人打来了，浙江大学迁移到江西的泰和了，马先生自己也去逃难了。开始他逃难到了富阳、桐庐一带，几个亲戚，几个私淑弟子，100箱书，他没有太太。马先生的婚姻的故事更好听，我没法给大家讲了。他们就商量，马一浮先生这个时候想，如果跟浙江大学一起逃难是不是会好些？于是马先生给竺校长写了一封信——这封信写得措辞之典雅，表达意思之婉曲，只有马一浮写得出来。我能记住信中的很多句子，不讲给大家了，讲的时间超过了——然后是，竺校长接到此信，如获至宝，于是马先生到了泰和，就在1938年5月的一天，开了国学讲座。

马一浮国学讲座的第一讲，就是从“楷定国学名义”开始，他提出，时下关于“国学”是固有学术的提法，还是太觉“广汎笼统，使人闻之，不知所指为何种学术”。所以他提出：“今先楷定国学名义，举此一名，该摄诸学，唯‘六艺’足以当之。”“六艺”就是《诗》、《书》、《礼》、《乐》、《易》、《春秋》，即孔子之教。就是马一浮先生认为，国学就应该是“六艺之学”，这是他给出的新的不同于以往的国学定义。“六艺”就是“六经”，是中国学问的最初的源头，是中国文化的最高形态。

他提出的国学的这个新定义，长期没有人闻问，直到2006年，我写《论国学》，才把马一浮先生的国学定义重新提出来。从那以后，七八年的时间，我不断写文章，演讲，倡导，鼓吹，不遗余力。虽然不见有谁写文章跟我讨论，但是我知道，大多数人不很赞成我的看法，觉得刘梦溪竟然认为国学就是“六经”，这不是把“国学”等同于“儒学”吗？其实“六艺”不光是儒学的源头，道家的源头可以直接追溯到《易经》，“六经”是和文史哲各科都不相重复的我国学术的一门最高的学问。

马一浮提出这样一个国学定义，它的了不起之处在哪里呢？它可以跟教育结合起来。你讲“国学是中国的固有学术”，那是关于学术史流变的学问，专业人员研究起来尚且不无困难，你怎么可能叫社会学科、自然学科等其他学科都来关注这样一个“国学”呢？一般民众更不用说了。既然叫“国学”，就不能跟一般民众不发生关联。如果定义“国学”是“六艺之学”，就是“六经”，跟全体民众都会有关系。马先生的两位朋友——刚才讲到的熊十力和梁漱溟——熊先生就讲过，“六经”是中国人立国和做人的基本依据。你要了解“基本依据”这四个字，实际上是说中国人的精神源头和根底在“六经”。所以如果把“国学”定义为“六经”的话，它就可以进入现代的教育。

国学和“六经”的价值论理

“六经”的文词很难读，怎么进入呢？但是我告诉大家，《论语》和《孟子》可以看作是“六经”的简约的、通俗的读本，因为孔子和孟子讲的思想，就是“六经”的思想。孔孟阐述的义理，就是“六经”的基本义理。我把“六经”的基本义理概括为“敬”、“诚”、“信”。刚才杜先生讲到“诚”、“信”，但是我把“敬”放在了最前面。这个“敬”是什么？就是人的“自性庄严”。你看马先生在《复性书院演讲录》里面，主要讲的是一个“敬”字。“敬”是个体生命的庄严，是人性的至尊至重，是每个人都应该具有的，我甚至认为“敬”已经进入中华文化的信仰之维。

这种“自性的庄严”，是不是一般人不能实现呢？马先生当然实现了。我刚刚讲的陈寅恪，一生提倡“独立之精神，自由之思想”，当然是“自性的庄严”的表现。马先生对这个“敬”字的解释，有一极重要的特见，他说《论语》里讲“三军可以夺帅，匹夫不可以夺志”，“志”是什么，马先生说“志”就是“敬”。因此这个“敬”是不可以“夺”的，已经构成个体生命的精神信仰，当然不可以“夺”了。

学者、知识人士可以有“自性的庄严”，一般人士、没有文化的人有没有“自性的庄严”？当然有。我们看《红楼梦》，当贾赦要娶鸳鸯做妾的时候，鸳鸯坚决不允，做了很多极端的举动，包括破口大骂，甚至把自己的头发剪下来，所彰显的就是鸳鸯这个年轻女性的“自性的庄严”。孟子讲的“威武不能屈，富贵不能淫，贫贱不能移”的“大丈夫”精神，更是人的“自性庄严”的突出体现。人的“自性的庄严”，就是人的良知，匹夫匹妇都可以做到，男女老少都可以做到，有文化没文化都可以做到。我们当下所缺的，就是这种人的“自性的庄严”。当代文化价值理念的建构，亟须填补的，就中国传统这一块，我讲的以“敬”来带领的这些价值，应该是最重要的。

而以“六经”为内容的国学，就可以通过教育的环节，和全体国民联系起来。所以我主张在小学、中学和大学的一二年级开设国学课，在现代知识教育体系之外补充上价值教育。当然文化价值的建构，还有另外一个方面，就是现代文明的观念、途径、方式、礼仪，也需要填补建构。传统不能割断，世界也不能脱离，既要“各美其美”，也要“美人之美”。谢谢。

演讲者简介

刘梦溪，中央文史研究馆馆员，中国艺术研究院中国文化研究所所长、终身研究员；文艺学和艺术学两学科博士生导师；《中国文化》杂志创办人兼主编。研究方向为中国文化史、近现代学术思想和艺术文化学，上世纪90年代以来主要著作有：《传统的误读》、《中国现代学术要略》、《红楼梦与百年中国》、《学术思想与人物》、《庄子与现代和后现代》、《陈寅恪与红楼梦》等。主持编纂的《中国现代学术经典》（35卷，1997）获中国图书奖；主编的《中华文化通志艺文典》（10卷，1998）获国家图书奖。

故宫文物上的清代文化

郑欣淼

收藏热中的宫廷与社会

对于源远流长的皇室收藏，它不仅是“宜子孙”的一笔宝贵财富，也不只是供皇帝个人赏玩的珍稀艺术品，更重要的是这些藏品所具有的强烈的政治与文化的象征意义。

中国历代宫廷都有收藏文物的传统，清代此风尤盛，特别是乾隆时期，闳富的宫廷收藏达到封建时代的顶峰。后来随着国势日衰，外患频仍，宫廷收藏也屡遭厄运，大量珍贵文物被劫掠、毁损或流散，但仍留存下相当丰富的文物藏品，成为中华历史文化的实物见证与中华文明的重要载体。

在考察乾隆时期宫中收藏的盛况时，应该注意到清代前期、中期文化建设与学术发展的一些特征。王国维在谈到清代学术时说：“国初之学大，乾嘉之学精，而道咸以来之学新。”这种“大”与“精”的结合，就使清代文化艺术发展具有了一个重要特征，就是总结性，即集传统之大成的潮流。所谓“集大成”，从本质上讲是对传统的全面整理和总结。如在学术文化方面，有《康熙字典》、《佩文韵府》、《古今图书集成》、《四库全书》等的编修；在美术方面，如《营造法式》集历代建筑之大成，苑囿离宫集公私、南北园林之大成，景德镇官窑集历代制瓷之大成，造办处诸作集历代特种工艺之大成等。

还应看到，这种总结又与清代文化的复古潮流相联系。清政府高度认同汉民族的封建文化，一切“仿古制行之”。汉族文人以选择古学而维护民族的自尊，维护既有文化底色。同时出于对明政权覆亡的反思，许多人认为祸根就在于明末对于传统文化的反叛。鉴于此，清人有一种明显的向传统复归的心理态势，这种心理与当时整个时代环境相汇合，造成了清王朝持久而深入的一股复古潮流。在这种以古雅为美的审美风潮中，对古代文物的收集和珍藏可算是一个突出的表现。《清稗类钞》中有《鉴赏类》，收录了无数清人好古董的故事。这种好古之风，更充分体现到清代的仿古瓷器中。

《是一是二图》为故宫藏画。图绘乾隆皇帝身着汉人服饰，正在坐榻上观赏皇家收藏的各种器物。其身后点缀室内环境的山水画屏风上，悬挂一幅与榻上所坐乾隆皇帝容颜一样的画像。上有乾隆皇帝御题：“是一是二，不即不离。儒可墨可，何虑何思。长春书屋偶笔。”

图中乾隆皇帝的画像具有肖像画特点，40余岁，其面部刻画细致传神，表现出他睿智而自信的神态。书房中有一组古物，左上角的古铜器为“新莽嘉量”，为王莽在创立新朝时所颁的度量衡标准。其形制乃是据《考工记》的文字叙述推衍想象而成。这是王莽当时在文化上复古企图的体现。高置方几之上的是明宣德青花蓝查体梵文出戟法轮盖罐，侍童手执明永乐青花缠枝文藏草瓶，圆桌上置有明永乐青花双耳扁瓶及明宣德青花凤穿花纹罐等。这些古物至今仍珍藏着。通过这幅图画，可见乾隆皇帝对古物的痴迷，也可见那个朝代，互动于宫廷与民间的复古之风。

“三希堂”与“四美具”：收藏的巅峰

故宫文物的来源，主要有三个渠道：一是承袭前朝皇室的收藏。清军入关进驻北京，也接收了明皇室的文物收藏，包括各种三代铜器、瓷器、书画、玉石器、典籍等，并且通过努力搜求，征集了一批珍品。以书画为例，例如晋王珣《伯远帖》、隋展子虔《游春图》、唐韩滉《五牛图》、五代顾闳中《韩熙载夜宴图》等著名书画，都曾载在《宣和书谱》、《宣和画谱》或《石渠宝笈》中，现仍藏在北京故宫。晋王羲之《快雪时晴帖》(唐人摹本)、唐孙过庭《书谱》、唐怀素《自叙帖》等著名法书，曾入存宋元宫廷，现藏于台北故宫。

二是清宫制作。为了满足皇帝对宫廷日用器皿及各种工艺品的需要，从康熙初年起，清宫内府就创立了造办处。康乾时期是清代社会发展的盛世，尤其是乾隆皇帝对各类艺术的酷爱，推动了当时工艺的发展，工艺技术达到了前所未有的高度，新奇制品层出不穷。遗留至今的很多精美绝伦的工艺品，如玉器、珐琅器、钟表、文玩等，都是当年造办处制造的。造办处的档案保存至今，故宫所藏清代工艺美术品，有许多仍可以在档册中找到作者是何人，是某年月日开始设计画样、做模型，某日完成，以及陈设地点等。

三是新的收藏与征集。除承袭前朝文物、制作新的美术工艺品外，清朝统治者还多方搜求，不断充实新的收藏。其中一个重要方面是贡物。朝贡制是中国特有的一种体现中央和地方、中心与属国之间关系的等级制度。清宫收藏有大量贡物，故宫至今仍集中着一批。从现有史料来看，清朝特别是作为进贡顶峰时期的乾隆朝，臣工的进贡早已突破了传统意义上的进贡，内外官员都可以进贡，贡品不再限于茶果、吃食等方物，而是种类繁多，如金银、玉器、古玩、字画、瓷器、铜器、绸缎织物、皮张、洋货等等。逢年、过节、万寿大典或外出南巡，臣工往往多有贡献，其中又以进贡书画、文玩较为讨喜。乾隆皇帝在《石渠宝笈续编·序文》上说："自乙丑至今癸丑，凡四十八年之间，每遇慈宫大庆、朝廷盛典，臣工所献古今书画之类及几暇涉笔者又不知其凡几。"

查抄没收物品也是宫廷收藏的一个来源。清代特别是乾隆时期，许多犯案的官员被查抄，财产被没收入官。入官之物分为解京物与留变物两类，解京物也分为两类，金银、玉玩、书画、铜瓷及其他特别贵重之物大部分解内府，其余值钱的，含新旧但不一定珍贵之物，都可解崇文门变卖。整个乾隆六十年间因案被抄家的不下200人，其中不乏总督、巡抚、藩臬二司等地方大员，大半都是贪赃所致。他们的珍玩都成了内府的收藏。

访书与刻书、抄书。清宫藏书是以明代皇室遗存为基础，经过数百年的访求、编刻、缮写，收藏了大量的珍贵图籍，超越以前各代。清朝统治者以“稽古右文”自命，对图书典籍非常重视。从顺治初年为纂修《明史》即下令搜采明朝史志，康熙、乾隆二帝又广搜博采天下遗书。为纂修《四库全书》，乾隆帝数次下诏求书，并采取奖励政策，凡进献百种至百种以上者，分别赏给内府初印本《佩文韵府》等书一部；或于精醇之本，高宗亲为评咏题识简端，优先发还；或将藏书家姓名载入《四库全书总目提要》之末等，后来共采访得书13781种。清宫藏书是以明代皇宫秘籍为基础，又经过历年的搜求，加上清宫编纂刊刻、抄写的各类图籍，其收藏之富，超越以前各代。清前期，清内府主持编纂、刊刻和抄写了许多大部头的图书。这些图书不仅在中国图书史上占有极为重要的位置，同时也成为清宫藏书的重要来源。清内府在编刊图籍的同时，由于康乾二帝崇尚书法，内府抄写书籍亦极为盛行，其抄写之精、装帧之美、数量之大，均可与内府刊本书相媲美。乾隆年间编纂的《四库全书》最为有名，同时产生的《四库全书荟要》和《武英殿聚珍版丛书》也颇有影响。这些内府刊本与抄本，都成为尔后故宫博物院的文物藏品。

在清宫收藏中，“三希堂”与“四美具”有着标志性的意义。王羲之的名迹《快雪时晴帖》原放在乾清宫，此为皇帝之正式寝宫。

王献之的《中秋帖》则置于御书房。乾隆皇帝在乾隆十一年（1746年）得到王珣的《伯远帖》后，遂在自己进行日常政务的养心殿居所中，辟专室存放这三件晋人名迹，并铭之为“三希堂”。他为此写有《三希堂记》，认为这三件书迹不仅是中国书法的“希世之珍”，而且是分别经过宋、金、元诸代的皇室收藏的“内府秘笈”，三帖的重聚因此就有着非凡的意义：“今其墨迹经数千百年治乱兴衰存亡离合之余，适然荟萃于一堂，虽丰城之剑、合浦之珠无以逾此。子墨有灵，能不畅然蹈抃而愉快也。”

“四美具”同样具有重要意义。所谓“四美”，即晋顾恺之《女史箴图》和传为宋李公麟的《潇湘卧游图》、《蜀川胜概图》、《九歌图》。这四件画作，明代为上海人顾从义所收藏，顾能书善画，好古精鉴，嘉靖年间以善画选直文华殿，后授中书舍人。这四件国之瑰宝，在明代即被董其昌称为“四名卷”，他对此四件巨迹散佚后自己只能得其一而为之感慨不已。乾隆年间，在有史以来最大规模的艺术搜集行动中，这四件名品相继进入清宫，至乾隆十一年夏，“四美”重新团聚。

乾隆皇帝对“千古法宝，不期而会”叹为“不可思议”，并非常高兴，御题《蜀川胜概图》有“乃今四美具一室，赏心乐事无伦比”诗句。于是，特在建福宫花园静怡轩辟出专室存放“四美”，并命名曰“四美具”。又命董邦达绘《四美具合幅图》，并御题《“四美具”赞》：“虎头三绝，妙极丹青，桓元巧偷，自诧通灵。有宋公麟，名冠士夫，海岳避舍，顾陆为徒。潇湘澹远，蜀江清峻，九歌瑰奇，奕奕神隽。中舍鉴藏，名迹归重，剑合珠还，雅置清供。”与“三希”重聚的感慨一样，也将“四美”重聚比作春秋时期的干将、莫邪雌雄双剑在西晋永平年间重现，以及东汉顺帝时期合浦珍珠在吏治腐败时避迁交趾、吏治清明时重到合浦的传说，足见乾隆皇帝的志得意满及其收藏的千古之盛。

鉴赏功力与藏品整理

乾隆皇帝不仅致力于收藏，而且重视文物的鉴赏，常在文学侍从、内廷画家陪侍下阅赏品鉴，作为政务之暇的消遣。乾隆朝著名的文学侍从，有梁诗正、张照、汪由敦、董邦达、钱陈群、沈德潜、于敏中、刘墉等。这些人学问优长，能诗能文，兼具书画艺术创作与鉴赏能力，陪着酷好诗文艺术的皇帝进行创作、鉴赏，整理皇室收藏。乾隆皇帝本人艺术修养甚高，精于古物鉴赏，嗜古成癖，对于收藏的书画及工艺珍品进行过认真的鉴评。阅赏钤印是乾隆帝的喜好，故宫藏的很多传世书画精品上都钤有乾隆的玺印。乾隆一生拥有过的玺印远远超过他曾钤用过的玺印，据统计，乾隆一生共治玺印 1800 余方，钤用过的也有千余方，是历史上留下印迹最多的一位皇帝。

乾隆皇帝对古玉的鉴别水平很高，对玉器的沁色和俏色很有研究，这是在实践中学习获得的。他写有《御制玉杯记》，记载玉工姚宗仁祖制玉杯的经过及做旧方法。这种方法给乾隆帝留下了深刻印象，他也积累了好多经验，能够准确鉴别古玉的真赝。

元代至正十年（1350 年），82 岁的黄公望画成生平最重要的名作——《富春山居图》卷。这幅画卷为纸本水墨画，在清顺治年间不幸遭遇火厄，分成两卷，残存的一段，通称《富春山居图》（剩山图），为全卷起首。360 余年间，《剩山图》与《富春山居图》各自流传。此外，流传的《富春山居图》有构图完全相同的两卷，一为题赠郑无用师的《无用师卷》，另一为落款“子明”的《子明卷》。两卷于乾隆时期先后进入内府。乾隆帝误辨《子明卷》为真，《无用师卷》为仿本，引发后世诸多讨论。

清宫有无假画？肯定有。1936 年马衡院长曾因易培基冤案问题，在庆贺张菊生（即张元济）70寿辰时写的《关于书画鉴别的问题》一文中，列举了历史上许多书画名家和风雅帝王关于书画鉴定方面的理论，指出："书画之真赝问题早已成为不易解决之问题。虽一代鉴家董文敏（即董其昌）也认为'谈何容易'。其中问题复杂得很，不是简单的几句话所能解决的。"他说："现在故宫所藏书画，有许多品质虽劣，名头则甚不小，……凡是名气越大的，件数必愈多。大约臣工进献之时，不管内容如何，贡品单子上不能不写的好看。好在是送礼的性质，无关政事，也谈不到欺君之罪。于是'往往有可观览'之外，尽有许多不可观览的。"对有些虽为赝本但流传有序、本身价值并无动摇的书画，马衡也发表了自己的见解。总之，马衡通过大量实例，论证了书画之赝本，自古有之。帝王之家、社会名流所藏书画，大多来自民间，当然不乏赝品。书画的真赝鉴定"谈何容易"，而法院仅听黄宾虹一家之言就断定"帝王家收藏不得有赝品，有则必为易培基盗换无疑"，实在是没有道理的。

鉴与赏是分不开的。乾隆皇帝的阅赏活动在他的诗文中也有充分反映。除诗歌之外，乾隆皇帝在书画上题跋则更多，仅《快雪时晴帖》就在49年中题跋达73处。对于许多工艺珍品，他也常有题跋和题诗刻在其上，例如御题官窑葵瓣口碗、御题剔红《百花图》长方盘、御题尤侃雕犀角槎杯等，或记叙文物的收藏经过，或抒写感想，反映了他的艺术趣味和审美观念。

乾隆皇帝不仅重视收藏，还对宫中藏品进行了整理、登记，例如《秘殿珠林》、《石渠宝笈》，就是两部大型书画著录。《秘殿珠林》专记宫藏宗教题材的书画，《石渠宝笈》则专记宫藏一般题材的书画及其他，全书的编纂过程，前后长达74年之久，共收录书画作品一万多件。包括《西清古鉴》、《西清续鉴》、《宁寿鉴古》在内的《西清三编》，收录了清宫所藏的数千件古代铜器；《四库全书》，则共收书3503种79337卷，约9.97亿字。乾隆年间，于昭仁殿庋藏宋金元明之精善藏书，编有《钦定天禄琳琅书目》（前编）十卷，嘉庆二年（1797 年）昭仁殿失火，前编书尽毁，乾隆又令再辑宫中珍藏《钦定天禄琳琅书目后编》二十卷。《天禄琳琅书目》为我国第一部官修善本目录，沿袭汉代以来书目解题传统，在版本著录体例方面多有创见，如记载收藏家印记即为其中一大创举，于清代藏书家讲究版本鉴定、注重善本著录之风影响深远。

乾隆皇帝对于收集的许多珍贵法书名作，不仅自己摹写欣赏，还热衷于书法艺术的普及推广，命令于敏中、梁国治等大臣组织刊刻了“淳化阁帖”、“三希堂法帖”等供给普通士人临摹之用。

当然，我们在看到乾隆帝以收藏为中心的文化大业时，也要清醒地看到其中的文化专制主义，大兴文字狱，编纂《四库全书》时对古籍的窜改、禁毁等，这也是不容讳言的。

我们今天如何看待乾隆皇帝的收藏？乾隆皇帝生活的 18 世纪，在人类历史上具有特殊重要的意义，以英国产业革命和法国大革命为标志，资本主义在西欧已确立了统治地位。成立于 1753 年的大英博物馆在 6 年后正式对公众开放。1793 年 8 月 10 日，卢浮宫艺术馆正式对外开放，成为一个博物馆。18 世纪的中国仍处于漫长的封建社会的末期，封建专制政治的典章制度得到进一步完善。清统治者自认为是“天朝上国”，君临天下，统驭万方。宫廷的收藏，自然也是作为君主法统的象征和仅供皇帝观赏享用。但是，这些文物毕竟是中华文明的载体和记录，是中华传统文化的结晶和瑰宝。乾隆皇帝毕竟也是中国历史上一位了不起的帝王。辛亥革命后，故宫博物院成立，这些文物成为全国人民共享的文化财产。

现在主要收藏在两岸故宫博物院的故宫文物有三个特点：一是这些文物包括了古代艺术品的所有门类，具有品级、品类、数量上的优势。其历史文化内涵更涉及建筑、园林、历史、地理、文献、文物、考古、美术、宗教、民族、礼俗等诸多学科，在我国历史文化遗产中具有突出的历史价值、科学价值和艺术价值；二是这些文物显示了中华民族五千年的文明是一条绵延不断的历史长河，中华民族绵延不断的历史文化在故宫的各类文物藏品里均得到充分的印证；三是这些文物与我们民族有着特殊的关系，特别是在抗日战争时期，故宫文物南迁，和我们民族共患难，赋予其特殊的价值，寄托了我们民族的感情。

演讲人简介

郑欣淼，1947 年生于陕西，十一届全国政协委员。现任故宫研究院院长、中华诗词学会会长、中国紫禁城学会会长，曾任故宫博物院院长等职。主要致力于文化理论研究，鲁迅思想研究，文物、博物馆研究，2003 年首倡“故宫学”。著有《政策学》、《文化批判与国民性改造》、《故宫纪事》、《鲁迅与宗教文化》等。

学境

文化多样性的保护与发展

——谈谈中国少数民族非物质文化遗产保护

方李莉

从文化遗产到文化资源

为了说明对中国少数民族非遗保护的观点和看法，我想先谈谈自己当年为什么会关注到这些问题，后来又做了一些什么样的研究来说明这些问题。1998年我曾写过一篇名为《文化生态失衡问题的提出》的文章，之所以写这样的文章是认为，当时人们已经关注到生物多样性消失所带来的危害性，但还很少有人关注到文化多样性消失所带来的危害性。文章从自然生态失衡切入文化生态失衡，提出了当自然生态被破坏时，文化生态也在被破坏；在自然资源受到破坏、生物多样性减少的同时，文化资源、文化多样性同样也在减少。文章认为，以人为中心的经济发展模式造成了自然多样性的减少；而以西方文化为中心的社会发展模式，则造成了文化生态多样性的减少。在中国文化被西方文化所侵蚀的同时，中国少数民族文化更是受到多方冲击，这无疑会使中国文化乃至世界文化多样性减少。

在写这篇文章时，我阅读了大量生物学方面的文章，其中有一篇关于湖北地区大豆遭受虫灾的报道给我很大的启发。这篇报道说，人工培植的农作物容易受到病虫灾的侵害，每当遇到这样的情况，科学家就会努力寻找野生大豆的基因，并注入人工培植的大豆中以起到救治作用。其理论是，现代作物的基因是软弱的，它们的天敌能够有效发现它们的弱点。为了与迅速形成的病虫害竞赛，科学家被迫不断地在他们的温室和种子库中搜寻新的遗传特征，使下一个“奇迹作物”能够躲过面前的“奇迹凶犯”，而同时又为更大量的人口生产更高产的粮食。但在面对基因储藏库中不能与新病虫害抗衡的情况下，他们只能指望人工品种在大自然里有一个足够强壮的“野生亲戚”。找到这门远房亲戚常常不是简单的事情，必须要到受到危害的植物的老家去寻找，这些基因家乡也叫遗传多样性中心。

这使我联想到少数民族与原住民的传统文化在人类文化发展中的重要作用。这些文化看似比高科技文化落后，但有一天我们可能需要这些文化来拯救我们，因为他们可以不需要电、不需要机器就存活下来，而现代文化一旦失去这些外在的人造设备就无法存活。因此，这些传统人类的传统文化，就像是那些野生植物的基因，对于整个人类文化的生态圈是至关重要的。

在完成论文后，我就这个问题与我的导师费孝通先生展开了讨论，我的思考得到了他的赞同与鼓励，在他的推荐下，这篇论文发表在《北京大学学报》上。不久，国家开始实施西部大开发战略，我就西部文化多元性保护的问题与费先生展开了讨论。我当时认为，西部大开发如果只关心经济发展，而不关注西部文化生态的多样性特点，就有可能破坏当地不同民族的传统文化。中国大部分少数民族生活在我国西部地区，西部不仅是我国自然生态最多样，也是文化最多样的地区。所以，中国的西部大开发与历史上的美国西部开发、日本的北海道开发有所不同，后两者几乎是一片文化的荒漠，而我国西部是一片文化的沃土。西部地区有十三朝古都的西安，有古丝绸之路，有最早接受外来文化的地区，同时西部诸多民族还创造了其丰富的地域文化。在西部大开发的过程中，我们如何将对这些传统文化的保护，融入到当时国家西部大开发的整体思路中，这是非常重要的（当时的文化遗产保护并不像今天这样受到关注）。

费先生赞同我的观点，同时将我对文化多样性保护问题的思考提升到文化资源保护的战略高度。他认为文化不仅需要保护，更需要发展，而产生于西部的不同民族的文化传统，是一种在保护之外还可供开发和利用的重要资源，它是中国未来文化经济发展的基础。由此，费先生提出是否可以申请一个关于“西部人文资源的保护、开发和利用”的课题，他亲自担任学术指导，由我所在的中国艺术研究院牵头，联合清华、北大以及西部的相关院校共同参与。最初我对于传统文化或文化遗产是否可以转化成被开发和利用的资源心存疑惑，但通过在西部所做的 8 年研究，我发现费先生的观点是对的，任何文化不可能停滞不前，它必定要发展。在这个过程中，除了保护，还要思考如何发展，如何在原有的基础上创造新的文化。

“西部人文资源的保护、开发和利用”这一国家重点课题在最初申请时并不容易，因为当时还很少有人能够意识到文化遗产保护的重要性。但当这一课题开始 3 年后，也就是 2003 年，联合国开始发起非物质文化遗产保护的申报工作，此后非物质文化遗产保护越来越受到社会各界的广泛关注。这一课题自那以后也融入到非物质文化遗产保护工作的讨论中。课题用了 8 年的时间，完成了一套 12 本 400 多万字的丛书，通过实地考察、收集和解剖 70 多个案例，形成了一本《从遗产到资源——西部人文资源研究报告》的总报告。文化遗产是人类的文化积累和文化创造，它不是今天才出现在我们的生活中；但将其作为资源来认识，却是今天才有的。所谓资源是为一定的社会活动服务的，离开社会活动的目的，资源毫无意义。从“遗产到资源”的认识，其意义在于，在当今时代，遗产并不是静态地等着我们去保护的对象，而是可以参与当今时代发展的重要资源，也是将传统文化多样性转化成当代文化多样性的重要基础。

“保存少数民族文化中的优秀基因”

从上文的角度来理解中国少数民族非物质文化遗产保护工作，可能会有一个新的思路。在这之前，我们首先要了解整个中国非物质文化遗产及其少数民族非遗保护的特点。

第一个特点：中国地大物博，自然资源和文化资源都很丰富，可以说中国是世界上文化资源最丰富，也是非物质文化遗产最具多样性的国家，这与中国由56个民族组成的文化状态息息相关。中华文明具有悠久的历史，因而其文化样态从远古时期开始便呈现出丰富多元的发展轨迹，如五六千年以前的仰韶文化、河姆渡文化、红山文化、大汶口文化。四大古文明在发展的过程中，只有中华文明一直延续至今，而其他文明都中断了，为什么中华文明有如此强大的生命力？生物学中有一个观点认为，对于某个生态系统来说，物种越丰富，大自然的基因库也就越丰富。由于许多物种在生态位和功能上具有互补甚至替代的性质，因此，整个生态系统也就越稳定，它所能够抗击外来打击的力量就越强。中华文明强大的生命力也在于其有丰富多样的文化基因，这些丰富的文化基因在多元一体的格局下又都统一于中华文明这样一个认同中。从夏商周直至唐宋元明清的历史发展脉络中可以清楚地看到，中国一直是多民族融合与共存的国家，少数民族文化为中华文明的发展作出了巨大贡献。历史上的中华文明通过容纳不同的民族文化，共同发展、进步，形成了博大精深的文化共同体，中华文明的未来同样还继续需要不同民族的文化作出不同的贡献。从这个意义上说，中国少数民族非物质文化遗产的保护尤为重要。

第二个特点：我国的少数民族多分布于西部、东北、西南等较偏远、交通不够便利、经济不够发达的地区，也正因为这样，大部分少数民族地区的非物质文化遗产保存相对完好。此外还应注意到，越是前工业文明，受到自然地理环境的制约就越大，因此，许多少数民族的文化与其所处的自然环境、地理环境息息相关。在长期的生活和生产劳动中，许多少数民族都发展出了一套与大自然相处的独特智慧和相关的宇宙知识，这些智慧和知识曾有效地帮助他们保护了当地的生态环境与自然资源。也就是说，许多少数民族文化是从人与自然相处过程中生长出来的一套完整的生存智慧，以及与自然和谐相处的生命哲学。所以我们在保护少数民族非物质文化遗产时，需要关注其价值观、文化观、自然观等深层问题，而不仅仅是停留在一些表面的形式上。我在对西部地区进行人文资源考察时，是将人文资源与自然资源结合在一起共同考察的。为此我专程开车前往青藏高原沿途考察，曾长期居住在贵州苗寨观察当地人的生活。我看到为保护高山草资源的良性循环，西藏牧民们发展出一套禁忌文化；为了保护山上的树木，贵州长角苗人将自己居住的森林称为神树林，禁止砍伐。我们不能简单地把这些看成是迷信，而是要去认真记录，研究他们的价值。

在对非物质文化遗产进行调查和保护过程中所逐渐形成的一个重要观念就是文化的民主特性。在今天我们一定要认识到，从中国范围内来看，丰富多彩的各民族文化没有高低之分，只有相对性的地域差别，它们各有特点，各有智慧。从世界范围看，无论是经济发达国家还是经济不发达国家，他们在文化上是平等的，没有先进与落后之分，而且越来越多的国家意识到，在全球经济一体化的今天，若使自己的民族文化不被西方强势文化所吞噬，必定要在全球化文化发展大潮中找到自己的位置。对于中国来说也是如此，要保持少数民族文化的多样性，保存少数民族文化中的优秀基因是非常重要的。

当文化保护“遇到”博物馆

人类学是一门实证性的学问，我以上的许多观点，一方面来自文献的研读与学习，但更多是来自自己的实地考察。为了完成“西部人文资源的保护、开发和利用”的研究课题，也为了研究非物质文化遗产的保护工作，我曾带领一支研究队伍，在贵州梭嘎生态博物馆作了3年研究，这个生态博物馆的概念就是将一个苗族的分支置于博物馆保护的理念下，并将其文化整体展示给前来参观的人们。

梭嘎生态博物馆的建造来自欧洲人所创造的博物馆的新理念，有许多可取之处。但2005年我去调研时，发现这座从1995年开始建立的生态博物馆，10年来却没有一份有关这一族群文化的完整记录，也没有建立有关这一族群非物质文化遗产的数据库。随着社会的发展和博物馆的日益开放，许多年轻人离开家乡外出打工，老人们陆续去世，一个没有文字记录的族群文化面临着迅速消失的危机。于是，我从总课题经费中抽出几万元，组织了一支考察队，用了3年时间完成了100多万字的文字记录，5000张照片，几百个小时的录像资料。

通过长期考察，我认为，任何文化都不会是静止不动的，所谓的非物质文化遗产保护，并不是让原有的文化凝固化、活标本化，而是要活态传承。但活态传承就意味着其会发生变化和产生新的文化形态，即使是生态博物馆也不能阻止其变化。因此，非物质文化遗产不同于文物，文物是死的，但非物质文化遗产是活的，它的载体是人，是有生命的存在，而任何有生命的东西都是在不停运动的。因此，固化的保护几乎是不可能的，但我们可以记录，可以通过多媒体的手段，将许多非物质文化通过各种手段固化为文献资料、图片资料与影像资料。

以梭嘎生态博物馆为例谈少数民族非物质文化遗产保护个案研究的一些方法：第一，要尊重当地人对自己文化的解释和描述，在博物馆里一定要有一定比例的当地人，因为只有他们才最了解自己的文化，也最懂得自己的民族语言和民族习俗。第二，博物馆的研究人员要先期接受一定的人类学训练，对所研究的非物质文化遗产项目所处的文化环境和发展历史有所了解，做好先期的案头研究工作。第三，要注重对所研究的非物质文化遗产进行全面考察，尤其对歌曲、传说、仪式、服饰、建筑、纹饰等非文字类项目进行考察，通过这些考察来全面理解和建构该族群的整体文化面貌。第四，在记录过程中关注其动态性，也就是时间性。以长角苗人的服饰为例，每个时期都有改变，当然这种改变是局部的，如上世纪50年代女性的裙子里不穿裤子，只扎绑腿，60年代开始穿从市场上买来的运动裤，70年代将草鞋换成了球鞋。从这里我们看到的是，文化变迁一直存在，只是这种变迁是具有延续性和选择性的。如果建立了生态博物馆，前来参观旅游的人们会加剧这种变迁的速度，所以更需要不断地跟踪记录和研究。第五，在记录和研究的过程中，还要注意和文献记载结合，而且要知道中华文明盘根错节，不同民族之间的文化相互影响。有些现存的少数民族文化可能和古代汉文献记录的文化有关，这叫“礼失求诸野”，有些在汉文化中已消失的文化现象，却由少数民族文化保留下来了。如长角苗人，他们只有祖先的概念而没有神的概念，最重要的仪式就是祭祖与葬礼，在这里我们可以看到汉文化的源头。有人说中国是一个没有宗教的民族，但我认为，中国最重要的宗教就是祖先崇拜，所谓的“百善孝为先”的“孝”文化就是源于此。另外，这里的人们是以生肖记日，和彝族的十月历相似。有些学者认为这是早于农历的太阳历，其记日方式在《诗经》有所体现。因此，研究无文字记录的少数民族非物质文化遗产，一方面要注意记录口述史，另一方面也要注意将口述与文献研究相结合。

“文化的生命是可以复活的”

以上谈到在中国少数民族非物质文化遗产保护的过程中，记录、研究和保存的工作非常重要，也就是说，如何将这些非物质化的遗产转化成物质化的文献、图片、视频等非常重要。历史上许多文化在发展过程中都消失了，我们今天还能知道它们，就在于有文献记载或碑文记载，这就是文化保存的意义和价值。作为生物的生命是死而不能复活的，但作为文化的生命，一旦有合适的环境和土壤，是可以再次复活的。因此，博物馆应该是文化的储存器和基因库，把当下非物质文化遗产的现状记录和保存下来，将来有需要时，就可以开启这个基因库，文化在此基础上得以恢复和发展。今后的博物馆可能要打破传统博物馆的概念，对文化遗产可以有多种保护形式，不仅有实物的保护、数据的保护、录音录像的保护、研究性的保护，还应该有生态博物馆、数字化博物馆等多种新形式。而且还要认识到，非物质文化遗产不同于文物，文物是死的，但非物质文化遗产是活的，它的载体是人，是有生命的存在，所以，对非物质文化遗产的保护一方面是以活态传承为主，另一方面也要推进数字化记录和文献化保存工作。

人类文化在不同发展阶段有不同的发展方式。在早期的前工业文明时代，包括现存的一些非物质文化遗产都是通过人和自然的接触与互动创造出来的，人在开发和利用自然的过程中创造了人类的传统文化，这一时代的文化都有很强的地域与自然的痕迹，是最自然的文化形态。到了工业文明时代，人们通过机器创造物品，其中更多体现的是人和物、人和商品之间的关系，所体现的是生产者与消费者之间关系的文化。而到了后工业文明时代，自然被极大程度地人文化了，所有文化都是在原有文化基础上的再创造，因此，原有的文化就成了建构新的文化的重要资源。这里所涉及的“文化资源”概念，与文化遗产有什么区别呢？文化遗产可以是前辈给我们的遗留物，可以和今天有关系，也可以没有关系；但转化成文化资源以后，就与当下的社会发展息息相关，它们不仅是未来文化发展的基础，还是文化产业等地方性经济的新增长点。因此，如何保护、利用和开发文化资源是一个重要课题，而以非物质文化遗产形式出现的文化资源，在当下正成为文化旅游产业的开发对象。因此，如果不对非物质文化遗产进行有效而深入的记录和研究，就容易产生非物质文化遗产保护的表面化、同质化和商业化等弊病，从而丧失了文化的精神性和多样性。

演讲人简介

方李莉，中国艺术研究院研究员、博士生导师，现任中国艺术研究院艺术人类学中心主任，担任国家重点项目“西部人文资源的保护、开发和利用”及“西北人文资源环境基础数据库”专家组组长。她除进行艺术人类学的研究和教学外，近年来主要致力于文化遗产保护工作，做了大量田野考察。主要著有《西部人文资源考察实录》、《西行风土记——陕西民间艺术田野笔记》、《遗产：实践与经验》等专著。

翻译传达汉学之美

许渊冲

“小”古籍传递“大”理念

21世纪要建设世界文化，不能仅关注一个国家的文化；但要建设世界文化，就应注重中国文化在其中所发挥的举足轻重的作用。回顾中西方文化发展历史，在2000年前，中国文化和西方文化是并立的，西方有荷马史诗，中国有《诗经》、《楚辞》；在1000年前，中国有汉唐文化，西方有宗教文化，西方文化不如中国文化繁荣发展；但在最近500年来，西方文化呈现压倒中国文化之势；一直到21世纪中国提出“中国梦”，中国文化逐渐复兴，才又跟西方文化并起。

21世纪文化主要包括三方面——文学、人文科学、自然科学。而具体到文学，中西方文学具有哪些差别？首先就是文字差别很大。中文讲究精简，英文讲究精确。如2000年前的古籍中，曾有这样一句话“大道之行也，天下为公，选贤与能，讲信修睦”，这句话中的“道”是什么意思？“道”可以是道路，也可以是道理、真理。一个“道”就可以有几个意思，不好翻译成英文。文中的“行”也不好翻译，它有具体的含义，也有抽象的含义。具体含义就是走路，抽象含义则是行得通。中文有三美：意美、音美、形美，也就是意思美、声音美、形象美。如“明”，英文是Light，中文构字则是日加月，也就是太阳加月亮。又如“好”，中文构字是一女一子，子代表男子，英文为Man，女代表女子，英文为Woman。由此可见，英文讲求精确，说什么是什么；中文则讲求精炼、精简，一字多义，涵盖范围很广。

因此，做翻译，首先要过文字关。文字理解不好，就很难领悟中国文化、学术之妙。就像“大道之行也，天下为公”，说的就是，如果这个伟大的道理能够行得通，天下就是属于大家的。“大道”是属于大家的，而不是某一个阶级的。这是孔子在《礼记》中就已经提出来的，说明中国早在2000多年前就已经提倡“天下为公”了。之后还谈到了“选贤与能”，一个国家要想治理得好，就要由Goodman（贤能人士）来领导，就是“of the people, by the people, for the people”，即第一是顺应人民的，第二是人民管理的，第三是为人民服务的。类似这样的思想，美国在18世纪才提出来，这表明中西古今文化是可以相通并能够结合起来的。

现在提倡和谐发展，可以追溯到中国古代文化典籍中。1988年，75个诺贝尔奖得主在开会时曾提出一个观点：21世纪的人民要想过上幸福的生活，就要到孔子那里去寻找智慧。“讲信修睦”，这非常不容易。“二战”之后，开罗会议制定纲领，说日本领土只包含四块岛屿，其他领土须归还中国。但今天日本竟然说钓鱼岛是属于日本的，这就是不守信用。中国要和平发展，也被西方说成是中国威胁、中国侵略、中国扩张，这都是错误的。通过研究汉学历史，我们可以发现，中国一贯是讲求和平发展的，从来没有侵略威胁的意图。钱锺书先生说过，中国有两个“宝”，一个“宝”是长城，一个“宝”是短诗。我们把长城翻译成Great Wall, Great是精神上，精神上的长城是伟大的，现实中的长城是保卫国土、保卫民族用的，具有保卫性、防御性，而不是侵略性的。短诗，诗很短，但言简意赅地表达了中国人民热爱和平的伟大理念。这两个“宝”可谓将中国文化“长”和“短”的特点形象地表达出来了。

老子在《道德经》中说道，“道可道，非常道”，言简意赅，说的是道理是可以讲的，但不一定是平常的道德。第一个“道”是名词，真理的意思，第二个“道”是动词，指知道，就是道理是可以知道的，翻译成英文就是“Truth can be known”。真理是可以知道的，所以民主也是可以知道的。民主之道是可以讲的，但不一定是美国所讲的民主。中国也有民主，中国是中国共产党领导下的多党合作，党派关系与西方的不同。道理说起来很简单，但实际上不简单，治国的道理也是一样，它并不只是美国一国的治国道理，所以中国的治国之道可以跟美国的治国之道不完全一样。“名可名，非常名”，第一个“名”不是指名字，而是 Things。全句翻译出来就是：“Things may be named, but names are not things”。将这些古句翻译成英文，其中涉及的学问大了，做翻译，不是翻译字，而是要翻译内容；我们要了解汉字，是要探究“名”后面的意思，而不是仅停留在“名”的表面。

相比中国文化所具有的防御性，西方文化是具有进攻性的，例如西方著名的诗人荷马，他一生创作了两部史诗，他在一部史诗中写道：“我要进攻的话，没有人能阻挡我。你逃走也没有用，跑也跑不掉，一切都要失败。你害怕也好，你勇敢也好，你都要被我打败。”他强调的是进攻与战胜。他在另一部史诗中也写道：“英雄们打仗的时候，我要走在最前面。冒险，我守在第一个，但是，名利我也要第一。”用中文简而概之就是，“冲锋陷阵我带头，论功行赏不落后”。这表现出西方文化的名利主义，以及个人英雄主义。中国的英雄主义观与西方是有很大不同的。3000 多年前，武王伐纣，姜太公在战场上英勇善战，推翻了商朝统治，因此《诗经》中说“维师尚父，时维鹰扬”，意思是，姜太公帮助皇帝推翻了商朝，像一只老鹰一样居于高处。中国的英雄只是“像一只老鹰一样居于高处”，表现出与西方“冲锋陷阵我带头，论功行赏不落后”的争名逐利的英雄观很大不同之处，中国的英雄不只是英雄，还要是好人。

再举一个例子，《诗经》中一首最美的短诗《诗经・采薇》，写战后士兵回家，“昔我往矣，杨柳依依”，说的是当我离开家的时候，当我去打仗的时候，杨柳也舍不得我走，这说明了我们中国人不爱打仗、爱好和平的心理。有些西方汉学家将“杨柳依依”翻译成了“杨柳飘扬”，这是不正确的，应该是“When I left here, willows shed tear”。“今我来思，雨雪霏霏”，有两种不同的翻译，一种翻译是，雪把树枝压弯了，象征战士被战争压弯了腰。另一种翻译是，雪像花一样盛开，欢迎战士回家。这两种翻译都表明中国热爱和平，反对战争。这两首诗在西方的翻译影响很大，表示中国文化得到了世界的承认。我给美国师生讲课，就是讲授这些英法文翻译的中国典籍，从这里也可以看到，世界上其他地方的人们在积极学习中国文化，在研究如何从中国文化中汲取有价值的东西。

汉学短诗的“四两拨千斤”

中国人爱美。2000多年前中国有位皇帝叫汉武帝，汉武帝有一位李夫人，关于这位李夫人的美，李延年在《北方有佳人》一诗中都说了，“北方有佳人，绝世而独立，一顾倾人城，再顾倾人国”，美人看你一眼，士兵就都不守城了；再看你一眼，士兵就都不守国了。这样的诗句西方也有，荷马提到海伦之美时写道，战士一看到海伦，觉得为美人打仗也值得了。但由此可以看出，中西方人见到美人的反应是不同的。西方希腊的战士看见美人的反应是，我们为你这个美人打仗也值得，因此才有了几千年前为抢美女海伦，希腊跟特洛伊发生了一场大规模的战争。而中国古代战士是看到美人都不想打仗了，国王连自己的皇冠也可以不要，这种态度是消极的，但这是和平的。这可见到中西方文化对战争与和平所持的不同态度。

《北方有佳人》这首古诗后来还跟美国的奥巴马总统产生了关系。开个玩笑，据说这里有个故事，讲的是奥巴马在总统连任竞选的时候，他要找美国前总统克林顿帮他进行助选讲演。克林顿不肯，他说我绯闻缠身。在美国的一个中国留学生就把这首诗寄给了克林顿。克林顿一看，2000 年前的中国皇帝都这样爱美，为了美人连皇冠都可以不要，这一点绯闻算什么，于是他最终答应为奥巴马作助选演讲。可见，诗虽小，但作用很大，并超越了国域。

再讲一首诗，也跟奥巴马有关系。唐代诗人柳宗元有一首诗《江雪》：千山鸟飞绝，万径人踪灭；孤舟蓑笠翁，独钓寒江雪。讲的是，雪下得非常大，四处不见人，只有一位老渔翁在寒冷的江边垂钓。这位老渔翁是多么喜爱大自然，即使天气如此寒冷都不怕。第一句是山与山之间没有鸟飞行，翻译成英文就是：From hill to hill no bird in flight；第二句是路与路之间没有一个人，翻译成英文是：From path to path no man insight；但是有一位孤独的老渔翁，在寒冷的江边钓鱼，翻译成英文是：A lonely fisherman, behold. Is fishing snow on river cold. 其实是用老渔翁独自在寒江边钓鱼的行为来形容一个人的清高、独立品质。据说有位中国留学生把这首诗寄给了一个参议员，当时奥巴马正在促进医保改革方案的通过，共和党和民主党意见不同，民主党支持，共和党反对。反对票比赞成票只多出 5 票。这个参议员是共和党员，原来他反对医保，但在读了这首诗之后非常喜欢，就问这首诗的意思。学生就说，你要喜欢这首诗，就要保持自己的独立精神，不能共和党反对，你就反对，要想想医保改革到底好不好。他思考过后认为医保对美国人民还是有好处的，于是改投赞成票。等结果最后公布的时候，赞成医保的反而比反对医保的多出了 7 票。直至现今，美国的医保改革是否成功暂且不论，但从某方面而言，文化的确会发挥重要的影响。

以上所讲到的几个例子，也可以说“故事”，都说明中国短诗不仅在中国发挥着举足轻重的作用，如果翻译得好，还可以在世界上起到至关重要的作用。所以大家学中文，学习中国文化，希望能对世界文化的建设起到作用。

信与美

热爱和平的思想不但体现在古代文化典籍中，一直到现代也是如此。毛泽东主席有一首词《西江月·井冈山》，“早已森严壁垒，更加众志成城”，讲的是，我们防御工事做得很好，我们要建设新的长城。长城是起防御作用的。“黄洋界上炮声隆，报道敌军宵遁”，我们的打炮声是为了让敌人逃跑的。这表明，我国的军队是在像长城一样坚强地保卫着祖国，是防御性质的。而“中华儿女多奇志，不爱红装爱武装”，改变过去老受压迫、受侵略的状况，让中国女孩不光要爱美，也要爱英雄主义。翻译成英文是：Most Chinese daughters have a desire strong. To face the powder and not powder the face. 中国新时期的女人，不是喜欢脸上涂粉，而是要敢于面对硝烟。英文翻译中的Powder有两个意思，当动词用是涂脂抹粉，当名词用是火药、硝烟。Face也有两个意思，文中第一个Face是动词，面对的意思，第二个Face是名词，脸孔的意思。

毛泽东主席还有一首词是《念奴娇·昆仑》，他在词中写道，“而今我谓昆仑：不要这高，不要这多雪。安得倚天抽宝剑，把汝裁为三截？一截遗欧，一截赠美，一截还东国。太平世界，环球同此凉热！”他要把昆仑山裁成三截，一截给欧洲，一截赠给美国，一截还东国；太平世界，大家要热同热，要冷同冷，共同冷热。这首词讲的并不是要侵略人家，而是要全世界共享和平幸福。把它翻译成英文也有一些难度。有些西方汉学家将“三截”直接翻译成了Three pieces或Three part，都不能表现毛泽东以及中国文化宏伟的气魄与高旷的胸怀。于是我把这句诗翻译为：I would give to Europe your crest, And to America your breast, And leave in the Orient the rest。我将昆仑山的“三截”分为了山峰、山腰与山脚，英文翻译的意思就是我把山峰献给美国，把山腰献给欧洲，把山脚留给亚洲，使人如见其形，如闻其声。在那样一个战乱的世界里，毛泽东的理想是建设太平世界，不管年龄大小，在这个太平世界里人们共享温暖，共担寒冷，共艰苦，同幸福。这说明热爱和平的思想不只存留在中国古代，还一直贯穿于今，表达了中国重义轻利、希望天下太平的思想理念。这是我们今天学汉学最大的收获。

中国人重和平。萧乾在翻译爱尔兰意识流文学作家詹姆斯·乔伊斯的著作时，遇到两个难以翻译的英文词：乔伊斯在写 Yes 和 No 时，把 Y 和 N 对调，分别变成了 Nes 与 Yo。萧乾便去请教钱锺书。钱锺书说 Yes 和 No 就像是“唯唯诺诺”，Y 和 N 对调后，就像“唯唯诺诺”把“唯”的口字旁放到了“诺”的前面，把“诺”的言字旁放到了“唯”的前面，变成了“谁谁喏喏”。还有一种翻译是译为“有头无尾，有尾无头”，Yes 的尾巴是 es，No 的尾巴是 o，有始无终的样子，可引申为是中有非，非中有是，是是非非。

著名学者叶嘉莹曾经与一位哈佛大学教授共同写了一首诗，其中有一句是这样写的：吝情忽共商去留，论学曾同辨古今。这位哈佛大学教授将这句诗翻译为：Reluctant or impatient, stay or leave, someone’s hurt。通俗来讲就是，又想去又想留，不想走，很多人受了伤。还有第二种翻译，我们心里伤悲，因为我们就要分别了。但是表示我们伤心不是用 Hurt，而是用 Grieved。由此可见，翻译不能只顾字面意思，还要兼顾所表达的内容与思想，如果不能兼顾，那么内容是主要的。孔子云，“从心所欲而不逾矩，己所不欲，勿施于人。”这是翻译需要遵从的另一个准则。这个例子就表明，中国的翻译，既从心所欲，又不逾矩，将伤别离生生翻译成 Hurt 就“逾矩”了。我把中国韵文从《诗经》到毛主席诗词，既翻译成英文，也翻译成法文，这条准则不但适合于英文，还可以适合于法文，我认为也可以适用于世界其他语言的翻译。

有了内容，怎样兼顾审美，解决信而不美、美而不信的问题？还是要从心所欲而不逾矩。信是必要条件，美做到充分就行；信是不违反规律，美是发挥积极主观能动性。不违反规律是基础，只要不违反规律，就可以尽量发挥主观能动性；只要不违反信这个原则，就可以尽量发挥美。所以我翻译时，把美看作高标准，把信看作低标准。只要不违反信的，就可以尽量美，我这些句子都是在信的基础上进行美的追求的。我没有脱离原文的意思，但我要更上一层楼，使翻译达到 1+1>2 的效果。当然，我的翻译只适用于艺术领域。我翻译莎士比亚的作品《麦克白》中第二幕第三场中的一句诗，写的是一个看门人半夜听见有人敲门，发现是位英国裁缝，看门人说“你生前偷工减料，死了还到我这来干什么？”随后又对裁缝说：“Here you may roast your goose.”“roast your goose”直译成汉语是烤鹅，还有一个意思是烧烙铁，这都是字面的解释，跟文中所表达内容不相关。我翻译成了偷鸡摸狗，这更符合看门人的身份，于是这句话最后就成了“你活着偷工减料，死了也偷鸡摸狗”。这还是比较忠实于原著的。只要是不违反信的客观规律，尽量发挥美的主观能动性，就可以使翻译走向高峰。

演讲人简介

许渊冲，1921 年生于江西南昌。毕业于西南联合大学，曾为美国志愿来华空军做英文翻译，在法国巴黎大学等高校进修深造，后任教于北京外国语大学、北京大学等多所高校。是将中国诗词译成英法韵文的第一人，从事文学翻译几十年间，使世界了解到唐诗宋词元曲的精妙，领悟到《诗经》、《楚辞》的内涵，并已出版中英法译著 120 余部。1999 年他被提名为“诺贝尔文学奖”候选人，2014 年荣获“国际译联杰出文学翻译奖”。

非遗保护视野下的口头传统文化

朝戈金

口头传统的“另一只轮子”作用

口头传统是非物质文化遗产的重要部分，什么是非物质文化遗产呢？联合国教科文组织在《非物质文化遗产保护公约》中讲得很清楚，非物质文化遗产就是指特定的社区民众世代传承的知识、技能、艺术创造等。非遗在联合国工作框架下主要分为五大类，第一类就是口头传统和作为它的载体的语言。为什么要研究口头传统？这需要回到一个很根本的话题——人类物种是何时经过进化开始学会说话的？

“口头传统”是一个外来词语，在我国学术文化传承中，也有其他一些叫法，比如口头传承，都是用来概括这样一件事情——人通过说话的方式传递信息——传递信息的技能和传递信息的内容合起来就是口头传统。口头传统也有广义和狭义之分。广义的口头传统是指口语交流的一切形式，讲了什么都算口头传统；狭义的口头传统或者学术界研究较多的口头传统主要是指口头艺术，如神话、歌谣、故事、史诗演述等语词的艺术形式。英国某研究小组发现哺乳动物身上有5%的基因是稳定的、几乎不发生变异的，过去100万年中，这些基因的氨基酸在人类身上发生过两次突变，才让人具有了会说话的能力，而其他动物都没有进化出这种能力。当然，人会说话也是一个综合演化过程。

古希腊时期盛行演说术，那时一些政治家很擅长在公众面前演讲，纵观西方政治学术史，可以看到很多这方面的例子。无论是中国，还是外国，书面文学在发展进程中都大量吸收了民间的东西，有时还让这些民间语词精致化了。世界各地不同的人们都有会说话的能力，并借此将知识、信息、思想和艺术等一代代传承下来，让不同的文明更加灿烂。西方研究人类文明的专家认为，最早的书写符号距今有 8000 年历史，是巴尔干半岛一些记数符号，之后有两河流域的古代文字、中国的甲骨文、美洲的印第安文字等。文字的发明和使用也经历了一个复杂的演化过程，中间有些是彼此影响的，有些是独自发明的。文字的形态也很不一样，比如中国的方块字，西方的拼音文字，世界各地的人们通过自己的聪明才智，用不同的技术，记录和处理着他们的语音符号。由此可见，人类是先有语言后有文字，语言的历史长，文字的历史短。

文字被发明之后，是不是到处都通用呢？并不是。在中世纪的欧洲，读书、写字的能力多掌握在寺院僧侣及少数贵族庄园主的手中。中国也一样，截至 1949 年新中国成立时不识字的人数还是相当大。到 20 世纪初时，爱尔兰仍有 1/3 的人是功能性文盲，识字有障碍，也就是说不能真正流畅地阅读和掌握书写。如果再往前推，最初这些文字是干什么的呢？各地看到的情况是，早期文字主要不是为了撰写和记录文学作品，而是用来做实用性记录，比如占卜、商业契约等。

最近美国的基因学家写了一部书叫《出非洲记：人类祖先迁徙的史诗》，用基因方式来研究人类物种怎样走出非洲，这些古人类先来到今天的以色列地区，随后，一部分逐渐走到亚洲，一部分走到欧洲等等。通过阅览这样的迁徙历程和进化历程，我们可以得出这样一个简单的结论：物种在文明进步和发展中，大脑的发育为语言交流提供了生物学基础（有基因突变的很大功劳），通过合作、劳动，让人的综合能力逐步复杂起来，发展出会说话的技能，这一技能在人类漫长发展过程中一直占据了日常信息交流的最主要方面，也占据了知识传递相当主要的方面。一直到工业化时代后，西方发达国家很多人都会读书识字，即便这样，大量信息也是通过口耳之间交流的。我们有教科书，教科书不见得能让我们成为有学问的人，所以才有学校教育，如果书面传递信息就能完成一切，那么把教科书印好后发给大家，大家在家阅读就都成了很有学问的人，这可能吗？可见，在信息传递中，面对面交流是不可替代的。

在东西方民族发展进程中，我们都能看到知识存储和传递的主要方式。在西方文明中，比如最古老的图书馆之一亚历山大图书馆，比如欧洲活字印刷术的发明和使用，还有欧洲一些古老的大学等，通过这样的方式，用书面方式保留经典、传承文明。但还有另一个方面，就像推动人类文明进步是两只车轮一样，书面文字、图书馆和大学教育是一只轮子，民间文化是另一只轮子，千百年来民众通过口耳相传，传递了大量知识和信息。很多东西并没有进入书面文学传统中，而是在老百姓当中代代口耳相传，中华民族有大量东西就是通过这个渠道传承下来的。以前中国农村人口居多，中华文明的底色就是农村的爷爷奶奶、叔叔伯伯、姑姑舅舅等通过口耳相传讲给你们的，我们知道了传统节日该怎么过，我们知道了孟姜女哭长城的故事，《三国演义》、《水浒传》中的很多故事也是这样流传下来的。中华文化中有相当一部分文化底色是没有经过学校教育和图书馆的。

有些民族是没有书面文化的，基本是一只轮子——只有口头文化在发生作用。以中国为例，中国有55个少数民族，那么有多少种语言呢？目前有很多不同的说法，联合国教科文组织统计的语言地图，说中国有300种语言，国内有专家认为比较准确的数字是130多种语言，有些民族不只讲一种语言，还有一些语言迄今没有被识别。语言现象是比较复杂的。真正使用本民族文字的民族有多少呢？不到 10 个。很多民族没有文字，那么这些民族的文明是怎么传承到今天的呢？全是靠口耳相传。如果想追溯各民族的文明进程，很多情况下光靠文字是不可行的，有些民族没有书面文字，他们的文明进步史、当地生产知识和技能的信息都在口头传统中，在长篇的叙事诗、歌谣、谚语中。像苗族、瑶族、白族等南方少数民族都经历过复杂迁徙，关于祖先的记录，全在口头传统中，口头传统对这些民族来讲非常重要。

追寻口头传统的“足迹”

人们对口头传统的研究开始得比较晚。虽然人类会说话的历史很久，但我们更倾向于崇拜文字。在西方文明传统中，如果说某人是绅士，他需要社会地位比较高，会读书识字、彬彬有礼；在中国也一样，做先生的人要读圣贤之书、熟悉孔孟之道等。西方开始关注口头传统、民间诗歌可能得到 18、19 世纪，为什么到这一时期才开始关心？因为在这时，欧洲开始了资本主义革命，从英国的圈地运动到蒸汽机的发明和使用，欧洲社会生活发生了很大变化。以德国为例，越来越多的人离开农村，进入到城市，德国开始有了大机器、大工业。格林兄弟这些文化人就开始担心了，觉得新兴资产阶级背叛了日耳曼的民族精神，那么，日耳曼的民族精神藏在哪儿呢？他们说藏在农民的诗歌中，结果农民都离开土地进城当工人了，怎么办？于是他们开始大量搜集民间诗歌。民间诗歌开始消失时，恰恰是少数有觉悟和内心充满担忧的、害怕民族文化传统断掉的人奋起工作之时，格林兄弟的《格林童话》就给我们留下了很有文化价值的东西。

真正开始关注口头传统是到 20 世纪中叶，古典学学者、传播学学者、结构人类学学者、文化学者们开始讨论这样的问题：人类会写字，也会说话，两者之间是什么关系？书写文化对人类大脑、心智和文明的进步到底发挥了什么作用？针对后者，学术界形成两派观点，史称“大分野理论”。一派观点认为，人类发明和使用了文字，这是巨大的进步和飞跃，数学的高次方运算、逻辑学的法则等人类比较复杂的高级活动，也因此得到了极大的支撑和发展。另外一些人不这么看，像斯特劳斯，他写过《野性的思维》这样的书，来研究原始人或者当代无文字社会，认为文字的使用对于人类头脑的复杂化固然会产生作用，但作用没有那么巨大。即便不识字的野蛮人，也懂得因果关系，也知道用力推动一个物体，该物体就会移动，而且很多民族在没有文字的情况下发展出了自然科学的很多知识，也学会了利用自然资源，还具有天文历法计算的能力、工艺加工的能力等。

这些研究逐步揭示出一个规律：语言和文字是人类发明的两个伟大的东西，文字是依附于语言的，语言是更为广阔、更为基础性的。发展至今天，据统计，全世界大概有 6000 种语言，保守来说有 5000 多种语言，而真正流行使用文字的，大约不到 100 种。这说明什么？说明在地球上每个角落的各种各样的信息交流中，主要途径还是口耳相传，而不是书写。当然，在后工业化时代，全球文化的整合、经济的发展以及市场的一体化，在极大地挤压着这些传统文化，许多濒危小语种迅速消失。据统计，大概平均每两天就有一种语言消亡，南美亚马逊流域、南太平洋岛的很多土著语言等都在我们眼前消失了。最近有人统计说，我国的一些少数民族语言也面临消失危机，比如赫哲语，只有一些抢救和保护非遗的专家和地方民间传承人在试图挽救它。其实，人口较少民族的语言多面临这一情况。语言是交流的工具，如果使用范围过窄，它的存在基础就变得岌岌可危了，因为你跟本民族成员彼此交流的机会变得很少了。

目前，联合国教科文组织有专门的濒危语言项目。语言是一个民族属性最直接的载体，随着语言的消失，这个民族的精神世界，它所掌握的特定的关于宇宙和自然的知识和技能，比如医药学知识、矿物学知识、植物学知识等就会随之消失。在联合国教科文组织划分出的非遗的五个大类中，口语是特别重要的。民间的知识很多都是通过口头传统完成的，而不是通过书面文化。可能你在河南种地，或者你在内蒙古自治区牧马，你的知识从哪儿来的？不是你父亲给了你一本关于耕作基本知识的书，而是在实践中言传身教完成的，这些东西很不简单。我在内蒙古锡林郭勒盟正镶白旗下过乡，知道养一匹马是极其复杂的事情：从小要观察马的特点，从它的骨骼、身架到毛色到家族遗传，这样才能选定种公马；等马长到三四岁时要驯马；夏天马出大汗，要用刮汗板刮汗；马长期奔跑后，不能立即卸下马鞍等，这些内容很少在书上看到，都是口耳相传的。

口头传统同时又统辖着其余门类，比如社会实践、仪式、节庆活动。我们在我国南北方见到的大量活动，很多都是口耳相传的。其他生活知识也一样。你被蜜蜂蜇了，将榆树叶或杨树叶拍上去就能消肿，但你很难找到一个“民间知识大全”：上面讲述被蜂蜇了怎么办，中暑了该怎么放血，遇到蝗虫后该怎么处置，久旱不下雨该怎么求雨……这些知识怎么来的？很多东西都是口耳相传，这是非遗的特点，而且要通过口传心授代代相传，不断生长、积累和发展，像知识树一样，互相之间有着非常复杂的关系。这些知识的增长，反过来给我们今天的生活带来大量知识和技能。文明和进步是知识积累的过程，我们的祖先通过对自然的长期观察，对物候气象的观察，使庄稼逐步变得高产和稳定，小麦、水稻等大量植物的栽培技术就是这么来的。

不是所有的生活知识都有教科书。人类的知识是汪洋大海，进入教科书、成为书写文化、变成经典的只是少部分。民间知识很庞大，我们不能斩断了文化传承，不能让大量宝贵的知识消失在工业化钢筋水泥的丛林中、消失在如今的课堂上、消失在人类的记忆里。

口语艺术与文化认同

语言如果只是用来传授知识，那么它还没得到充分发展。语言在人类长期的使用过程中，发展出了一种高层次的技巧，叫口语艺术，我们有了诗歌，有了长篇的韵文叙事和故事讲述等。这里举个例子。今年6月1日，新疆维吾尔自治区一位以演唱柯尔克孜族的史诗著称的民间老人去世，大家能想到他去世后是什么情况吗？他老家的小城只有3万人，他去世的第二天这个小城就增加了5000人，这5000人是来自国内外的官员、学者和民众，邻国吉尔吉斯斯坦总统专门派了一个代表团到新疆给他送别，新疆维吾尔自治区党委书记张春贤专门发了唁电，还派政府高级官员去他家吊唁和看望。他去世后不到两个星期，吉尔吉斯斯坦纪念这位老人的功勋，并授予他“英雄”称号。这位老人的记忆力很好，能唱八部《玛纳斯》，其中第一部就有四大卷之多，他可以滔滔不绝地唱很久，这得在脑海中记住多少东西才能流畅地唱出来！这是人类大脑的奇迹，也是人类语言能力的奇迹。

在20世纪中国的民间艺人中，这还不是特殊例子。我曾采访过一位唱藏族史诗《格萨尔》的西藏老人，他目不识丁，西藏解放前家境贫寒，四处游荡，靠演述史诗为生；西藏解放以后，党和政府觉得《格萨尔》史诗是瑰宝，就把他请到拉萨唱，两个年轻人录，一录就是一两年。我们研究所跟西藏方面合作，想出版这位老人表演的史诗《格萨尔》，结果只出版他演唱曲目的大约2/3，就有46卷之多！这个篇幅差不多是《红楼梦》的10倍。精通藏文的专家和学者看完以后感到很惊讶，《格萨尔》的故事情节很曲折，人物形象生动，情节冲突复杂，语言很丰富，音调很优美。如果说语言艺术经过长久的进化和发展，可以达到较高层次的话，这就是语言艺术的高峰之一。通过这些现象我们可以看出，民间知识发展成高度发达的艺术之后会达到怎样惊人的高度。

如果再深讲一步，说这些民间艺术的生命力，比如藏族史诗《格萨尔》，大家可能会说，那不就是讲英雄从天界下凡除暴安良、保护百姓、抵御外侮的英雄故事吗？文化价值有那么大吗？经过深入研究发现，《格萨尔》不光是讲了一个故事，还是一部百科全书，从天文到地理，从动物到植物，从历史到文化，从社会到精神世界、信仰体系都蕴含其中，要想理解藏族，必须得先弄明白这些。这还不是一个特有的例子。比如印度的史诗，包罗万象，族谱、神话、传说、故事、历史事件、哲学思想、宗教精神、人伦情怀都在里面，是那个时代印度文明集大成的东西，而且传承很久，有西方学者说仅形成过程就是800年。一个大作品形成经历了800年，又传承了将近2000年，当代的印度学者前仆后继，研究了几十年，许多事情还没有搞清楚，可见工作的浩繁。我们如果想了解印度古代社会文化，就要看这些东西，不光我们，印度人自己也要看这些东西，不然怎么知道一两千年前的印度是什么样的呢？

口头传统，经过漫长的发展，会发展出复杂的艺术，我们刚才讲到有些杰出的艺人能唱那么多东西，那就需要回答一个新问题：不靠书写，他是怎么记住的呢？要研究口头交流的方式和表达的形式，这里边有技巧。有学者经过深入研究，认为这些民间艺人不是靠逐字背诵的，而是掌握了规则，这就发展出口头程式理论。在学习民间文化时，要先学一些固定表达，学一些描写、形容技巧，学一些推动故事的技巧，这些东西掌握多了就能现场创编了。民间艺人不是每次都严丝合缝、一字不差地复述古书，而是每次都讲一个内容大体一样的新故事。这就给口头文学研究带来了新问题：如果把一个故事讲三遍，讲的都不一样，以哪一遍为准呢？

通过更深入的研究，发觉民间知识里面存在大量规则，故事大约分出 3 个层次：第一个层次是故事范型，要么是娶亲故事，要么是征战过程，要么是复仇故事，要么是回家故事，类型不是很多。第二个层次是主题，或者叫故事的题旨，这就进入一些比较小的单元，比如“英雄待客”就是一个小的主题，讲英雄怎么接待客人，还有，如要出征了怎样准备，包括给马备鞍子，配备武器铠甲的主题等。第三个层次是语词句法的层次，就是大量出现“套语”，或者叫“程式”。“欲知后事如何，请听下回分解”，就是一个程式。不光有程式，还有变化，看过电影《刘三姐》的人都知道，刘三姐跟秀才对歌，你一句我一句，你来我往，唇枪舌剑，有时候还配着旋律舞蹈，有时候还有其他方式。

口头传统还是文化认同，用特定的方言、乡音来讲特定的歌谣、故事，自己人听到特别亲切，别人大概就听不懂，这时候就建构了一种文化认同感，觉得我们更亲近。口头传统还是民族叙事，还是地方知识，在大量口头传统中都可以见到地方知识的沉淀，比如驯马的知识、农学知识、植物学知识等都在这里。知识不是外在于我们的，是跟我们在一起的。低温超导、基因技术离我们比较远，但是我们生活在这些传统的民众知识之中。民俗知识就是我们生存的土壤，相当于空气和水，比如我们在端午节吃粽子，大年初一包饺子、放鞭炮，在重阳节登高、赏菊，都是跟着民间知识走。再一个特点，民众的知识是跟人结合在一起的。不是所有知识都这样，但是民俗知识是口头传统，须跟人结合在一起，有人就有非遗，没有人就没有非遗。假如有一天人类物种消失了，可能埃及的金字塔还耸立在那儿，中国的万里长城还在经历着风吹雨打，这些是文化遗存；自然遗产更是这样，很多东西是以自然的力量打造出自然美呈现在我们面前的。但是民俗知识不是这样，民俗知识是有人才有知识，不能脱离开人。对于知识的保存、研究、传承和复兴就带来了新的问题，不同的学科开展的研究工作可能不同，民俗研究主要有这样一些办法，比如问卷、观察、实验等。生物学研究需要一个组织、一个切片、一个样板，但是民俗知识是关乎人的情感、信仰和精神的。同时还要注重观察，比如想要了解河北的大年都怎么过，那好，我到河北正定找个村子蹲几天，把这个村子怎么过年记得清清楚楚：祭灶怎么祭，给祖宗怎么磕头，给老人怎么请安，给下一代怎么送红包或赏钱，年夜饭如何准备，这些我都要做细致的记录。记录下来以后才可以说河北正定某个地方春节是这么过的，对于华北平原过春节有典型意义。所以，要通过个案观察最细致的民众生活的细节。

演讲人简介

朝戈金，中国社会科学院民族文学研究所所长、研究员、博士生导师，兼任国际史诗研究学会会长、国际哲学与人文科学理事会副主席、中国民俗学会会长、中国少数民族文学学会会长。长期致力于民俗学与少数民族文学研究。著有《口传史诗诗学：冉皮勒〈江格尔〉程式句法研究》、《多重选择的世界——当代少数民族作家文学的理论描述》（合著）等多部著作和几十篇论文。

有限无限 有穷无穷

——“数学与人文”对谈

王 蒙 冯士筰 方奇志 徐 妍

数学的境界

王蒙：大家好！福建有一个文学评论家叫林兴宅，他曾提出一个观点——“最好的诗是数学”，这个话一说，全国哗然。我当时并没有很多道理可说，但是我非常喜欢这句话。古今中外不止一个有名的文学方面的人自嘲说：我为什么写小说写诗，因为我从小数学不及格。例如，汪曾祺先生就有过这样的话。但是我跟这种类型的写作人有相当大的区别，我从小就痴迷于数学和语文，我为什么痴迷于这两样呢？我始终感到在数学和诗学里面，人的精神能够进入一个比较纯粹的境界，能把对世界的认知符号化、纯粹化、提升化与激扬化。在这个过程中，你就是用数学的一些概念：数字、数量关系，或者形体、形状，或者其他，用这些东西来认识世界。而且你只有在这个很特殊的精神世界里头，才能感觉到这种智慧的光芒，能感觉到人类的智慧中有多少奇妙的激情与创造发现！不管你有多少不顺心的事，多少琐碎的事，多少鸡毛蒜皮的事，多少小鼻子小眼、抠抠索索的事，可是你进入这个境界以后——这些东西没有“入门证”根本进不来——你只剩下了智慧，只剩下了推理，同样也只剩下了想象、最纯粹的想象。

我想做诗的感觉和解一道数学题的感觉是非常一样的。我小的时候就迷这个，后来我长大一点就觉得各种数字和形状都是充满了感情的。譬如，当我们说“一”的时候，中国人最喜欢“一”：一以贯之，“吾道一以贯之”，这个人的坚决，多么鲜明，又多么忠诚；“天下定于一”，所以叫“定一”的人特别多，如陆定一、符定一等；有了“一”就有了一切，“道生一,一生二,二生三,三生万物”。许许多多的数学现象，我觉得都是人生现象，它反映的是人生最根本的道理。譬如说，我最喜欢举的例子就是我在北戴河看到一个捉弄人的、带赌博性质的游戏：用四种不同颜色的球，比如红、黄、蓝、白，每样 5 个，放在一块 20 个，然后让你从里面任意抓出 10 个来。如果每种颜色的组合是 5500，他就送你一个莱卡照相机；如果是 5410，他送你一条中华烟。然后，反过来有两个组合是你要给他钱：一个是 3322，一个是 4321。3322 加在一块也是 10，4321 加在一块也是 10。结果人到那一抓呢，经常抓出来的是 3322 和 4321。这个是非常容易计算的问题，很多老师，包括西安电子科技大学梁昌洪校长，他是数学家，他把整个的算草都给了我，而且他特别重视这个，他在全校组织了几百个学生在那儿抓，抓了一个小时，然后又在电脑里头算，结果都完全一样，就是 3322 和 4321 所占的比率最高，都能占到接近 30%。而 5500 呢，它只是十几万分之一。为这事我还出了硬伤，因为我有这悟性，没这知识，我说这 5500 的比率和民航飞机出事故的比率是一样多的，结果民航局的朋友向我提出了严重的抗议，说民航局从来没出过这么多事故，他们不是十万分之一，可能是千万或者更多万分之一，所以我也长了很多的知识。

这几个数字，一个是 3322，一个是 4321，迷住了我，我觉着这就是命运。什么叫命运？ 3322 或者是 4321 就是命运。为什么 5500 的机会非常少，就是命运绝对拉开了的事并不常见。一面是绝对的富有，因为 5 是全部，某一种颜色的球全部拿出来才是 5；另一面是 0，这个机会非常少，十几万个人中就一个，它赶上了 5500，我们也是爱莫能助了。所以说命运的特点在于：第一，它不是绝对的不公平；第二，它又绝对不是平均的。例如 4321，哪一个和哪一个数都不一样，却又相互紧靠，它的比率非常之大。我觉得这个命运太伟大了，这就是上帝，这至少是上帝运算的一部分，或者让你是 3322，这非常接近，但是不完全一样；或者让你是 4321，谁跟谁都差一点，但是也不可能完全一样，但很少可能是 5500。还有，如果你不是往外拿 10 个球，而是往外拿 12 个球，你想拿出 3333 绝对平均的概率也是非常之低的。恰恰由于 10 不可能用 4 整除，4 种拿 10 个，才出现了这样美妙的结果。这就是几率和命运的关系。有一次我和一个美国的研究生谈起我的作品，我忽然用我的小学五年级英语讲初中二年级的数学，我就给他讲这 math，我说这就是 God。他说“I don’t like this.”他很不赞成，很不喜欢我这样的分析，把伟大的上帝说成是数学。但是我不是说伟大的上帝是数学，而是说数学的规律是上帝所掌握的，和宇宙的奥秘是一样。我先说到这，希望得到冯院士和方院长的指导。

冯士筰：我既不是数学家，也不是文学家，正好是在这两个范围以外的这么一个人，但我后来再一想，我来有一个好处，有什么好处呢？我给大家算一笔账，你就会发现，我来也有我的用途：第一，在座的文学家，当然了，王蒙老师为首，是一个文学的组合；方院长和老师同学们是一个数学组合。两家碰撞，你们两个加在一起就是这个会议的主题。假设你们加在一块是 +1，放在数轴的正的方向。那么我参加有一个好处，我既不是数学家，也不是文学家，如果我是真的一点也不懂的话，可以把我算作这数轴上的一个负数，假设是 −1。要是真这样的话倒挺好，我们把二者作和，即 +1 加 −1 等于 0。0 这个数字是非常精彩的，在数学上甚至要超过 1。虽然以中国的人文理解，九九归一很好，但从数学上来讲，0 是很奇妙的。当然我也不是完全不懂，我学过小学算数、初中代数、大学微积分。文学的话，虽然没有系统学过，但至少是高中语文的水平。因此，我不是完全不懂，就不是一个完全的 -1，是一个负的零点几，这样一来，跟各位加在一起，就变成了一个不到 1 的小正数，这就不圆满了。但是，我想这正反映出我们人类发展和社会发展它没有圆满，从哲学上看，这“不圆满”要比“圆满”更圆满！

方奇志：数学本质上和王蒙先生刚才说的是一体的，因为从其源头来讲，数学是研究世界本源的，就是说它是形而上的东西。比如我们说 5 个手指头、5 个苹果、5 头猪，这都是应用、现实层面的，但是你把那些单位都去掉，就只有一个“5”，就变成了数学。从很久以前开始，人类相信数字是上帝安排给这个世界的某种模式，也就是说这个世界是按某种数学的模式运行的，这个模式可以用到很多的方面。从起源上讲，数学的所有研究包括欧洲的数学发展，都是率先属于教会的，它是宗教的一部分。所以我们可以用一种哲学的换位来看数学。数学和文学，包括和哲学，在对人生最本质的和对世界最本质的探索方面是相通的，只是角度不同。

数字“3”的奥秘

徐妍：我听了三位老师讲过之后，我有一所得，也就是一个初步的认识：数学它其实是哲学，而且如果套用海德格尔的话“诗与哲学是近邻”，数学和人文也是近邻。数学的趣味无限，原因就是它和人文密切相关，更重要的是，它里面含有非常多的我们人类难以穷尽的哲学。我们若想感受到它，一定要有好奇心、想象力，同时还要有智慧的头脑，不是每个人都可以达到这种境界的。刚才王蒙先生说了数字，我们都会从 1 到 9 想到一些，比如说天得一以清，天下定于一；一分为二，二心，二臣；道生一，一生二，二生三；三足鼎立，三星高照，一分为三；四时生焉，四方、四顾茫然；五行，五色；六六大顺；七巧；八面玲珑；九九归一等。从 1 到 9，0 暂时悬隔到那里，因为 0 实在太妙了，我们把它放在后面。

王蒙：中国人喜欢“一”，因为整个世界是“一”，世界是统一的。郭沫若的诗有一个非常有意思的话，“一的一切，一切的一”，现在我也没完全明白什么意思，但是很棒，天下定于“一”。中国文化讨厌“二”，如二心，如果皇上说你有二心，你的脑袋就保不住了。毛泽东似乎喜欢的是二：一分为二，天无二日，我就当那个“二日”。这是毛泽东和柳亚子说的话：蒋介石说天无二日，我偏偏再给他出一个太阳。毛泽东也喜欢“一”，但是他讨厌“三”。我觉得改革开放以后，“三”的地位有点提高，哲学家庞朴就提出“一分为三”，一分为三是什么意思呢？譬如说，一抓就死，一放就乱，一抓就死是“一”，一放就乱是“二”，但是我们追求的应该是“三”，就是抓而不死，放而不乱，在“一”和“二”之中要产生出一点新的模式、新的思维来。庞朴教授提出的“一分为三”有一定的影响，但是也没有得到普遍的响应。我个人很喜欢他这个话，你只要承认了“三”，就承认了不断出现新生事物，所以老子说，道生一，抽象的道变成了一个统一的宇宙；一生二，这个宇宙变成了矛盾的两个方面；二生三，矛盾的两个方面斗争的结果会出现新的东西，既不完全是“一”，也不完全是“二”，那么不断地出现新的东西就生了万物，所以我个人也有点喜欢这“三”。但是在男女关系上我不喜欢“三”，我不希望第三者插足，我这一辈子也没有“三”的记录，我永远只“守一”。

冯士筰：刚才王蒙先生谈到了一、二、三之间的关系，一分为三，这是一个巨大的进步。在我谈之前，我先斗胆“批驳”一下王先生。您和您夫人“守一”很好，但是，“三”是重要的——小孩儿！没有小孩儿，就不是一个家，就不是一个三维结构，就不是一个完满的家庭。事实上，就王蒙老师的恋爱观有一个非常重要的、最稳定的因素，子子孙孙，无穷匮也。我们老说 n 维空间，其实我们是生存在一个三维空间（n=3）中，三维空间是除了时间以外最稳定的空间。

一分为三看起来是非常有趣的，而且“三”的位置是最稳定、最和谐的，也普遍存在，不管你承认不承认。我们过去看小说也好，看电影也好，都是红脸就红脸，白脸就白脸，非黑即白，没有灰色地带，反对写中间人物。其实，冒昧地说一句，在座的各位，可能咱们大多数都是中间人物。大家都知道武侠小说著名作家金庸，我对金庸最佩服的一点——他书里面的主角几乎都是中间人物，这点是完全超出武侠小说的主旨和传统特色的。此外，这个“三”，往往是一个最难处理的事情，并且普遍存在，社会之所以这么复杂，就是因为“三”，因此我们在不断地处理这个“三”，处理得好才能皆大欢喜。

我不是哲学家，但是我体会“三”确实重要。咱们自古就有“一分为三”这个概念，比如我们可以分析分析“三足鼎立”。造出这三足鼎立的这个鼎，你要维持鼎不倒，就要保持稳定的三足。再有就是平衡，平衡可以是稳定的，也可以是不稳定的。这两种情况都有，也是两个极端。永远的绝对平衡在社会上是不存在的，在自然界也不存在，它早晚要变。绝对不稳定也不会，你可以想办法调整它使它平衡。最好的平衡，就是随遇平衡，如球一般，这就是那个“三”。所以，我理解“三”，从数学科学到自然科学，再到社会科学，是一个巨大的进步。从唯物辩证法，辩证唯物主义来看，有三个基本规律：对立统一，量变质变，否定之否定，也是一分为三。

当然，数学家可能希望把基本规律归结得更简单，我不反对。在数学上，我们假设的越少越好，这样才能有一个统一的、更加扎实的理论基础。我是搞物理海洋研究的，要研究海水运动，我们也是要尽量把假设减少到越少越好，不要这么一假设那么一假设，随心所欲。你要提出最基本的假设一个、两个、三个来导出你的动力学模型。这方面方老师更有体会，就像我们初中几何里学的勾股定理，非常精彩。勾股定理的勾三股四弦五，是我们老祖宗早就发现的，是中国人的发明，但是，我们之后为什么没有系统地发展起几何学来，而让希腊人发展了，从现代科学来看是很值得深思的。方老师知道，他们把勾股定理叫作毕达哥拉斯定理，毕达哥拉斯定理是推论出来的、证明出来的。他们首先提出几个最基本的公式，就是几何公理，然后系统地推出和证明了一系列定理，建立了“欧几里德几何大厦”。前者是“1”，后者就是“2”，什么是“3”？1和2都不是绝对唯一的真理，有意思的是，把这些公式改一个之后，就可以变成“非欧几何”，这或许就是“3”！？广义相对论就基于非欧几何。我这话什么意思呢，就是一分为三这个“三”，的确是值得研究的。王蒙老师，要有兴趣可以研究这个哲学观点，这有利于自然科学哲学和社会科学哲学的发展。

徐妍：王蒙先生和冯老师都对“三”情有独钟，我认为，数学、数字和文化都有着深厚的各种各样形式的联系。接着我们还是请方教授以数学家的目光，或者是个人的记忆来挑选她比较喜欢的数字。

方奇志：下面我就说一下数的发源。人类从什么时候、怎样开始识数的？现在的探险家到原始部落去，会发现几乎所有的原始部落里面用到的最大的数就是“3”。为什么呢？在数的产生过程中，先是有了“1”，大家认为这是我，然后慢慢地出现了“2”，因为我对面有一个人。在出现了“1”、“2”以后，数字停顿了很长时间，之后又出现了“3”。“3”的发现，相当于人们发现在我、你之外，还有一个客观的第三者站在那。我们会看到许多与“3”有关的现象：原始部落里人们会把3个东西堆在一堆去数它们，而不会把4个堆成一堆；希腊大写数字的写法，一个大I、两个大I、三个大I，而4写出来的时候就变成V左边加个I（相当于5减1），6就是V右边加个I（相当于5加1），7就是V右边加个II（相当于5加2），

8 就是 V 右边加个 III（相当于 5 加 3）……因而 3 是一个特别基本的数字。

刚才冯院士谈到毕达哥拉斯学派，这个学派是数学里最早也是在西方哲学和西方美学里最重要的、一个具有宗教色彩的重要学派。毕达哥拉斯学派的宗旨就是万物皆数，他们认为数是万物的本质，上帝创造了数字，世界就是按照数字的各种运算、各种模式规律来构成的，然后剩下的都需要人来做、来解释，人的工作就是来发现自然的奥秘。因而这个学派主要研究的就是数。勾股定理在西方称为毕达哥拉斯定理，是因为毕达哥拉斯首先给出了这个定理的严格证明。毕达哥拉斯为了庆祝这个定理的证明杀了一百头牛，所以这个定理还有一个特别通俗的名字叫“百牛定理”。毕达哥拉斯学派对于数字有他们自己的认识，他们认为：“1”是原则、是世界万物之母，这和我们道家的讲法是一样的；“2”是对立和否定；“3”则是万物的最终的形式、代表完美的形式。按照我们数学中有种讲法，“3”就是一个系统。我用家里日常的一种规律性来讲数字“3”：一个孩子是要管的；两个孩子你要“拉”，因为他们会经常打架；如果这家有三个孩子，父母是很好当的，只需“宏观调控”就行了。因为三个孩子，往往是两个一伙、一个落单，这个落单的孩子就会想办法妥协、去沟通，三个人就会在不断的运动变化之中维持着一种平衡，家长只需要看着他们玩就行。从这个层面上讲，“3”真的是个很完美的数字。在西方哲学里面，数学的起源是与宗教在一起的。西方宗教认为上帝是三位一体的，世界也是三位一体的，地面、海洋和天空三位一体的。人呢，也是肉体、心灵和精神的三位一体。三位一体是西方哲学非常重要的模式，从这个角度看，“3”这个数字是很重要的，“3”即可成为一个系统，或者说一个系统一旦达到“3”就有了稳定。

多说一句，就是刚才冯院士所说的为什么我们的勾股定理比西方的毕达哥拉斯定理提出早好几百年，但大多数人仍然称之为毕达哥拉斯定理？我觉得一个很重要的原因就是我们没有证明，但毕达哥拉斯证明了。从本质上讲，西方的数学更多地强调认识数的本质，要通过认识数来探究世界运行的模式。在这种探究中，通过毕达哥拉斯定理发现了无理数，导致了数学史上的第一次危机。而中国的数学是从丈量田亩开始的，勾股定理是从实用出发，强调有用。所以我们并没有从勾股定理中发现无理数，因为现实生活中的度量用不到无理数。西方的数学更讲究逻辑的严密和本源性的发展，因而发展得更为持久。这有点像哲学，如果哲学都以实用为主的话，那么就无法存在和发展了。从这个层面上来讲，数学在西方的发展要比在中国好。

徐妍：刚才方院长是从另一角度，以数字“3”为例提供给我们另一种“3”的存在样式，或许“3”本身作为一个数字，作为数学王国中的一分子，它可能在不同的文化环境中、不同的文化链条下，有一个不同的存在样式。

命运中的数学表达

王蒙：我认为中国人的头脑，意识到了数学其实是一个形而上的东西。比如中国人形容一个人的命运时，会说“他赶上点儿了”，这个“点儿”当然是一个数学名词，确切来说是一个几何名词。有人倒霉，大家说他赶上点儿了；有人突然发达起来，也会说他赶上点儿了。还有个词叫“在劫难逃”，这里也有数学的意味，因为“劫”在梵语中指某个时间段，而对于时间的认知很难离开数字或者线段。

说到“命运”，我想到算命，算命进行的是什么？基本上是类似数学的活动。生辰八字运算、抽签等都是“数学活动”，因为这涉及几率问题。比如抽签，你抽到上上签的可能性有多大，抽到下下签的可能性有多大。甚至于“相面”里面也有几何性的观察，哪儿跟哪儿的距离怎么样，它要分长短、大小，其实这都是数学的概念，因此人类要想认识世界，数学是一个最基本方式。

爱情里面也充满了数学的表达。比如说“执子之手，与子偕老”，这包含一个很长久的数字，“偕老”起码是几十年的一个数字。“不需要天长地久，只需要曾经拥有”，这是另一种爱情观，这种爱情观要求的是瞬间，是刹那，甚至于就是偶然，是不稳定。因此，我觉得数学是认识世界的一个基本方式。

顺便我也呼应一下，比如说中国古代研究商高定理（勾股定理），但是没有发展成为一个完备的数学体系，我觉得这里面有两个原因：第一个原因是，我们喜欢整体性思维，既是为了实用，比如丈量土地，又是为了趣味，“3、4、5”这几个数字太迷人了，但没把它们抽象化。还有一个原因，我们不重视丈量计算，在古代时候就不够重视。毛泽东最初提到世界上的知识时，说一个是阶级斗争知识，一个是生产斗争知识。但是在上世纪50年代末，尤其是在“大跃进”失败后，毛泽东提出生产斗争、阶级斗争与科学实验。到现在为止没有一个人研究，为什么毛泽东后来加上了“科学实验”。我认为从背景上来说，是由于“大跃进”的失败；从学理上来说，毛泽东体会到感性认识需要通过科学实验才能变成理性认识。那么，我斗胆来讨论这个问题，科学实验是重要的，同样重要的还有逻辑推理与数学运算，加上这些以后，毛泽东的认识论就比较完整了。所以，如果我们有这样一个比较完整的认识，如果我们能够更加重视逻辑推理与数学运算，那么，我们中国人在科学或数学上，都会有非常好的前途。

徐妍：刚才这个话题，是“数学与命运”的话题，也是涉及几率和组合的一个非常复杂与玄妙的话题，经王蒙先生的解释和体验，我也颇有体会。我的体会也可以说是从“三生”发展过来的。比如说，命运是非常混沌、未知与无限的，没有人能说得清楚。而数学，固然也有说不清楚的世界，但是相对精确，为什么要用一个精确的世界来解释一个混沌的世界？我特别好奇。而且我们中国人通常会缺乏一种精确的思维，像王蒙先生所讲，我们缺乏一种科学、严谨、数学的思维方式。但是，这两种方式如何对接，我想这可能是它奇妙的地方，也是它哲学的地方。

冯士筰：刚才王蒙老师已经谈得非常精彩了，很多话非常中肯。这里谈到几率问题，应该有一套数学理论，待会儿可请方奇志老师来解决。中科院有一个数学家叫安鸿志，他用概率统计研究《红楼梦》，得出一个重要结论，就是这部《红楼梦》是骂雍正的。撇开对错不说，这一研究方式与结论我很有兴趣，王蒙老师可能更感兴趣。安鸿志的院士同学严加安还写了首诗，实际上说的就是"规律"，他说："随机非随意，概率破玄机。无序隐有序，统计解迷离。"就是说，研究概率论就把问题给解决了，虽然表面看它乱七八糟，但其实也有序。举个例子，在20世纪，现代物理学两大支柱，一个是爱因斯坦的相对论，另一个是普朗克的量子力学。后者本身用的数学工具就是概率统计，即王蒙老师刚才所提的几率，有非常大的使用价值。不过，爱因斯坦是反对量子力学的，据说他曾说过这样一句话："我就不信上帝会掷骰子！"这句话出现另外一个问题，上帝会不会掷骰子？掷骰子说明了什么？人生的际遇就像掷骰子，别看它很乱，但冥冥之中有一个规律在里面起作用。这里面有一个形而上学的东西，西方人叫上帝，东方人叫老天爷，按老子的讲法就是"道"。我觉得宗教和哲学也许就是一个东西的两种表现，把它拟人化了，就变成了宗教；把它看作老子说的"道"，就是哲学。

方奇志：数学中的"概率论"是研究什么的？就是研究随机性的，明知道它不可知，仍要努力去了解它。王蒙先生前面提的几率，在数学上也被称为概率，就是描述不确定性的一个概念。就像王蒙先生所说，几率再大，就算是99.99%，到时可能也没有什么结果，就是赶不上点儿；而即便几率再小，就是10的负100次方，说不定事情到时就发生了，你就赶上这个点儿了。所以，几率只是描述一种不确定性概念，而不能确定事件的结果。但是，随着不确定事件的慢慢积累、不断重复，我们就会发现某种规律性渐渐展现出来。这些规律性，可以用“大数定律”来描述。

大数学家雅各布·贝努利从1685年起发表关于赌博游戏中输赢次数问题的论文，后来写成巨著《猜度术》，这本书在他死后8年，即1713年才得以出版。大数定律描述的规律是：当一个随机的事情被无限次做下去的时候，其结果的规律就有了。像扔硬币，扔一次、两次、三次，结果都正面朝上，我们无法确定其规律性；但当我们不断地、无限次地扔下去，就会发现出现正面朝上的次数大概占1/2，这就是规律性。贝努利在《猜度术》的结束语中说：“如果我们能把一切事物永恒地观察下去，那么我们终将发现，世界上的一切事物都受到因果律的支配，而我们注定会在种种极其纷杂的事物当中认识到某种必然。”这正对应着王蒙先生所谈的几率和命运之间的关系问题。

有一本描述随机性的书非常有意思，叫《醉汉的脚步》。作者用一些例子告诉我们，生活中的许多事情大致就如同刚在酒吧待了一夜的醉汉那蹒跚的脚步一般难以预测，同时也提示我们如何在一个更深层次和更正确的基础上来进行决策。算命本质上就是依赖概率，但是算命者很聪明，他们会巧妙利用概率。算命者会特别清楚出现各种情况的概率大小，因此绝对不会说出现概率特别小、特极端的那种情况，而总会挑着出现概率特别大的情况来讲。

徐妍：对偶然与必然、恒和变，我们可能有自己的幸福哲学，我们不信天，不信地，其实信的是命运，因此当悲剧来临时，或者人生平淡无奇时，我们都会活得很满足；当有所灾变时，包括死亡、疾病来临时，我们都会从容应对，会想到也许是天意如此，这也是我们这个民族更温顺的一个原因吧。

数学中的“终极关怀”

王蒙：刚才听方奇志老师说《醉汉的脚步》，这题目简直太好了，太迷人了。这是一个数学命题，但也是一个文学命题；这可以是一个长诗题目，也可以是一个小说题目。关于“0”，这也是我最感兴趣的一个数字，从哲学上说，就是中国人所说的“无”。因为“0”是“Zero”，也就是“Nothing”，所以，“0”就是“无”，“无”就是“万物生于有，有生于无”，所以“无”是本源。“无”当然是本源，因为每一个人都生于“无”，在我们被母亲怀胎之前，我们就是“无”。中国人在这个“无”字上是很下功夫的，老子说无为、无欲，认为一个人能做到“无”的境界，“为学日益，为道日损。损之又损，以至于无为，无为而无不为”，就是要做到“无”的境界。但是，为什么要“无为无不为”呢？因为“有”生于“无”，“无”又不是都“有”，所以，中国古人又说，无非有，即“无”是“没有”；无非无，即“无”也不是永远无；“无”因为能够变成“有”，所以无非非无。“无”为什么能够变成“有”呢？有了“无穷大”的帮忙，“无”和“无穷大”结合起来，就有可能产生出“有”来，就从“0”变成了“1”，有了“1”就有了一切。电脑的数字只有“0”和“1”，没有其他数字，因为这两个数字已经代表了全部数字。那么发展到最后它可以变成“无穷大”，关于“无穷大”，它是一个延伸的、正在进行的概念，还是一个已经完成的概念，在数学界也有极大争论。

“无穷大”是什么呢？“0”和“无穷大”放到一块就是“道”。刚才冯院士也讲到这种把上帝人格化的观念，把上帝人格化非常麻烦，米兰·昆德拉的小说里就描写欧洲神学家们曾长期争论一个问题，就是耶稣进不进卫生间。而伊斯兰教则不会将“真主”人格化，它认为这是一个观念。在新疆时，我曾对一位五六岁的农村小女孩说：“真主在天上。”她告诉我：“真主并不在天上，而在我们每个人的心里。”“道”也有这样的特点，它是一个概念，并高于一切。“道”是没有形象的，它是规律、本体，取之不竭，用之不尽，“天地之间，其犹橐籥乎”，就像皮口袋的风箱一样，拉来拉去，永远没完，具有“无穷大”的特色。所以，数学里面，“0”、“1”与“无穷大”都是哲学，都是人生的符号，甚至是神学的符号。

对于神学，并不是说我们一定要相信教会，而是因为神学的经典定义就是终极关怀、终极眷顾。它不可能用现世、经验说明一切，它已经超出了经验，我甚至认为这是人类预言的产物。因为人类的经验是有限的，但是根据人们构造反义词的功能，我们感悟到有限以外的无限。我们的经验里面只有一段时间，只有暂时，但是构造反义词还需要一种永恒。这恰恰说明了“0”和“无穷大”、“有”和“无”之间形成了各种悖论。关于数学悖论，说到底就是“0”和“无穷大”之间的悖论，既然是“0”，你永远是“0”，可“无穷大”了以后又不完全是“0”。你如果承认“有”，那“0”也是一种“有”的方式，传染病的“0”报告同样是疫情报告吗？“0”疫情也是疫情啊。那么我说“无”，“无”会不会无呢？无“无”了，那不就变成“有”了吗！这不就是人生最大的悖论：“无”是可能无的，“有”也是可能无的。“有”当然是可能有的，但“无”就变成可能有了。如此，整个世界都可能“活”了。我说的是“上帝是完全不进卫生间”的终极，当有了终极以后，无、有、生、死、存在、规律、本体、抽象等就都被激活了，真是让人感到无限幸福。

徐妍：王蒙先生刚才对“无穷大”与“0”、“有”与“无”之间的悖论关系的阐述是非常精彩的。为什么？我们生活在这个世界上，它一定伴随着孤独、恐惧，也会和很多悲剧性的问题连在一起。但是，如果我们有这种旷达的理解，那我们可能都会得到拯救，也就是说，我们每一天都会有明天，衰老、死亡都会有美好的明天。因此，我们懂得了“0”，懂得了“无穷大”，懂得了两者之间的悖论关系，也就懂得了中国人的幸福哲学和生命哲学。

冯士筰：王蒙老师谈得非常精彩，也非常抽象。“0”既是“无”，又是“有”。但是，这“无”是很重要的，刚才王蒙老师已经阐释了很多哲学原理。举个例子，在武侠小说里面，我最推崇金庸的作品，凡是看过金庸作品的人都会发现，里面有少林派、武当派等诸多派别，本领都很大。比如降龙十八掌、独孤九剑，都是很厉害的一些招式，那么，最高的招式是什么？是没有招式。这就是王蒙老师讲的“无”或“0”。有招式你可以得5分、10分、90分或者100分，要是没有招式，恐怕就是超100分，就是“无穷大”！所以，最大的本领就是无招无式，“此时无招胜有招”。我想，“无”（招式）或“0”（招式）才是具有“无穷大”（本领）！二者在这里对立统一了！

“无穷大”与“0”一样，是既“有”又“无”。因为你不知道它有多大，要多大有多大，看来有点虚无，“忽闻海外有仙山，山在虚无缥缈间”，这就是“无穷大”的“无”吧。那么“有”呢？为此我们先回到“0”的“有”、“无”讨论，再谈“无穷大”，因为后者涉及一个“动态过程”。正如王蒙老师所言，“0”或“无”是既“无”且“有”，“有”“无”兼得，这是哲学所云。举一个数学上的简单例子作为佐证或注解，任何一个有限数加上0或减去0还是该数本身，也就是说此时0不起任何作用，表明“0”的“无”；但当你用0去乘该数时，结果却变成0了，表明了“0”的“有”。任何一个有限数的0次方都是1，此时“0”的“有”作用有多大呀，“九九归一”了。现在老人们碰到一块常说，健康才是“1”，其他都是“0”，没了健康其他都谈不上了！这表明了“0”既“有”且“无”的属性！如果没有“1”，其后的0都是“无”；只有有了“1”，其后添一个0

就是 10，再添加一个 0 就是 100，如此无限地添加 0 岂非就是“无穷大”了，这不仅表明了此时“0”的“有”，同时也表明了“无穷大”的“有”！更有兴趣的是，“1”的存在是必需的！

为了更直观、更生动地体会“无穷大”的存在，我再多说两句。若把上述例子看作年龄，人一生几十年，最长百十来年，至于千年的高寿已是《庄子》中彭祖的年纪了，相比前两者，后者就可以被看作实际上的“无穷大”了，物理学家常把它称为“物理上的无穷大”；“上古有大椿者，以八千岁为春，八千岁为秋”，这与彭祖比又是实际上的“无穷大”了。反过来，“人生天地之间，若白驹之过隙，忽然而已”，就算彭祖的高寿，与这株上古大椿树比，不也就是实际上的“无穷小”吗？庄子真是伟大的智者，他早在 2000 多年前就已引入“无穷”的概念：“至大无外，谓之‘大一’；至小无内，谓之‘小一’”；他又以直观之比较，生动地引入对“无穷”的感受：“天与地卑，山与泽平”，意思是，从整个宇宙的尺度观察，天与地都是低的，山峰和湖泽都是平的，因为天空、地势、高山和湖泽的尺度与前者相比，都是实际上的“无穷小”，当然就难以分辨其高低了。“无穷小”这个概念的引入是自然的，也是非常有用的，“0”不能做分母；可是“无穷小”可以，因为“无穷小”和“无穷大”互为倒数，这当然是马马虎虎地讲。其实，正如王蒙老师所说，“无穷”首先是一个过程的经历，正如中学数学老师曾讲过的“一尺之棰，日取其半，万世不竭”，这又是庄子的至理名言，它描述了一个无限逼近的过程，一根棍子无穷次地被截取（无穷大）而越变越小（无穷小）的过程，太生动了，2000 多年前呀，真是“朝闻道，夕死可矣”！这里，正如王蒙老师所言，有 3 个关键符号或元素，即“0”、“1”（代表有限数）和一个“无穷”过程；那么，为什么“无穷大”就是“终极关怀”呢？

我们先建立一个简单的数轴上的“人生成长轨迹模型”，可谓之“直线模型”。原点（0 点）代表出生，向右循着正轴表示在成长，直到“正无穷”，这意味着一个人长生不老，这不符合实际，这个模型必须抛弃。其实，为了建立一个依据王蒙老师所信仰的人生成长轨迹模型，只需扬弃上述由“负无穷”到“正无穷”这个无穷长的直线模型，而建立一个在无穷远处正、负无穷相互逼近为一个“无穷点”即可，两极相合，物极必反，这个人生成长轨迹模型，可称之为“圆周模型”或“王蒙模型”：把上述无限长的数轴想象为一个半径为无穷大的圆周，故可称为圆周模型；这个圆周模型可以注释王蒙老师的哲学理念和主要观点，包括我们刚才讨论的“无穷大”和“终极关怀”，故可称为王蒙模型。首先，能够扬弃不合理的直线模型而相对合理地建立圆周模型的关键，在于“无穷点”的理念和对“无穷大”的处理，这不就生动表明了“无穷大”的“终极关怀”吗?！其次，一旦过渡到圆周模型，“无穷大”就已完成它的“终极关怀”使命，将不再显现于“人生成长轨迹的圆周”上，而是“羽化成仙”了。其实，在这个模型中，原点（0 点）的位置并不重要，每个人有自己的出生原点（0 点），其后循着逆时钟在圆周上成长；显然，原先的负轴也多余了，可视为“无穷点”又与原点重合了，正如王蒙老师所言，无穷就是“0”，一个无穷长的直线模型“羽化”成了一个有限长的圆周模型。此时还应注意：第一，该模型合理反映了人生是有限的，因为圆周的长度是有限的，乃直径与 π 的积；第二，人生一世，绕圆一周到驾鹤西归时，又回归到出生的原点（0 点），“尘归尘，土归土”，生死相依，有无同在。当然这不是一个简单地归“0”，而是“否定之否定”；因为不论你这一生是“可怜无定河边骨”，抑或有幸“采菊东篱下，悠然见南山”，都会留下你人生的痕迹和对周围、社会甚至历史的点滴影响。请闭上眼睛想一想，将来弥留之际，你能不感到这是人生不幸中之大幸吗?！可是若没有“无穷大”的“羽化”，哪来的这种“终极关怀”呀!

对谈人简介

冯士筰，中国科学院院士，中国海洋大学教授、博士生导师，物理海洋学和环境海洋学家，中国风暴潮研究的开拓者之一。

方奇志，中国海洋大学教授，数学科学学院院长，入选教育部2005年“新世纪优秀人才支持计划”。

徐妍，文学评论家，中国海洋大学文学与新闻传播学院中文系主任、教授。

从时尚回归传统

——梅兰芳中晚期的艺术人生

傅谨

古装新戏在昆剧的典雅中“舞蹈”

梅兰芳在小时候学了很多传统戏，他可以演，并且走红了，走红以后怎么办？梅兰芳走红以后开始演时事戏，开始赚钱，兑现自己的名声了。但是他很快明白这条路是不对的，所以重新拜老师学昆曲。所有优秀的京剧演员都必须从昆曲开始学，才有可能真正成为大师，因为昆曲有一个成熟的表演规范，这个表演规范是有深刻艺术内涵的。难以想象的是，梅兰芳是在成名以后开始重新学昆曲的。昆曲里面这些角色、这些人物其实很有意思，同时昆曲是一个很典雅的艺术，但是怎样才能特别体现昆曲的典雅？我给大家介绍以下几个故事。

有这样一个故事，一个小尼姑，很小就被卖到寺庙，慢慢长大到16岁懂事了，开始知道尼姑庵其实是一个很枯燥、很憋闷的地方，于是她开始渴望青春的生活，渴望拥有自己真正的人生。这是一个小尼姑思春的故事，她是一个小尼姑，并不知道什么才是她想要的，所以她只会有想法，她会想逃下山，但是她不知道逃下山后等着她的是什么，因为她不是那种经历了风尘的女子，因此小尼姑角色的表演既是要有对生活的热情，对现实、世俗的渴望，同时也有涉及一些男女感情的想法，这才是昆曲所要表现出的东西。昆曲要表现人类的感情，但一定是有度的，一定是不能下流的，否则那不是昆曲的风范。在

《游园惊梦》中，杜丽娘整天读书很闷，就游园，游园过程中做了一个春梦，这也是一个思春的故事。但是她作为一个千金小姐，思春的情节应该怎么表演，并且应该怎么抓住这样一个特点：杜丽娘既是一位大户人家的有良好家教的少女，又是在思春。这是昆曲所能教给梅兰芳的，而在这点上，京剧是做不到的。

其实《贵妃醉酒》也是这样“春意盎然”的，讲的是杨贵妃和唐明皇所谓的爱情故事。对杨贵妃来说，唐明皇就是她的天，就是她的一切，可是对于唐明皇来说，杨贵妃只是他万千妃子中的一个。皇帝是很忙的，不能只照顾你，还有别的事要做，还有别的妃子要照顾，这时杨贵妃就会很失落，喝完酒以后借着酒把她的那种欲望、她的那种失望表达出来。后宫里一个贵妃怎么来表现自己的欲望，表现自己对于情感的需求，这需要表演者掌握一个度。

这些故事都是在表达女性对于情感的渴望和需求，但是都被控制在一个很适当的度里面，只要在这个度以内，就会做到雅致。梅兰芳重新学昆曲，慢慢提升了自己的表演境界，于是他才真的成为大师。我觉得梅兰芳在演时装新戏时还离大师很远，在重新学习昆曲时他才成了大师。他演了传统戏又开始走新的路，这些古装新戏跟前面的时装新戏不一样，梅兰芳慢慢意识到，以前他自己从小学的这些东西似乎无法掌控，那么这些基本功在什么样的剧目里面才能够得到充分的展现呢？京剧的魅力最能够在哪里表现出来呢？不是时装新戏，而是古装戏。在演时装新戏的时候，他所学的传统的东西都用不上；在演古装新戏的时候，他所学的所有东西则都能用上。因此，从小学京剧，之后学昆曲，所有这些成为他的财富。

在这个过程中除了继承传统的功法以外，梅兰芳还改装了京剧的装扮、衣服。这都是缘于梅兰芳受到周围文人的影响，包括他学昆曲也是。我要强调的是，这些古装新戏都有一个特点，里面都有很重要的舞蹈身段，梅兰芳是把京剧的表演当作舞蹈来创造编排的，为了演这些戏他查遍中国古代跟舞蹈有关的文献，并都用舞蹈术语为他的很多表演身段命名。因此这些戏本身戏剧性都不是很强，完全可以被看成小舞剧。但是古装新戏对梅兰芳的艺术人生是非常重要的，一方面丰富了梅兰芳的表演剧目，另一方面为京剧艺术发展增加了一条道路，这就是看看我们能不能在传统功法基础上发展一些新的可能性，以及怎么处理新的题材。

梅兰芳的国际影响力

而在这一时期，梅兰芳已然成为北京城的代表，几乎所有到北京城的人都觉得能观看到梅兰芳的演出是一件很有价值的事。因此，梅兰芳的社会影响、国际影响越来越大，并远远超过其他人。

我举一些例子来证明梅兰芳的影响到底有多大。众所周知，印度诗人泰戈尔是当时闻名世界的大文豪，中国也有一批年轻人很喜欢他，以徐志摩为代表的一些年轻文人们就成立了一个新月社，为什么叫新月社？因为泰戈尔有个诗集叫《新月集》。徐志摩老想拜泰戈尔做老师，于是找机会终于把泰戈尔请到北京来。但泰戈尔到北京来对这些年轻人不感兴趣，那他感兴趣的是什么？他到北京来就是想和梅兰芳见面。由此可见梅兰芳的国际影响力。

因此，人们一般把梅兰芳看成是中国文化最重要的代表，所以1919年和1924年梅兰芳两次被邀请到日本去演出，并受到日本观众特别热情的欢迎，故此有人说梅兰芳有5亿戏迷，其中有4亿在中国，1亿在日本。当然这是一个夸张的说法，但如此可知日本人对梅兰芳之迷恋程度。在日本我们现在都可以查到梅兰芳当年访日的情形。举一个例子，梅兰芳到日本演出的场所是帝国剧场，帝国剧场现在还存在。帝国剧场曾经被摧毁过两次，一次是关东大地震的时候被毁了，一次是“二战”的时候被毁了。经历关东大地震的破坏，帝国剧场重新修建竣工后的揭幕演出，邀请的就是梅兰芳。在这样一个具有象征意义的剧场受邀演出，梅兰芳一定是被给予非常高的评价的。

梅兰芳在1919年的赴日演出是他的第一次出国演出，他出国演出最受欢迎的有两出戏：《天女散花》和《御碑亭》。其实《天女散花》就是他的古装新戏，没有什么故事性，只是表演而已。而《御碑亭》则是一个故事性很强的传统戏，很有人性内涵。此剧是说一位女子从娘家出来回家的路上遇到下雨天，在村间凉亭里面避雨，恰好有一位书生路过，也在凉亭里避雨，两个人在凉亭里面过了一个晚上，虽然彼此之间有一些想法，但没有发生任何事情。等天亮了，雨也停了，两人各自回家。但是这位女子回到家后她的丈夫则开始怀疑她，并要休掉她。从女性的角度来讲，这是一个悲剧故事，但我觉得这个故事有着丰富内涵，主要在于它没有把这位女子写得有多么纯洁、多么干净，当然事实上是没有事的，但是孤男寡女同处一个凉亭里面想法会很多。每个人都可以有想法，但你没有做就是一种品德。

由此可见，梅兰芳在日本最受欢迎的就是这两类剧：一类是古装戏，一类是传统戏。所以要强调支撑梅兰芳艺术的两个主要支柱：第一个是他的传统戏，第二个是他在传统功法基础上发展出来的这些新戏，一直到晚年都在支撑他。

梅兰芳不仅在日本受欢迎，他还应邀到美国访问。梅兰芳1930年在美国的演出是非常成功的。访美演出成功是一件非常了不得的事情。现在出国演出在大家看来是一件很平常的事情，可是从1930年至今80多年来，中国还没有任何一个表演团体曾经有过梅兰芳1930年访美演出时所获得的那么隆重的欢迎。当时梅兰芳访美演出时，美国有一个庞大的后援会，这个后援会由总统夫人领衔，涵盖了几乎所有知名人士。中美双方都有很多的著名人士观看表演，这其中，我国著名学者胡适起到重要作用，胡适的导师杜威教授在里面也起到很大作用。

梅兰芳在世界上所产生的真正重大的影响其实不是去美国访问演出，而是 1935 年到苏联访问演出。梅兰芳访问苏联，当然待遇也很高，整个艺术界的主要人物专门为他举行了一个盛大的欢迎会。真正要说到梅兰芳访苏的重要性是什么？即梅兰芳访苏对后现代艺术的根本影响。其中有两个人所提出代表性的戏剧表演方法或理论就是观看梅兰芳演出被震惊而受到很大启发的。一位是苏联的戏剧导演梅耶荷德，梅耶荷德是当年苏联最著名的导演，也是对其他国家产生巨大影响的，后来斯坦尼不认梅耶荷德是他的学生，一部分原因就是梅耶荷德欣赏了梅兰芳的演出和思考了梅兰芳的表演，发明了新的表演方法，这个表演方法是说我们表演的训练是由外而内的。京剧的训练就是你不用问为什么，只要跟着练就成了。你不用考虑这个人的身份、人物形象、人物心理，只要学会技法，自然就可以表现出来内心了。这是由外而内的一个表演方法。而斯坦尼则认为，你必须理解了人物内心，才能表演出来并表演好。这其实是两种完全不同的教育方法，都能教出一流的演员，一流的艺术家，但在梅兰芳去苏联之前，苏联只有一种表演方法，就是斯坦尼的方法。而这种由外而内的表演方法现在在整个西方戏剧教育界都非常有影响。另一位受梅兰芳演出影响的是著名戏剧家布莱希特。我们经常说世界有三大表演体系，其中之一就是布莱希特体系。布莱希特之所以成为世界著名导演，而且对于“二战”以后的西方戏剧史产生巨大影响，关键就在于他观看了梅兰芳的演出，后来发表了一套“陌生化方法”理论，强调演员要把观众带到戏里面，感染大家，并时时提醒大家我在演戏，让大家清楚地知道这是演戏，舞台上不是真的戏，我不要你感动，我要你思考。

西方人没有学戏曲，没有学梅兰芳，但是他们从梅兰芳身上看到普通的东西并发展出来不同的戏剧思想，这是致使梅兰芳在国际上产生真正重要影响的原因。整个中国艺术史上有那么多大师，但是有几个人是对西方艺术真正产生了决定性影响的？有哪个音乐家对西方人的音乐思想产生了影响？有哪个画家对西方的绘画思想产生了影响？几乎没有。但是在戏曲界，梅兰芳是一个例外，他对西方后期戏剧艺术有着深刻影响。

蓄须明志回归古装传统戏

从苏联演出回来以后，抗日战争很快就爆发了，于是梅兰芳没有再登台演出。这个问题我觉得可以做一点说明，很多人，包括陈凯歌导演的电影《梅兰芳》都会把梅兰芳刻画成一个抗日英雄，我个人不这么看。我觉得梅兰芳是一个很了不起的人，但是一定不是我们在电影里面看到的那种英雄，对着日本人的刺刀会挺胸而上，那不是他的性格。梅兰芳抗战期间没有登台，其实是有原因的。1937 年他到香港演出，这个时候上海沦陷了，于是他没回来，在香港留下来了。其实梅兰芳并没有打算留居香港太久，没想到留了好几年，好几年过去以后他当然想着就在香港定居算了，于是把夫人、孩子接到香港去，就想在香港定居，没想到太平洋战争爆发，香港被日本人占领，在这个时候他没有办法，匆匆忙忙就把两个孩子，一个送到贵阳，一个送到成都，之后他跟夫人一起回到上海。因为上海和香港都是日本人占领着，没有什么区别。回到上海以后，很多喜欢他的人，包括他的戏迷，对他帮助很多也很大，其中有一些很有影响的人都在政府里任高官，所以很多人就劝他出来演出。

这个时候他就开始给大家分发留胡子的照片，告诉大家他已经留胡子了，不能再演出了。大家知道他演旦角，旦角是不能有胡子的。至于梅兰芳八年里面是否真的一直都在留胡子，大概不是。当时演旦角的人是要每天拔胡子的，一定不能让胡子长上来，长出来以后再拔是非常痛苦的一件事情。虽然流传梅兰芳长胡子的照片也就那么两三张而已，但是我觉得他那种姿态是告诉大家我不能演戏，这已经非常了不起，只是大家不要以为他八年里面一直留着胡子，不然那样会很长，那样抗战胜利以后就不能再重新出来演出。正因为他一直保持很好的身体，包括他的长相、容貌都是护理得很好，才有可能在抗战胜利之后出来演出。包括当时一直给梅兰芳做西装的一位裁缝，也从来没见过梅兰芳长胡子。

梅兰芳发布蓄须照片的这个姿态很重要，对艺人来说，在那个时候他可以做到想方设法躲避演出已经是一个非常了不起的事情。为什么这样说？因为同样在那个时代，绝大部分京剧艺人都在演出。当然，他们也没有什么不对，毕竟每个人都是为了自己的生存，都有自己的日子要过。梅兰芳是个特例，非常值得敬仰，但是不能以此为标准要求别人。

在那一时期，梅兰芳也有自己的事情要做——画画，那个时候他画了很多画。他不演戏靠什么挣钱？靠什么过日子？画画、卖画，很多画都是被他的那些同行买走了。同时他也是一个广告明星，所以他的广告代言费也还是很可观的，不仅香烟用他做广告，咳嗽药也用他做广告，各种各样和他有边没边的东西都会找他做代言。

抗战胜利以后梅兰芳重新回到舞台，成为那个时代的民族的象征，尤其是他在抗战八年没有登台演出，使得人们对他更加钦佩。但是从这个时候开始，梅兰芳的戏就开始少些了，一般来说，梅兰芳经常演出的戏被人们称为“梅八出”，关于“梅八出”具体指的是哪八出戏则是有争议的，有着不同的说法，但经常演的则有《霸王别姬》、《贵妃醉酒》、《天女散花》等剧目。

从抗战胜利以后，梅兰芳中晚年演的这些戏基本都是主戏，连他原来创作的古装新戏也不演了，他自己认为最能代表他表演水平的就是古装传统戏。我在很多场合都谈过这样的看法，能够代表一个表演艺术家最高成就的是什么剧目？未见得是他自己创作出来的剧目。那么什么能代表我们这个时代表演艺术的最高水平？举个舞蹈的例子，如果有人能够把《大红灯笼高高挂》跳得不错，那就很不容易，但是如果能够把《红色娘子军》跳到上世纪60年代水平那更牛，假如能把《天鹅湖》跳到让俄罗斯人震惊的程度那才真正牛，对吧？所以体现表演艺术最高水平的是什么？梅兰芳告诉我们，他自己觉得要体现他的最高水平的不是他自己创造的剧目，而是演传统戏，因为他的传统戏是一代一代人演过，没有人表演超出他的高度，这是有可比性的。梅兰芳在前人路上把传统戏演得比前辈更好，更有内涵，更有内容，他的这个认识对于我们今天所有人来说都有启发。他晚年写的回忆录，我们如果有兴趣其实可以看看，非常好看。最后梅兰芳以京剧《穆桂英挂帅》完美谢幕，他的艺术人生就到此为止。

演讲人简介

傅谨，现任中国戏曲学院学术委员会主任、戏曲研究所所长，《戏曲艺术》杂志主编。主要从事中国戏剧理论与批评、现当代戏剧与美学研究，已出版《艺术美学讲演录》、《中国戏剧》（中英版、阿拉伯版）、《温岭戏班》等多部作品，发表《文化体制改革与戏剧未来》、《中国戏曲的现代转身》等多篇论文。

仁者清音

——谈昆曲小生表演艺术

蔡正仁

昆曲行当的魅力

大家都知道昆曲是中国300多个剧种当中一个比较古老的剧种，很多地方戏都曾经向昆曲学习过，学习昆曲的一些身段表演，吸收昆曲的营养来丰富自己的表演艺术。同时，我认为昆曲也向很多兄弟剧种进行了学习，丰富它自己的营养，所以中国的戏曲是互相学习、互相提高的，这一点非常重要。今天我讲昆曲，是讲戏曲当中的昆曲。特别要强调的就是，昆曲作为一个古老的剧种，是由很多行当组成的，比如人们熟知的小生、老生、闺门旦、武生、花脸、小丑等等。

昆曲的行当很多，我学的是小生这个行当。小生是一个总称，里面又分很多具体不同的行当，比如巾生、官生、穷生、雉尾生，官生还要分为小官生、大官生。以前小生里头还有一个娃娃生，我大概在五六十岁的时候还演过娃娃生，非常好玩。现在娃娃生主要由旦角儿她们来演，女孩子演好像更好一点，所以就归到旦角里面去了。小生当中的巾生，主要是表现青年男子读书人，读书、谈情说爱是主要情节，因此演巾生就必须用一方巾戴在头上，风流潇洒。大家注意，在几十年前我自己年龄上确实还属于小生的时候，演巾生比较自然。一旦老师们确定蔡正仁可以学小生，就把我归到小生组，那么我就整天跟小生老师学。慢慢开始学官生戏、穷生戏、雉尾生戏等等，越学越多，开始在台上演出，逐渐成为了一个名副其实的小生演员。一旦成为小生演员后，有一个问题就来了：随着我年龄的增长，过了50岁以后，已是人到中年，但我到台上演戏，我演的还是小生。演舞台戏不像拍电影，拍电影你年轻的时候是奶油小生，但是到了我这个年龄，如果在电影里还去谈情说爱，就很可笑了。可是戏曲不一样，在戏曲里，我一旦成为一个小生演员，就算老到在路上只能慢慢走，我一到台上还是一个小生。

这个问题其实正是昆曲艺术的魅力——行当的魅力。像我唱小生，小生就成了我演唱昆曲终身的行当。我现在白发苍苍看起来似乎应该唱老生，但是对不起，我没法唱老生，因为我从小学的不是老生。我们有句行话叫作“隔行如隔山”，要我跨过这座山，已经跨不过去了。中国的戏曲特别是昆曲，一个非常重要的特点就是有行当，这个行当一旦你掌握就成为你的终身职业。我现在70多岁，如果要上台演20岁的翩翩少年柳梦梅，凭的是什么呢？凭的就是昆曲小生行当的表演艺术。掌握了小生的表演，观众就认可你是柳梦梅，如果是靠生活当中是个年轻人，那就糟糕了，观众一看形象就不对。我在舞台上表演的人物形象，其实是经过了很多艺术加工和基本功后形成的小生表演艺术，所以即使年龄在变化，我仍然可以在舞台上表演小生。由此可见，每一个行当必须掌握它这个行当特定的艺术和技术，一个演员好还是不好，主要看这位演员行当的基本功。所谓基本功主要是唱和念，还有表演基本功，有台步、水袖、圆场等等。现在学昆曲的孩子都是从十一二岁的少年时期开始练功，实际上就是老师给每一个演员进行严格的基本功训练。基本功掌握好了，慢慢在舞台上就运用自如。相反，如果基本功没有掌握好，就麻烦了。比如一出戏上台要唱两个小时，如果你唱的、念的，特别是唱的基本功比较差，一上来可以唱，但唱一个小时以后就嗓子发毛，声音也不对了，这个演出就失败了，无法吸引观众。

我的小生之路

我小时候看戏，特别是看京剧，最讨厌的就是小生。我家在江南农村的一个小镇上，也许到这个小镇来的京剧团水平不是很高，其中的小生演员就更糟糕，嗓子不灵，表演也差。因此我进了华东戏曲研究院昆曲演员训练班（简称“昆大班”）后，老师分行当时问我，说蔡正仁你喜欢什么行当？我毫不犹豫地回答：老生。老师一看我这个形象，觉得可以，于是同意把我分到老生组，学了一年多。我演小生的启蒙老师是昆剧名家沈传芷老师，他当时教一出戏——《白蛇传》，对京剧来讲叫《白蛇传》，对昆曲来说叫《雷峰塔》。《雷峰塔》里面有一出戏叫《断桥》，沈传芷老师在教《断桥》的时候，看来看去，始终对小生组同学的“许仙”觉得不太满意。于是他找老生组的老师，问能不能从老生组挑选，看是否有学生可以来排许仙。结果沈传芷老师到老生组一看，头一眼看——就是他（指蔡正仁）！老师说：“他看样子扮个许仙还是可以的。”我们这些老师们有几十年丰富的教学经验，所以眼睛看人很准。

为什么沈传芷老师叫我学许仙，我就愿意跟他一块去呢？这里面有一个非常重要的前提，就是我还有一位恩师是大名鼎鼎的艺术大师俞振飞先生，他不仅能够演昆曲，还能够演京剧。当时俞老师和梅兰芳先生一块在北京拍了一个电影《断桥》，就是昆曲《断桥》。俞老师拍完电影以后回到上海，听说上海办了一个昆曲演员训练班，非常高兴，主动要求来看这个培训班的学生，而且跟传字辈的朱传茗老师在一个非常简陋的小舞台上给我们 60 个学习昆曲的小学生演了一出《评雪辨踪》。当时我坐在下面都看傻了，完全被俞振飞老师精湛的艺术迷住了。我想这个小生怎么会演得那么可爱，我一边看一边乐，一边乐一边就想演那样的小生，那才叫小生。从此我改变了对小生这个行当的看法，巧的就是正好在这之后，沈传芷老师挑中了我学许仙。当时我就想，假如沈老师教的小生也是俞振飞老师这样的类型，我是愿意去的。在这种情况下，我高高兴兴地去学许仙，接着就留在了小生组。现在回想一下，正式明确我作为小生这个行当，学的第一个戏就是《断桥》中的许仙。我由老生变成小生，哪里知道从此一变快60年了。

学习小生表演一学就是8年，对于学习昆曲的男孩子来说，嗓音是非常重要的问题，过了14岁，他会由童嗓逐渐变成大人的嗓子，戏曲上称为变嗓。我学《断桥》的时候，突然有一天嗓子就上不去了，我以为嗓子坏了，在课堂上就号啕大哭起来。沈传芷老师乐了，说你这个叫变嗓，又叫倒嗓。所以男孩子学戏的时候最最伤脑筋的就是倒嗓期，每个人情况不一样，有的人变得快，几个月就恢复了，有的人一两年甚至三年都还没有倒过来。

等到我觉得《断桥》学得差不多了，我的倒嗓也开始慢慢好起来，开始有点能唱上去了。有一次复旦大学纪念汤显祖，举办相关活动，要我们去演出几个折子戏，我要演的就是《断桥》。我记得那天早晨起来就喊嗓子，一喊，自我感觉非常好，觉得今天嗓子好像挺舒服，很听话。于是我就采取了一个办法，特意去买了一个口罩戴起来。别人都问我，蔡正仁你戴口罩干吗，感冒了？我不说话，我的意思是你到晚上听我上台一唱，一鸣惊人。那时候就真的那么天真，一整天什么话也不说，到了化妆的时候才把口罩摘下来。临要上台的时候，我心里还想要给大家一个一鸣惊人的感觉，一出来第一句是“夜沉沉”，那时候还是小许仙，没想到“夜”不出来，接着第二句使出浑身解数也唱不出来了，嘴张得很大，声音却出不来，台下观众哄堂大笑，当时真恨不得台上钻个洞我钻下去。从头到尾“白娘子”唱得挺好，等到我一唱就没声音，这次教训永远留在我的脑海之中。现在回想一下这个事情当然出了一个大洋相，不见得是好事，但是后来我却觉得坏事却变成了好事，为什么呢？从此我痛下决心天天去喊嗓子，我就不相信我不能一鸣惊人。哪天稍有懈怠，说今天算了不喊了，不行，一想到那天观众哄堂大笑，就坚持练嗓子，后来我真的把嗓子练出来了。如果没有那次台上的洋相，恐怕我还不见得有这么大的决心历练，所以坏事变成好事。

独特的小生行当

上面说到昆曲小生行当还要具体细分，首先是巾生。巾生主要是青年读书人，从字面上来看，头戴一个小生巾。在舞台上巾生的形象就是一表人才，风度翩翩，穿的是靴子，拿的是扇子，所以巾生又叫扇子生，常常是拿着扇子表演，在昆曲里面大部分的巾生戏主要任务是跟闺门旦谈情说爱。

其次，昆曲小生当中还有一类非常重要的官生，做官的官，又叫冠生。官生，顾名思义，肯定是考取状元后做官的，在地位等方面跟读书时候的巾生不太一样。巾生和官生，是小生的两大种类。每一个小生演员必须要基本胜任这两个行当，才够资格被称为小生演员。

还有一种类型，叫做雉尾生，帽子上面有两根很长的鸡毛，又称为鸡毛生。鸡毛生主要是表演像周瑜、吕布这种青年武生、青年武将，武戏偏重一点，也属于小生行当。

最后，还有一个行当叫作穷生，在古代青年读书人中非常穷苦的书生，我们在昆曲当中就叫他穷生。因为拖着鞋皮，所以穷生也叫作鞋皮生。上面说到的《评雪辨踪》就是一个以穷生为主的戏。小生主要有这四大类型，要当好一个小生演员，得把这四种类型都演好，真的很不容易。

下面我以官生为例来具体说说小生的表演艺术。昆曲中的官生分大官生和小官生，像《长生殿》里的唐明皇是赫赫有名的大官生，《千忠戮》里的建文帝也是大官生。小官生的职位则小一点。大官生有一个特点：都戴着髯口，气派要大，声音要洪亮。大官生，顾名思义一定是做了大官才有资格，既然气派大，嗓音各方面都要跟上才行，所以大官生的难度是比较高的。官生这个行当可以讲是昆曲的特有行当，我给大家透露一个消息，今年年底，全国有 7 个昆剧院团将要汇聚在北京，每一个昆剧团都演出一台《牡丹亭》，那么就有 7 台《牡丹亭》，有 7 个杜丽娘，7 个柳梦梅。这应该说很有特色，剧团也都能拿得出来。但是如果说要 7 个昆剧院团每个团都演出一台《长生殿》，要有 7 个唐明皇，7 个杨贵妃，那就麻烦了。据我现在的了解，全国 7 个昆剧院团没有几个团能够演出全本《长生殿》。问题就在于，首先找不出合格的“唐明皇”，官生比较难演。而且能够演杜丽娘的，也不一定就可以演好杨贵妃。所以演出《长生殿》的难度比《牡丹亭》要高。

《长生殿》主要是讲唐明皇和杨贵妃的故事，作者是清代的洪昇。《惊变》、《埋玉》是《长生殿》中非常著名的两出戏，唐明皇跟杨贵妃的爱情故事起了翻天覆地的变化就在这两出戏当中。《惊变》又叫《小宴》，描写唐明皇和杨贵妃在一个非常晴朗的天气里游览御花园，两人兴致勃勃，在花园当中弄几个清淡素雅的小菜，然后喝酒。唐明皇就利用这样一个机会要想把杨贵妃灌醉。因为杨贵妃高兴的时候是什么样子，不高兴的时候是什么样子，吵架的时候什么样子，他都看过，唯有喝醉的时候这个妃子到底是什么样子的，他没看过。所以在游览御花园很高兴的时候，唐明皇有意把杨贵妃灌醉，越看越觉得她美得不得了。也就是在他最高兴的时候忽然传来安禄山造反的消息，后来就发生了兵变，就是《埋玉》。

《惊变》这一段曲牌叫作《泣颜回》：

【泣颜回】携手向花间，暂把幽怀同散。凉生亭下，风荷映水翩翻。爱桐荫静悄，碧沉沉。并绕回廊看，恋香巢秋燕依人。睡银塘鸳鸯蘸眼。

这段表演中唐明皇和杨贵妃一边唱，一边舞蹈，载歌载舞，这也是昆曲最大的特色。通过唱，唱到哪舞蹈就演到哪里。唱完以后，唐明皇和杨贵妃就开始定席小宴。“妃子请”、“陛下请”……唐明皇成心要把杨贵妃灌醉，哈哈而笑。通过这个小宴，我想要思考一个问题，就是唐明皇有三宫六院，三千粉黛，为什么最喜欢杨贵妃，这绝对不是偶然的。杨贵妃想得非常周到，亲自拿着酒杯要给万岁满上，唐明皇非常喜欢。然后她又要万岁喝，两个人有一段舞蹈，很多情况下杨贵妃非常呵护唐明皇，我觉得这是唐明皇特别喜欢杨贵妃的原因之一。

大家可以注意到，这段戏唐明皇和杨贵妃每个人都拿一把扇子，这种扇子叫折扇，在闺门旦当中有很多戏都有扇子，比如《琴挑》、《亭会》等。不过，现在我们舞台上很多年轻演员有点乱用扇子。比如在《长生殿》里，唐明皇和杨贵妃的角色，在当时的年代，地位是至高无上的，文化水平也高，形体动作也应该是非常有身份的。请大家想一想，有可能皇帝一出来就拿着扇子猛地打开吗？皇帝当然是不可能，杨贵妃更是如此。所以唐明皇和杨贵妃打开扇子都有一个动作，然后关扇子都很文雅。现在有很多年轻的演员没有“文雅”两个字了，这是昆曲发展当中要非常重视的问题。

其实不光是扇子，在昆曲表演中，每一个动作都要和舞台上的角色符合，不能随心所欲想怎么样就怎么样。我从 12 岁开始学习，老师们就教我巾生应该走台步，所以我们在舞台上所有的动作，都要经过一定的训练，不能随便来。大家到剧场去看戏，看到过一个小生上台走的是随意步伐吗？他一定是穿了一个厚底靴，要走台步，要走圆场，圆场和台步是任何角色在舞台上行走的主要手段。老师会教你台步怎么走，脚要勾起来，脚要亮出来，要抬多高，都有一定的尺寸和标准。跑圆场的要求是整个上半身不能晃动，腿要垂一点，像飘一样。圆场和台步，对于凡是学戏曲的学生都是非常重要的基本功，每天都得练。

在舞台上请大家注意一点，昆曲演员的表情都要比原来生活中的任何表情放大，为什么呢？很简单，因为我在舞台上离观众有一定的距离，如果像生活当中，看见了就看见了，台下观众不知道在干什么。所以如果我走到这儿，“哒”（做看见的表情），是不是大家就觉得我发现了一个人？所以这种放大在真实生活当中受不了，但在舞台上看着非常舒服。

再多说一句，在《惊变》中，唐明皇有一长段的“哈哈”笑，这种笑对小生来说是非常重要的，如果笑不好观众们笑不起来，但要一口气笑这么长时间非常难。我记得跟俞老师学戏的时候，我每次吸足了气笑，总是一会儿就没了，老是没有达到老师提出的要求。于是我就去问老师，怎么您笑起来那么长时间气不断，我憋足了气还是笑不长？老师一听就乐了，他说蔡正仁，这个笑是要好好地去练，不是你听我笑一笑，明天就会了。你看那个篮球、足球没有？球按一下又弹回来，你就把这个肚子当成足球，把它的气练好，气球练好，你的笑可以一直笑下去了。被老师这么一点，我回去勤加练习，没练多长时间就好多了。由此可见，学习昆曲要有好的老师教，演员则一定要练好基本功。

演讲人简介

蔡正仁，著名昆曲艺术家，1961 年毕业于上海戏曲学校，师承俞振飞、沈传芷等昆曲名家。主演大戏有《长生殿》、《琵琶记》、《牡丹亭》，代表剧目有《撞钟分宫》、《惊变埋玉》、《迎像哭像》、《见娘》等。获第四届中国戏剧梅花奖及第五届上海戏剧白玉兰表演艺术主角奖。历任八、九、十届全国政协委员，为上海昆剧团团长、上海市戏剧家协会副主席。

谈《野草》

钱理群

《野草》的“体验”

我们讲鲁迅写作《野草》的背景一般都是讲政治背景、社会背景，其实还有一个很重要的思想背景和心理背景。

研究者注意到鲁迅《野草》的第一篇文章写在1924年9月，最后一篇写在1927年。也就是说他写作《野草》的时间主要集中在1924—1926年。而研究者又注意到在开始写作《野草》的前一年，也就是1924年之前的1923年，鲁迅沉默了一年，那年写东西很少。这就注意到鲁迅的第二次沉默。鲁迅一生有两次沉默：一次沉默是1908—1918年的十年。他正经历中国社会和中国传统文化走到了尽头，如何有一个新的开始，他感到极大的苦闷。在这十年的沉默里，鲁迅做了两件事，一是沉入民间，一是沉入古代。把生命沉入古代、沉入民间来寻找一个新出路，然后有了五四运动时期的新爆发，这既是思想的爆发，又是文学的爆发。第二次发生在1921年前后，这是五四新文化运动中期新青年发生分化，“我又经验了一次同一战阵中的伙伴还是会这么变化，……在沙漠中走来走去”。这是一次对启蒙主义的大绝望。

但鲁迅把所有外界的问题都转化为自我生命的问题，他把启蒙可能性的外部危机转化为自己的内部危机。如果说鲁迅第一次沉默是沉入民间、沉入古代，那么第二次沉默他则沉入到自己生命的最深处，进行自我拷问。因此整个《野草》就是一次自我生命的追问过程，这里有希望与绝望的纠缠，光明与黑暗的徘徊，生和死的抉择，而且直指死亡的追问，向死而后生。他的生命也因此达到了前所未有的深度、广度和力度，最后的一切都转化为文学，所以我们看到了鲁迅最后十年以杂文写作为主体的文学创作，是他的生命和文学创作的第二个高峰。这些创作实际上是一种最深刻的生命体验，承担着中国社会在转型时期的一种艰难和痛苦的幽深意识，这是一个方面。

第二个方面，我们注意《野草》的题辞中一开始就说"当我沉默着的时候，我觉得充实；我将开口，同时感到空虚"，这提醒我们，在鲁迅生命感到绝望的时候，不仅有一个生命的拷问，还有一个语言的困境。也就是说鲁迅第二次非常幽深的生命体验，不仅是人所未曾经历过的，而且是语言所难以表达的。但鲁迅作为一位真正的语言艺术家，偏偏要挑战这个不可言说，并试图用语言来照亮这个难以言说的存在。

于是他进行了一次空前没有的语言试验。他基本采取两种办法，一种办法是大胆创造一种非常态的语言形式，有意地破坏语言的规范，目的是要表达那个难以言说的生命存在，这是他的一个试验。另一种是自觉地采用西方现代美术和现代音乐的手法，他要沟通文学、音乐和美术，建立一种具有优越性和强烈的线条感、色彩感的语言试验。所以鲁迅通过非常规的、大胆的语言试验和自觉吸取音乐、美术因素，把中国现代汉语的表现力提到空前未有的高度。其实，周作人早就说过，汉语不同于其他国家语言，它有非常大的特点，具有装饰性，同时具有很强的音乐性。但鲁迅现在把这样一种汉语原有的装饰性、音乐性和现代的美术、音乐结合起来，为汉语表达现代人难以言说的生命体验开拓出一个新空间，这样也就为现代汉语的表现能力开拓了一个非常广阔的前景。鲁迅在《野草》所做的试验，可以说是一次空前绝后的精神历险，同时也是一次空前绝后的语言历险。毛泽东主席有一句诗“无限风光在险峰”，在生命险峰处见到语言的无限风光。他在生命体验的深度、高度、力度和语言试验的大胆开拓这两个层上，把中国文学以至世界文学推向一个高地。

这样也就提示我们，进入鲁迅的《野草》，最基本的途径也是这两个：一是生命体验，阅读的过程应是我们和鲁迅进行生命的交流、撞击的过程，而阅读的结果将会把我们的生命提高到一个前所未有的新高度、力度和深度。另一方面就是语言体验，我们要通过语言进入鲁迅，通过鲁迅的语言进入鲁迅的语言世界、内心世界，通过对语言的感悟来达到对鲁迅生命体验的认同。因此我们要感悟鲁迅具有这样一种音乐性和美术性的语言的话，最好的途径是朗读，通过朗读来感受他的语言，然后进入他的生命。

为自己写作的《野草》

第二大背景，我介绍一下鲁迅自己对《野草》有一些什么说法，这有助于我们对《野草》的阅读。大体上，鲁迅对《野草》有三种说法。第一种是想告诉他的朋友萧军“那是我碰了许多钉子之后写出来的”，也就是说鲁迅的《野草》写作，确实还有现实背景。鲁迅还具体揭示了有几篇文章是为什么写的，比如因为要讽刺当时盛行的失恋诗，所以写了《我的失恋》；因为憎恶社会上旁观者多，所以写了《复仇》第一篇；因为惊异于青年的消沉，所以写了《希望》等。这些作品也是鲁迅作品中相对比较有理由的，有现实背景的，比较容易读。

对《野草》的另两种说法就很重要了，他说他的哲学都包括在《野草》里，另外还说“我所想的和我所写的不一样，我为自己写作和为别人写作是不一样的”，这就有了两个“不一样”，他所想的和所写的不一样，什么意思？鲁迅说过，很多人都认为他写的都是真话，其实这个太简单了，他确实不想太欺骗人，但他也未必把心里所想的话全面说清。所以这是有区别的，不说假话是底线，但未必把心里想讲的话全部都说出来，他还有所不说。鲁迅说他现在已经写出来的一部分，很多人看了，都觉得他太冷酷了，他说其实未必，如果他把心里所想的最恐怖、最冷酷的话都说出来，如果有人愿意听，这个人就是他的好朋友，但如果这个人都不敢听，他也无所谓。所以鲁迅所想和所写是不一样的，我们需要注意。

另外鲁迅说“我为自己写作和为别人写作是不一样的”，我们大致所熟悉的、读得最多的鲁迅的小说、散文、杂文都是为别人写的，这个“别人”是什么？他说是三种人：第一种是那些为中国而奋斗的、孤独的战士，他们非常寂寞，所以他在旁边为他们摇旗呐喊；第二种是那些年轻的、正在做着好梦的青年；第三种是鲁迅特有的“敌人”，他是为敌人而写的。这就决定了他的写作特点。为孤独的战士写是为了鼓励他们，因此不能把话说得太悲观，要给他们以安慰；面对正在做好梦的青年又不忍心把他们的好梦给打破，所以也要说一点光明的话、说一点舒服的话；对敌人更不会说内心的悲苦，免得他高兴。所以这些为别人写的作品并没有把他心中最黑暗的、最痛苦的、最冷酷的部分透露出来，更多是给我们一些光明的亮色。

那真正为他自己写的作品是什么？只有这一部《野草》，所以他说《野草》是他的哲学。也就是说，《野草》是一部多多少少透露了他极端黑暗、冷酷的一些内心体验，多多少少吐露了他自我的真实灵魂的血肉。当然，你们要注意我的说法，是“多多少少”，也只是一部分而已。不过，幸而有这一部《野草》，我们还能够多多少少走进鲁迅的内心世界，能够看到鲁迅灵魂的真和深。所以《野草》是一部相对真实地揭示鲁迅个人存在的作品，多多少少揭示了鲁迅个人的真实生命状态和真实话语的存在。真实的鲁迅话语是存在于《野草》里，这就是《野草》的特殊艺术。

鲁迅的散文有两种话语方式，中学课本里选得比较多的《朝花夕拾》里的作品是一种闲话风的散文，而《野草》是独语体的散文。所谓闲话风的散文主要是一种交流，要求或者渴望与读者进行交流，是一种任心闲谈，这时候作者的心态是闲适、从容的，语言结构是随意、任意而谈的，注重于心灵的交融。但《野草》是独语的，鲁迅说过，在他遇到痛苦时，他总是自己一个人躲进丛林里，自己舔干净身上的血迹。《野草》就是这样一部作品。有一段话可以看他写作《野草》的心情，他说“除我以外，没有别人。我沉静下去了。……前面则海天微茫，黑絮一般的夜色简直似乎要扑到心坎里。我靠了石栏远眺，听得自己的心音，四远还仿佛有无量悲哀，苦恼，零落，死灭”，他是在这样一个非常寂静的、个人的、唯心的状态中写他的《野草》。这样的独语是拒绝交流的，他不对心灵沟通给予任何希望，他不需要我们理解他，更不需要我们同情他，因此他自觉地要把读者推向一定的距离之外。这样的独语是以读者和作者关系的紧张、排斥为存在的前提，因为唯有排除他人干扰，他才能够真正独自直面自己的灵魂，看到自己灵魂的最深处，才能够捕捉这些难以言说的感觉、直觉、情绪、潜意识，进行更高更深层面的哲学思考，这是名副其实的心灵探险。

因此，我们读《野草》，也必须静下心来，甚至要屏住呼吸小心翼翼地走进鲁迅那个痛苦的心理，千万不要打扰他，要静静地、默默地去感悟。但即使这样，仍然不能排除鲁迅内心的紧张、焦灼，而且为了拒绝我们，鲁迅必须创作出一种另外的艺术世界——要采取陌生化的手段来创造一个陌生的艺术世界。因此，他要排除通常的写实、描摹这样的手法，而最大限度地发挥他的艺术想象力去创造一个变形的艺术世界，创造一个让我们感到惊骇的艺术世界，这样在鲁迅笔下就涌现出了梦的朦胧、沉重与奇诡，鬼魂的阴森与神秘，奇幻的场景、荒诞的情节、奇突的想象、幽深的诗情，所以充满着奇峻的艺术。但这样一个充满着艺术变异的创造，给鲁迅带来极大的趣味，我们读《野草》可以想象到当鲁迅笔下出现神来之笔时，他有一种陶醉感，甚至有些你想不到的句子突然爆出后，我们感到惊喜，我相信鲁迅也感到惊喜，他一定得意极了。所以，正是这样一种语言、艺术的创造性，多少缓和了鲁迅的内心焦虑，所以我们读《野草》，不仅可以感受到他的焦虑，同时还得体会到他的得意、他的陶醉。因此，他并不总是沉重的。如果你读《野草》只是感到沉重，大概你没完全读懂，它是一个非常博大的世界。

《野草》中的哲学

我经常说自己读鲁迅是三个层面：第一读鲁迅，第二接着鲁迅往下讲，第三接着鲁迅往下做。所谓“接着鲁迅往下讲”，是鲁迅的许多命题几十年前提出来，现在中国社会和世界社会经过几十年变化，我们对鲁迅原来的命题就有新的体会、新的认识，甚至会有新的发挥。所以今天就讲讲我个人的一个理解，当然这种个人理解是我理解的鲁迅哲学，要说明两点：第一，《野草》是一个非常混沌的、感性的存在，我要讲的会归于理性化，要分析，可能会把它原有丰富的意义简单化，我这个讲解在一定程度上既是发挥也是曲解。第二，我这个解读不是唯一的，不一定正确，大家可以认同也可以否定，即使认同我的解说，我也是姑妄说之，大家姑妄听之。

鲁迅哲学的基础是对一个人的个体生命的、生存困境的一种无情的揭示，因此他这种揭示引起今天仍然生活在生存困境中的人们的很多感受。我认为他把人的个体生命放在两个坐标上考察：第一个坐标是把人放在过去、现在、未来的历史纵坐标上考察个体生命甚至是他的生存困境。

先谈未来。人们在不太有利于自己的现实环境中常常把希望寄托在未来，因此古今中外有许多关于乌托邦社会、黄金世界（鲁迅概括为“黄金世界”）的想象，也就是《影的告别》里所说的“有我所不乐意的在你们将来的黄金世界里，我不愿去”。他对黄金世界有一个批判性说理。鲁迅提出一个非常深刻的问题：黄金世界里有没有黑暗？他的回答是黄金世界里有黑暗，而且会把人杀死，还会有新的死亡。鲁迅由此说世界上根本就没有至善至美的东西。《秋夜》一开始写了两个梦，一个梦是小红花的梦，这小红花的梦可能是诸位年轻人的梦，因为它相信一位诗人所告诉它的冬天过去了，就是春天，但旁边有一棵枣树，它说春天过去是秋天，秋天过去是冬天，不管以后是冬天还是春天，反正要反抗。这是两种不同的梦，一种是以希望为前提而反抗，另一种是不计后果地反抗。这是鲁迅对未来的否定。

未来不行，怎么办？怀旧，看过去。一般人回忆的思维是避重就轻，总回忆那些美好的、光明的东西，而把那些丑陋的、黑暗的东西尽量忽视。但鲁迅相反，他是避轻就重，越沉重的、越痛苦的事越要讲，最典型的例子是《风筝》。《风筝》回忆小时候把他弟弟的风筝给拆了。当过哥哥的人都会知道，小时候欺负弟弟难道还少？这些都忘了，不会想这些事。但鲁迅记着，而且上升到它是“精神虐杀”的问题。更重要的是鲁迅的思维方式，到老了想弥补，他跟弟弟一起放风筝，就跟弟弟道歉，希望弟弟原谅，弟弟却说根本不记得这件事。鲁迅很尴尬。也就是说你想弥补都不能弥补，这是一个无可弥补的永远的痛苦。这是典型的鲁迅思维方式，和普通人非常不一样，鲁迅不仅不把未来理想化，同时也不把过去理想化。

未来不行，过去也不行，人们就把事想绝了，我死总可以吧，死亡是一切痛苦的结束。但鲁迅又提出一个非常有趣的问题：死后会发生什么？《野草》有一篇非常好玩的文章叫作《死后》，说“我梦见自己死在道路上。……一辆独轮车从我的头边推过，大约是重载的，轧轧地叫得人心烦”，更可怕的是“看的人多起来了”，这还不够，还有一个小虫，像苍蝇一样，舔他的舌头。之后还有系列遭遇。这是一个典型的哈姆雷特的命题。哈姆雷特说死还是不死，讲死后怎么样。同样，鲁迅也在考虑这个问题，所以死亡对他来说不是一了百了，而是新的不幸，新的痛苦，甚至新的荒唐的开始。

那唯一的选择是什么？是正视现实。而现实是什么样的？是《影的告别》的现实，《死火》的现实。这就得出一个命题：人的生存一定是无奈的、无依靠的、无归宿的，没有那种完美的东西。鲁迅拒绝这样的东西：一是拒绝完美，强调历史、现实、社会、人生、人性就是不圆满的、有缺陷的。二是拒绝全面，历史、现实、社会、人生、人性都是有偏颇的，不可能是全面的。三是拒绝永久，一切都是过程中的，生命是不能凝固的。因此他要我们正视现实是不完美的，是有偏颇的，是有弊病的，是有限的，这才是生活的常态，这对我们是非常重要的启示。必须正视这一切才能够从中找出一条生路来，这是鲁迅哲学的特点。

另外放在横坐标上进行考察。横的关系无非有三个：一是他人，一是敌人，一是群众。这恐怕是我们天天遇到的问题。先谈敌人。鲁迅曾说过，当下决心独自抵抗黑夜时，突然发现黑夜不见了，黑夜到哪里去了？这就是鲁迅说的“无物之阵”，这是非常深刻的概念。分明你感觉有敌人存在，有阻力存在，但要找他找不到，他不见了。另外更可怕的是什么？是面对千百年形成的习惯势力，鲁迅称之为“无主名无意识的杀人团”，杀人团反对你，而且不是有意反对你，甚至是出于善意地反对你。所以鲁迅说“死于敌人的锋刃，不足悲苦；死于不知何来的暗器，却是悲苦。但最悲苦的是死于慈母或爱人误进的毒药，战友乱发的流弹，病毒的并无恶意的侵入”。

那爱我者怎么办？他说爱我者也有问题。这话说得有点残酷，因为很多人没路了，总想在爱我者中能找到一点安慰。《过客》中有这样一个情节，小女孩看过客在流血，就从衣服上撕一块布，让过客包裹他的伤口，我们看过客的反应：第一个反应是非常高兴地接受过来了，但紧接着又断然把这块小布片还给了小女孩，而且说了一番这样的话，“倘使我得到了谁的布施，我就要像兀鹰看见死尸一样，在四近徘徊，祝愿她的灭亡，给我亲自看见”，这个思维大概所有人都无法理解也无法接受。为什么对爱我者要诅咒他的死亡？举一个例子，许寿裳的夫人去世，鲁迅写了一封信安慰他，一方面是对许寿裳夫人去世表示悲哀，另一方面觉得夫人死了也好，这样孩子就无所依靠了，反而能够独立了。这就是鲁迅思维非常特别的地方。

敌人是这样，爱我者是这样，群众怎么样？鲁迅对群众有一个概括：群众是看客。《复仇》中，一男一女好像要打架了，大家“从四面奔来，并且拼命伸长脖子”，然后这两人反抗这些看客，不杀了，就站着。看客觉得非常无聊。这是鲁迅式的复仇，你们看我表演，我不表演，拒绝表演。再进一步分析看客的形象，被看的人是两种人：一种是祥林嫂那样的人，生活中不幸的人。另一种是《药》里面的夏瑜，这些先驱者的牺牲变成了毫无意义的东西。所以，看客既包含了中国国民性残酷的一面，也包含了中国革命的悲剧、中国改革的悲剧，一切悲哀的东西、一切有意义的东西，在看客中变成哈哈一笑，而鲁迅却说这哈哈一笑是要亡国的。我们可以感觉到鲁迅内心的沉重。

因此可见，鲁迅在考察个体生命和他的关系时，是怀着怎样一种悲凉的心情，他同样把这个命题推到绝望的极致。所以在我看来绝望是看透，是一种清醒。首先看透人、社会、历史、人性一切都是不完美的、有缺陷的。第二看透了每个人自我认识的局限，也就是自己掌握自己命运的信心。但看透以后有两种态度，《过客》中有一个讨论：前方是什么？小女孩说前面是鲜花，老人说前面是坟，过客也说前面是坟。但在确认了前面是坟以后，也就是看透了以后，会有两种态度：一种态度是老人的态度，既然是坟，就不走了，是知其不可为而不为之；但过客选择知其不可为而为之，不但看透，还采取积极进取的人生态度。在这个意义上，鲁迅反抗绝望的哲学实际上是把中国的传统哲学高度综合，一方面，接近于佛家、道家那种把一些东西看透、参悟的态度；另一方面，鲁迅采取“知其不可为而为之”的态度又是儒家的。他把这两者有机地结合起来，是对中国传统哲学的一个新开拓，同时也体现了一个现代的哲学。

演讲人简介

钱理群，1939 年 1 月生。北京大学资深教授、博士生导师，曾兼任中国现代文学研究会副会长等职。主要从事现代文学史研究，鲁迅、周作人研究与现代知识分子精神史研究。著有《中国现代文学三十年》(合著)、《丰富的痛苦》、《心灵的探寻》、《与鲁迅相遇》、《周作人传》、《鲁迅作品十五讲》、《大小舞台之间——曹禺戏剧新论》等。

书法家必须是文化人

林岫

“修行不到，棍棒夹道”

将书法艺术回归到雅文化的高度来说些什么，并且进一步“知行合一”，落实到位，这是视书法这门传统艺术为国艺，给她以应有的、足够的尊重和敬畏。这是热爱书法的诚意善心所为，文化良知所为。尊重，即高定位；敬畏，是因为书法是民族文字书写的艺术，她孕育着吾国文化至善至美的精粹和精神。面对五千年，必须高定位和敬畏。古人珍惜字纸，就是一种敬畏心态；丝毫的亵渎玷污，都应该有罪过感。儿时背诵过的“几案洁，笔砚正。墨磨偏，心不端。字不敬，心先病”，没过时吧？

书法与文化，书法家与文化人，一个永远的话题。最早倡议成立书协时，中国文联部分领导举棋不定，认为书法可由美协设置书法部代管，但是舒同先生坚持书法艺术是“国艺”，是独立的传统艺术，他带着大家锲而不舍地努力，最终争取到成立中国书法家协会的报批。何等不易，必须珍惜。书法家确实有执笔书写的职能，然而定位有相当的文化高度，并非所有能执笔书写者，皆可称作书法家。那个高度，显然是文化的高度，品位的高度，人格的高度。坚持并维护这个门槛，就是出于热爱和尊重国艺的敬畏之心。

李苦禅先生曾说过：“画之上有书法，书法之上有文学，文学之上有音乐。什么是书画家的学问？这就是。”然而，面对当前美术逐渐融汇书法的现实，不知是书法的幸耶不幸？该不该避开热闹，冷静地思考一些书法文化的回归问题？

我认为，强调书法艺术是独立的艺术门类，有煌煌千秋书艺瑰宝、无数卓越大师和艺术家作证，还不够。历史是滔滔不绝的江海，没有今天的支撑，就会断流。当今书法不怕流行，那么怕什么？怕的是浮躁浅薄成了主流而且流之盛行，怕的是大浪淘沙，潮流过去后没有为当代书法史的积淀留下精金巨石。

毋庸讳言，贬抑书法家的微词从未消停过。例如认为“书法是手艺，只要会抄写，照抄无误就是书法家”等。记得赵朴初、启功和楚图南等老前辈曾对北京书界很多中青年说过“修行不到，棍棒夹道”，希望大家一定要坚持读书修行，不要以抄录诗词为能事。这里所说的修行就是要夯实基础，厚积薄发，而非单练手技。我最欣赏赵朴老说过的几句话：“手艺是拐杖，学识是资粮”，“有杖行千步（持杖或可帮助远行），无粮半步难（腹无食物行半步都不行）”，“学养是人生旅途远行的必备资粮”，“被人看不起，不要先去纠正对方，看看是否应该先纠正自己”等。这些话，至今听来，亦是棒喝。

文化不是贴金，是日积月累酝酿之后的喷发，所以德艺的修行，皆非时日之功。传统艺鉴，首重德品，皆信奉“德成而上，艺成而下”（《小戴礼记》语）为艺鉴之则，德品艺品之论，实则谈的也是文化品位问题。修行，不可没有志向志气。“志”可以具体化理解。我主张的艺者“三修”，换个角度看，也是“志”。三修，即修能——磨炼技能；修学——文化涵养；修德——美善人格。从事书画艺术，要静养清修，耐得住寂寞，淡定地读些书，做些该做的事。赵朴老喻之为“功成化蝶”，说的就是笃志而后功成的至臻境界。

“文化”的概念看似宽泛抽象，却非高深莫测。当年张大千作荷花，画毕请教齐白石，齐白石添了几条小青鱼，然后主翁恭请画题，张大千说题“荷塘秋雨”，齐白石认为“太啰唆了，既有荷花就不必言‘秋’言‘荷’，题‘雨塘’足矣”。后来一位京剧名票友将此事告诉了溥心畬，想听听他的评说。溥先生认为画面已出，雨池、荷塘任由观者去想，原题唯有“雨”字可取，不如题“听雨”的好。这“听”字何等精彩，一字之易，全画点活，神情尽出。或许有人会说，不就是一幅画嘛，题啥不行？能有讲究，这就是书画雅趣之所在，文化精蕴之所在。题“雪中归船”、“千山青绿”、“红梅怒放”和“富贵牡丹”，非不可为；但是，这跟题“雪江归棹”、“千岩竞翠”、“梅韵天成”和“国色天香”，是一回事儿吗？画题虽小，涓滴映日。无处生有，飞来一峰，可能吗？所以不嚼文化的菜根，不得成大家气候。正因为有历朝历代艺术家的无数高度和品位，才有了中华文化千秋积淀的高度和品位，那就是巍峨的民族文化的高原群峰。

注重积淀与勤学敏思

书画家作为文化人需要具备哪些文化功呢？简单地说，是两个基本功，即读书功和学生功。

所谓“读书功”，顾名思义，就是指多读书、重酝酿。书卷气、文气，来自修养，而修养多来自读书明理。要达到书法的最高境界，不仅在于笔墨技巧娴熟，还须胸存道义，腹有酝酿，才能立艺树人，高格脱俗。天下读书人甚多，有的人读一辈子书，如蚕食桑叶，或食而不化，或食而无丝，都没用，唯独能化食为丝的，才算有读书功。然而造诣和储养非朝夕急就可成，这与是否灵悟善学，有否名师亲炙，是否有日积年久的修行等多种因素有关系。但这也不能绝对化，断不能仅以文凭、门庭、时年等率尔评鉴其功业水平的高低。

“不信苏黄读死书”。成功的书生功业，读书之外，阅历（含实践）、博览、识见，俱不可少。书家读书不够，闻见不达，见狭识偏，难免笑话纷迭。1986 年夏，有人评日本书法家书“一丝不挂”

条幅“有点莫名其妙，而且很不雅观”。其实是他自己不明其妙。“一丝不挂”即“寸丝不挂”，本是佛家用语，意指通体透彻，已排除万般物欲，不为俗尘情事所累。还有个例子，有位书法家，为海峡两岸书画展书“海北书林尽贻子，江南风雨未归魂”，却不知这乃是近人的挽联，十分不相宜。我想，如果读书有年，视野开拓，这样的错误是完全可以避免的。

“学生功”，实则是个学会继承的问题，即长期求教师长，或者以古今大师为师，勤苦自学。未必挂杖大寺才会念经。只要方法对路，自学、善从、多师都是方便途径。“学生功”，一则要虚心求教师长，知其所以然所以不然，识其门道机巧；一则从师也忌盲从，应该对老师所授进行仔细思考，品味其中的深刻意蕴和细腻风光，才能方便融会贯通。

善学，必然务实。说得天花乱坠没用，得听有无道理，能否适用。“操千曲而后晓声，观千剑而后识器”（刘勰语）。欲择师，主动权在自己，须有明眼。如果拜错师门，烧香烧到“假大师”那里，非独耽误青春年华，一生有多少事可以重来？

将上述“二功”具体一点，又有“三功”。“字外功至少要有文字功、文学功、史地功”（沈从文语）。“文史不通，下笔空空”（启功语）。“书画家要有几手绝活儿，起码得会捏算干支纪岁，会撰联语，会写真情动人平仄无误的诗词，旁观书画会预有诗稿跋稿于衷（以便题画题跋），会识解通假二百字吧？”（俞平伯语）。

三功，孰先孰后，没有决然划分的界限。对书法家来说，文字功应该位居榜首。自称书法家，先不说严肃吾中华民族文字有多么神圣的职责，写了几十年，写来写去，老写错字，总是个异怪问题吧？当年曾有书家为自愿赴西藏工作的大学生书李白《与史郎中饮听黄鹤楼上吹笛》，因诗中有“一为迁客去长沙”，“迁”是被贬谪，而非迁移户口，引起笑话。又某书家进京展一行草作品书岑参诗，尾结“封侯应不远，燕颔岂徒然”，书成“封侯应不远，燕领岂徒然”，就是没弄懂“燕颔”（见《后汉书·班超传》，燕颔虎颈，此万里侯相）的词义。这种事例举不胜举。

或谓书法评选评的是书艺，可以不究语文错误，恕难苟同。一则自斫门槛，等于自降文化水准；其二，如果书法不究，是否戏剧、绘画、唱歌、影视等都可以“四裤全书”（见某红火电视剧字幕）呢？

如果有些本应该书家熟知的常识性问题，圈外人通知而书家茫然，那就很没面子了。文字的发展史与书法艺术史、文学史都血脉相关，学书法者，多看一些文字学和文学方面的书籍，了解一下文字发展演变的历史，深化文史功，会意旁通，也非至难，何况还会给人以“悦读”的快感呢。

要积淀“二功”，勤学，自不必说，敏思直至触类旁通，更为重要。欲求事遂功至，须智慧通之，志力达之；此为古今中外成艺之大道。智慧通之，简单地说，就是能否激活知、识、思、变等创造性思维的问题。

地球上的山水无不沟通，州界省界国界皆属人为设置。在创造性思维那个高端层面上，文学艺术之间不存在决然的门墙划界，文学的造诣会有助于其他艺术的创造性思维活动。书家下笔非诗即文；文学功也是书法家必修的功课。能作简单的对联和诗词，撰写一些表情达意形象生动的散文、题跋、评语等，可以列入书法家的专业训练。训练的意义，不仅是书法家提高了文学修养和文学创作水平，也开拓和滋养了创造性思维的活力。

一些书法家读了不少年的诗词经典，仍然难以从事简单的文学创作。碰到这样的问题，首先需要检查自己学习方法正确否和思维滞碍否。不学诗法，只是读诵，终究难以上手。朦胧与开悟，或许仅差一步之遥。迈出这一步，即是顿悟。列举诗例，因为形象，也方便说明书法家的文学功。

清代桐城派作家刘海峰说“天下可告人者唯法耳”，应是古今学苑至理。以诗法观之，读出“两个黄鹂鸣翠柳，一行白鹭上青天”，是老杜在写两个点、一条线，在用点线经营诗境空间，这就是明眼，务实。如果能用这个点线经营法去关照“白日依山尽，黄河入海流”，居然读出“白日”是点的运动，由上而下，“黄河”是线的运动，由西往东，就有点小彻小悟了。如果还能借助“列锦法”，读懂王维的“大漠（面）——孤烟（线）——直，长河（线）——落日（点）——圆”，是点线经营法与双字列锦加字法的巧妙结合，甚至还能动笔开辟自己的文学天地，则近乎大彻大悟了。金圣叹说“天下妙思无限，故妙法亦无限”，反过来理解，“天下妙法无限，故妙思亦无限”。白纸青天，造化在手。通与不通，悟与不悟，全在作手灵慧。“诵经千卷，莫如灵心一点”，所以，善学者的聪明，不过知晓应该学习什么和如何去学罢了。

书法家无论有多少头衔多大名气，一旦笔下出错，就会贻笑大方。当然，有时判断正误公允否，也取决于评议者的文史修养等综合水平，需要具体问题具体分析。例如，中唐以前没有“茶”字，写作“荼”。有次应邀参加评选，江苏一件行书作品中书有“饮新荼”。有人认为“‘饮荼’岂得‘饮茶’？”坚持拿下。这里，认为“荼”是错别字，未免主观臆断。我当时提出建议，首先依据那首诗创作的时代，辨别正误；现场没有工具书，断不了诗作者时代的话，还可以针对押韵情况具体分析。因为诗押的是虞愚韵，“倚石饮新荼”句尾写“荼”，不能算错。如果此诗押的是佳麻韵，例如“松间坐啜茶”之类，茶字押尾，书者写成了“荼”，那就是笔误。我们不能等背会唐诗三百首后再裁断正误，但借助平素的学养进行判断或分析，还是可以的。

五千年的中国文化史，这是一门大学问，所以大家一定要不断地学习和提高，才能把书法评选真正做得公平公正。

博学广储，弘扬“三气”

对书法家而言，笔墨功夫不能少，储学功夫更不可慢怠。书法家未必都成学者，但不可以没有学者的务实精神和劳苦耕耘。

关于史地知识方面，除掌握二百多个常用的通假字外，还需要学会掐指快速计算干支纪年。五千年的中国历史，说出干支、朝代，就应该推算出来时年。这样不但在落款年代时不容易出错，也有利于书画理论、人物本事等方面的研究。

其次，季语的书写与释读也须符合传统，规范化。例如作品款书“仲夏七月”、“秋暮十月”等都让人莫名，因为事实上只有“仲夏五月”、“季秋九月”等。将公历月份与农历混淆的错误，最为常见。我曾在台湾见大陆名家一幅行书作品，款书有“癸酉孟秋上元”，很费解。癸酉，一算，当1993年。“上元”即正月十五；元宵节如何延得至“孟秋七月”？估计原本想写“癸酉孟秋上浣”（上浣，即上旬），下笔轻脱，遂出此错误。

此外，文人的字号用法也需要熟悉。古人取字号大约有十二种途径，例如荆浩，字浩然，又黄易，字大易，用添字法；张衡，字平子，又沈兼，字两之，用换语法；怀素，字藏真，又傅眉，字寿毛，用释解法等。其中顺意和反向取字是其中较为常用的两种。岳飞字鹏举，文天祥单字瑞，都取顺意。朱熹，“熹”字意为明亮，反向取字，用“晦”，明暗对举之意也；赵孟頫的“頫”同“俯”，取字“子昂”，一俯一昂，典型的反向取字，大有中庸协和之意。知道表字知识，一则开阔眼界，侧面了解吾国文人对文字形义特殊的文化解读和活用，借此了解书画家的志向、趣味、喜恶、习尚等；一则翻检古籍、审鉴字画印章，自有诸多方便。此类事例太多，不一一列举。东邻之日韩，书家文人至今仍保留字号习惯，如此守望古雅，料也不尽是沿古成习所致。

文史知识范围比较广泛，不限表字、干支纪岁，甚至深及文字的避讳和书家的诗文创作，远及名家书写习惯及其生涯本事等都概属此类。例如齐白石出生于1863年（癸亥）农历十一月二十二日，生肖猪。“齐”字繁写，左上有“刀”。齐白石最信易数析字，当然忌讳姓氏“字上架刀”，所以落款的“齐”字从不写“刀”；每逢此字，则“以缺一点之‘夕’取代”，或者一笔草书带过，类似阿拉伯数字的“7”。凡字画落款“齐”字书有“刀”者，大可质疑赝作。你认为迷信，可以不信，但齐白石信。要解读齐白石，就必须理解这个客观存在。起码得知道湘籍的曾国藩、左宗棠、毛泽东、齐白石、周谷城等大家对姓氏文化隐蔽而深沉的一些思考吧？

启功先生早就说过，“要想搞好协会工作，须提倡‘文气、正气’，才能创作出‘大气’的作品……”文气，就是多读书，丰厚学养；正气，就是持正驱邪，能为书界蔚然一个有利于繁荣发展的良好氛围。炫权、炫富、炫媚，跑官买爵、海吹造泡、枪手代笔、捆绑利私、拼爹霸场等，统属书坛邪气。只有张扬文气正气，方有可能出脱真正的艺术大师，创作出真正不负时代的大气的鸿篇杰作。

“美言无益”、“言行无不关仁义”。现在社会上有一种不良风气，都愿意说好听的话，看出问题或错误，一概缄口无语，没有批评的胆量。从传统的道德观看，譬如按赵朴老的说法，见错不纠，应属“不报友人恩”。如果对方听了逆耳之言后耿耿于怀，没有接受批评的雅量，也属于“不报友人恩”。

有句老话叫“闻过则喜”，有人指责书法家书写有误，要心存感激。因为艺术批评关乎文风书风，统属文化范畴，愿意借此多说几句。几年前在国庆展上见某著名书家的一副行书联“满室图书真至乐；持身恭俭是良谟”，觉着内容不宜。因为此联为逊帝溥仪的座右铭，原由溥仪师傅朱益藩所书，是紫禁城休顺堂的名联名物；既然内容已经具备特定性，纵款书署明“前人励志联”，终归不妥。恰作者在场，我略述此联联语的背景，建议找故宫核实一下，结果作者笑道“核实什么？我是照书抄的。您不说，谁知道啊？”我遂无言。听说胡适当年奉劝某些国人不要用茶碗喝咖啡，挨过国骂，他自嘲为“冰蚕语热”。看来，文化上难以沟通，有时恐怕还不能简单归结为“没雅量”和“话不投机”。

还有一种流行说法是“大师笔下无错误”。错误就是错误，应该不管在谁的笔下。河南孟州曾盛请京城某“大师”为韩愈祠题写祠名，祠匾堂堂悬置门楣要位，识者大惊。陕西师范大学古典文学教授霍松林先生见之，怒不可遏：“韩愈逝后，谥号‘文公’，千秋不易。怎么到今日此人笔下写成‘韩荆公’了？‘荆公’姓王，在宋，不在唐！必须撤下！”霍老唯恐“口头撤议”上达拖诿，写了书面意见，并致函当时的书协主席沈鹏，建议书家多读书，否则“有愧书法”。我当年肃然恭读过此信复印件，对霍老的深情无忌，肺腑语切，感动之至。

总之，书法是国艺，是一门需要付出毕生心血去惨淡经营的学问。请大家记住：书法功课是终生都做不完的文化修业。

演讲人简介

林岫，著名诗人、书法家、中国新闻学院古典文学教授。毕业于南开大学中文系，现为中国书法家协会顾问、北京市文联副主席、北京市书协主席、中央文史馆书画院院部委员、国务院参事室中华诗词研究院顾问、中国国家画院院委和研究员、中国国际艺术家研究院艺术顾问。

寻找身边的手艺

潘鲁生

找回民族的文化自信

手艺原本就是我们日常生活的一部分，居家过日子的把什物件儿、女儿出嫁的衣服被褥衣裳、娃娃出生起即陪伴身边的虎头鞋帽、走亲访友的面花儿点心小食、祭祀时的纸扎纸马，还有年节里的年画剪纸红灯笼，可以说每个家庭都离不开手艺，人生里许许多多重要时刻都有手艺的装点陪伴，朴素温暖，充满情谊，包含着人生的礼仪和做人的道理。随着工业化和商品化社会的快速发展，手艺似乎一夜间淡出了我们的生活，街头巷尾的工匠艺人早已踪迹难觅，居家的女红木作变成了记忆，一些宝贵的民间技艺濒临失传，人们的家庭日用更多地依赖商场超市流水线和现成货，传统手艺已从热热闹闹的生活中心悄悄走向了现代生活的边缘。

所以，对于今天的人们来说，如何认识手艺、怎么看待手艺、怎样把这支亘古不息的造物文脉传习下去，是非常紧迫的社会课题，也是我们大家义不容辞的文化责任和使命。因为我们有义务把祖辈的造物智慧、生活品质传承下去，留给子孙一个具有传统文脉、感情温度、人生道理并充满艺术之美的生活世界，而不是一些贫瘠枯燥的数字、LOGO和符号；应该给今天的“中国制造”植入文化的芯片、注入文化创造力的灵魂，复兴中华的造物文明。这些理想看似宏阔，其实又很现实，继承传统可以扎扎实实从我们身边做起。

所以，今天的话题就是建议大家一起寻找身边的手艺，寻找造物的文化基因，寻找失去的文化记忆、重建文化的自觉和自信；真正在我们的生活中重塑手艺的价值，体验手艺的味道，捕捉那些即将消逝的技艺；在现代消费和商品包裹的空间里换一个视角来发现生活的情趣，体验手艺的境界，体味手艺人的匠心，发现可以创意设计的未来。其实，也只有当手艺文化真正融入我们的生活，成为我们身边的、常见常用的一部分，手艺的文脉才不会断流，手艺文化才能回归我们的心灵。

在当代，传统手艺似乎淡出我们的日常生活，但又一直承担着出口换汇的重任。无论是上世纪 50 年代至 80 年代的“草柳编换拖拉机”，为国家经济发展换取外汇支持，还是上世纪 90 年代以来，手工艺生产回归农村作坊，成为农民致富的重要行业，都是如此。几十年来，手艺生产面向外需市场、开展外贸经营是一种主要的存在形态。在创造显著经济价值的同时，存在的问题也值得我们思考。因为手艺生产中的来样加工和贴牌制造，依照的是西方市场要求和生活方式，往往与我们的生活传统渐行渐远，在订单式、模式化生产的同时，原本可以在生产生活中不断丰富和传习的手工技艺、手艺语言、手艺符号等逐渐遗失，传统手艺文化的根基被不同程度肢解。以我们曾经调研的山东临沂柳编产业为例，由于订单加工、面向出口，农村祖祖辈辈打柳编筐的技艺被纳入了国际市场。调研中我们看到，从事柳编的老人们为了保障编结过程中温度湿度合适，常常掘了地窖来完成活计，但是其中的辛劳付出与他们获得的收入其实难成正比。由于缺少自主设计和自己的生活创意基础，多少来样加工的背后，祖辈流传下来的编结纹样和技艺正在遗失，处在产业链末端的手艺农户很大程度上并未实现公平贸易和文化认同，手艺仍然缺少应有的尊重，缺少自主的文化表达，虽然输出产品获得了劳动力的效益，但没能充分发挥中华文化传承和价值观传播的作用。

究其原因，手艺要有自己的生活土壤，有自己的文化支撑，虽要行销海外，更要服务身边。如果我们能多一些文化自觉，能深刻认识到这些手工艺术、民间文化的价值，在更广泛的意义上加以保护和传承；如果我们能多一些自信，坚信手艺之美、手艺之道、手艺文化的生命力，把手艺所包含的语言、符号、精神和韵味融入到当代设计和产品生产中；如果我们努力寻求民族文化创造力的根基，把矿藏般丰富的造物文化转化到今天的中国设计、中国创意、中国制造中来，我们的民族文化会更有时代话语权，我们的文化传承与手艺产业会有更强大的生命力。

要举一个做得好的例子那就是我国台湾地区的工艺研究中心。早在上世纪 80 年代他们就着手实施民间工艺传习计划，开展手艺文化的保护和传承，将文化传承与工艺传习融为一体，设立了工艺之家的传承模式。近些年来更加大手艺设计的创意力度，并实施“YII 计划”，促进手工业者与设计师合作，复兴濒临失传的台湾工艺，很多优秀的手艺创意设计在国际大展中获奖，有力地复兴和传播了民族文化之美。最近，设计师石大宇先生运用台湾传统竹艺设计的现代家具，获得 IF 设计大奖，这一以竹木为原材料的产品市值 5000 欧元。价值空间在于文化，示范意义在于自信，值得我们文艺界借鉴。从这个角度看，当前我们所面临的产业转型升级需要文化的驱动力，包括研究手工文化的内生力。寻找身边的手艺，是一种文化的自信，也是重塑文化创造力的根基。

发现传统生活审美

我国的传统手工艺可以说包罗万象，那些金工、漆工、陶器、瓷器、七宝、珐琅、琉璃、玉石、服装、刺绣、染织、木工、竹工等传统工艺，诉说着中华民族天工开物的历史；那些琥珀、珊瑚、玳瑁、贝壳、角、牙、骨、皮革等各种材质，体现了先辈造物重天时、讲地气、务材美、求工巧的智慧；还有被我们划分为乡土手艺、市井手艺和宫廷手艺的不同样态，形制各异、意态横生。这些手艺就在我们身边，影响我们的生活。举例来说，扎制灯笼用以装点气氛，但民间的灯笼、市井的灯笼、宫廷的灯笼又有着不同的韵味，带给人不同的感受。我们曾考察福建莆田民间灯笼工艺，一组灯笼组成轮盘，一人举，一人画，绘制过程粗犷有生气。再看市井节庆时的红灯笼，还有传统精美的宫灯，大家能体会到不同的味道和气氛。乡土手艺“土”而接地气，市井手艺“巧”而有韵味，宫廷手艺“精”而有品位。手艺既是心灵手巧之作，也带给人们特别的生活体验和感受。或者说，手艺是一个综合体，自然层面上的本能、文化层面上的形式、生活层面上的功能合而为一。今天，我们寻找身边的手艺，也是突破当前日常生活符号化、形式化、意义化、艺术化的藩篱，真切感受代代传习的审美意蕴。

所以，让传统手艺走进当代生活，审美是一个关键问题。如今，手艺文化要素已转入手艺产业，手艺定制、手艺体验、手艺收藏，是一种新的生活与消费趋势，也是传统手工艺融入创意产业、旅游服务业、艺术品收藏拍卖等业态的良好机遇。其实，传统手艺可以走向当代，比如陕西剪花娘子库淑兰的民间剪纸，把民间剪纸推向了艺术个性创造的高度，民间美术的符号、色彩、技艺和精神得到民间艺人个体创造力的融会，成为具有自发性和创造性的艺术。这也是民间原创与当代审美的结合，形成了个性化的艺术创作。传统手艺也可以发展为新兴的文化业态，比如苏绣，继承民间传统工艺，丰富创作题材，经过教育培训，形成具有现代语境、自身艺术样式和地方特色的群体性民间艺术，并与理论研究、市场营销和产品开发结合，成为地方文化产业和品牌。传统手艺还可以延展为与旅游文化、民俗体验、公共艺术等相结合的文化综合体，比如山东潍坊杨家埠木版年画和风筝工艺，保留了传统民间木版年画和手扎风筝工艺特色，与旅游文化结合，并通过国际性的风筝展会拉动，成为特色化的文化产品。又如陕西凤翔彩绘泥塑，延展其祈子、护生、辟邪、镇宅、纳福的功能，进入都市室内装饰和公共艺术领域，获得新的文化生命。总之，民间手艺在转型期有内在的传承与转化发展路径，有困境、有发展、有生存空间。虽然具体的手艺风格、工艺手段、材质在发生改变，但民间形态的核心内涵没变，有极强的文化再生能力。

当人们更热衷于手艺定制的服饰穿戴，更乐于从手艺元素、符号和纯粹的手艺体验中感受文化，生活将更加丰富、更有韵味和生机。如果说寻找身边的手艺不只是目有所见、心有所感、有所体验、有所应用，更是用创意和推陈出新的设计服务当代生活，那么我们尽可以拓展手艺的创意发展思路，不断融入新材料、新工艺、新需求来创意生活，并使越来越多的手艺元素应用到公共艺术设计、建筑空间装饰以及形形色色的日用产品之中，相信更多的人也将从中找到文化的共鸣。

延续民族造物文脉

手艺和汉字是中华民族五千年延续不断的文脉，汉字传承传播的是思想，手艺传承的是技艺，是工艺思想，是生产和生活方式。手艺里有表情、有境界、有思想、有深厚的文化根基。比如“天有时，地有气，材有美，工有巧”的工艺原则，深刻概括了造物过程中工艺与材质、人与天地自然的关系，所关注的不只是工艺和技术本身，还有关于物的认知和体验，是一种造物的“道”与“境”，这在今天也有重要价值。

所以，寻找身边的手艺，不只是认识和了解工艺规范、程式技法、符号元素等有形的构件，更在于把握与手工艺相关的思想和境界。正如庖丁解牛、佝偻承蜩所描绘的，手艺的过程是一种对道的追求，追求“精益求精”的精神和境界。从这个意义上说，从手工造物到机械生产，纵然外在生产方式发生了转化，但不可失落的是这种内在精神境界的追求以及生产生活息息相通的文化状态。如果缺少这样的文化根基和内核，简单粗放地加工制造，输出的恐怕只能是劳务和资源，何谈工艺文化呢?

认识手艺的思想和境界，也将丰富我们的生活体验和文化视野，或者从中读到手艺生活的艰辛与努力。如连续十几年走访中国各地，探究中国手工艺的日本作家盐野米松所说，“这些朴素的手艺人……就是每天拼命地为了养活家人而勤奋劳作的最普通的人。当我们对于人生道路产生迷惘的时候，可以去认识认识他们，了解他们的人生态度、对劳动的认识，以及他们在手艺上的气质，也许那才是人本来应该有的活法儿。”又或者读到对生活的期待和幸福，如我们在手艺调研时所见：农闲时分，人们在屋前院后围坐，聊着家常，养着家禽，看着嬉戏的娃娃，编着手艺活儿，很和美。年终算算收入，不比外出打工挣得少，还照顾了家，这就是当代的田园生活。总之，我们应当认识和理解其中的思想和意义，也特别希望孩子们去认识和了解手艺，捏一捏泥巴，学一学刺绣，钻研一下木作，去了解习俗，体验传统，理解我们与物的关系。它可以不是大商场里消费的商品，不是花很多钱去购买的奢侈品和它的 LOGO 符号，而是我们用心去做的一件东西、一件事情，由此开启的童蒙是有益的，孩子们更能判断事物的价值，理解亲情和专注。

其实手艺是造物的文脉，不只是我们的文明古国如此，率先走向工业化的欧美国家亦然。西方社会虽然从 18 世纪下半叶开始应用大机器生产，不可逆转地开启了人类物质文明新的发展阶段，但数百年来，他们从未停止对手工艺的追溯、倡扬和反思。工艺美术运动、新艺术运动、装饰艺术运动、手工艺复兴运动，以及现代主义设计，从未间断对于手工艺传统的复兴，并极尽所能地将之融入当代设计，使手工艺活动成为现当代设计史中不可缺少的篇章。比如以精工制造著称的德国，在其教育体系和职业分工里，手工训练、手工艺占有比较重要的位置。他们认为，有发达的手工业，才有发达的轻工业，才有精益求精的工业制造，如果手艺不行了，发达的工业也无从谈起。人人都能动手、人人都有创意、人人都能设计才是工业化的基础。所以，我们寻找身边的手艺，也是更加自觉、自信地续写民族的造物文脉，如宗白华先生所说，“我们对于过往的民族菁英，应当有相当的敬仰，使我们在这民族生存斗争剧烈的世界上，不致丧失民族自信心。我们的弱点固然要检讨，我们先民努力的结晶，也值得我们这颓堕的后辈加以尊敬。”当下，特别是身处社会转型期，我们有责任重拾传统智慧的基因，续写造物的文脉，激发蕴藏在手艺之中的文化创造力和生命力，寻找手艺的文化生命。

事实上，传统手工艺传承在当代经历了一个转折的过程。一方面，一段时期以来，行业发展中的手艺资源流失、艺人消亡情况较为严重，存在人亡艺绝、后继乏人现象。有统计显示，我国3025名高级工艺美术师，仍从事传统工艺美术的仅有20%，每年专业院校毕业生加入到传统工艺美术领域的不足1%。随着非物质文化遗产保护立法，加强传承人保护和梯队建设，民间手工艺传承情况有所改善。另一方面，在大学教育中也经历了一个认识的过程，如1998年本科专业目录中“工艺美术”被“设计艺术”取代，到2011年恢复，目前全国有29所高校设立“工艺美术”专业。应该说，手工艺教育是大学发挥文化传承功能的一个重要方面，我们的当代艺术、当代设计也可以从传统手艺里获得灵感。我们可以从大学教育中汲取传统手工艺的精髓，加强动手能力培养，开展实践教学，相信心灵手巧的人才必有用武之地。去年，我们举办的“中国现代手工艺学院展”被纳入北京国际设计周，作为一个重要单元，展示了大学手艺设计的重要性。因为手艺里有岁月打磨的光泽，有寻常生活里的寄托，有属于我们的一份记忆，无论教育领域还是设计、创作乃至产业实践领域，都应珍视这支绵延发展的文脉，它维系你我，能增进认同、寄托情感、传承智慧。

我更希望手艺传习能够纳入少年儿童的学习以及幼儿启蒙教育中，这不仅是心灵手巧的教育，更是源自母亲、家庭和亲情的教育，也是风物习俗和传统文化的教育，对于大多数都市里长大的孩子们来说，对手艺的亲近和传习甚至是一件认祖归宗的大事情，具有文化认同与传承的重要意义。

总之，如果把社会的发展比作一条丰富的矿脉，过往沉积，新生叠加，手艺正是一支演进生成的轴线，经历了现代工业文明的冲击，而葆有内在的生命力。或者以本来的面貌存在、传承和发展，或者从古老的形式中剥离出来，走向当代艺术，融入当代设计，转化为文化产业。无论如何，手艺总归是我们生活的重要组成部分，手艺中蕴藏着人们最本质的创造力，蕴含着心手相传的感情的温度，包含着生活的智慧和期待，还有对自然的理解以及关于生活物用的习俗。寻找身边的手艺，是寻找中华文化的根基，也是寻找我们的自信和坚守；是感知传统生活审美的韵味，贯通创造力的血脉，也是冲破消费物欲的迷障充实和建构我们自己。米兰·昆德拉曾说，“速度是出神的形式，这是技术革命送给人的礼物。跑步的人跟摩托车手相反，身上总有自己存在，他感到自己的体重、年纪，比任何时候都意识到自身和岁月”，那么，让我们在寻找身边手艺的行程中，与传统、岁月，以及朴素生活而充满创造力的自己相遇，续写一段属于我们的文化传承手艺篇章。

演讲人简介

潘鲁生，生于1962年，艺术学博士、教授、博士生导师。现任全国政协委员、山东省文联主席、山东工艺美术学院院长，兼任中国民间文艺家协会副主席、中国艺术研究院中国设计艺术院院长、中国美术家协会工艺美术艺委会主任、“中国民间文化遗产抢救工程”专家委员会委员等。30多年来一直行走于民间文化的田野调查和学术研究中，对传统民间文化的挖掘、保护与传承身体力行，并且从民间元素中探索绘画艺术的语言。出版学术专著有《民艺学论纲》、《手艺农村——山东农村文化产业调查报告》、《手艺创造财富》、《匠心独运》等。

澳门与中西文化交流

张西平

白银资本的中转站

全球化史是史学研究的一个新视野，这样的史学观在于“说明人类同属一种，经历同一历史，生活在同一地球上。其方法，是综合考察人类文化多样性与运作机制的统一性，说明文明、民族或国家等不同形态的人类组织在全球这一‘动态交往网络’中的互动关系；其本质，是继承西方史学以‘模式’框架解释世界历史的传统，用‘互动模式’取代‘主导—传播模式’”（刘新城）。由此，“互动”成为理解全球化史的关键，这样不同地区和国家之间的贸易史逐渐成为史学关注的热点，同样传教史也开始以新的视角加以解释，而全球生态史，跨文化交流史自然引起人们的兴趣，同时，地方史也开始在全球化史背景下展开，被称为“地方史全球化”。

一旦确立了全球化史的研究视角，我们会发现澳门在全球化史研究中具有极为特殊的地位。澳门位于我国大陆东南部沿海，东隔伶仃洋与香港相望，西与广东省珠海市的湾仔镇一衣带水。在一些人看来，澳门这个地不足 30 平方公里、人口不足 50 万的弹丸之地在浩瀚的中国历史长河中不足一谈，而实际上，一旦将澳门放入全球化的历史进程中，它就会大方异彩。

15 世纪的地理大发现拉开了全球化的序幕，1492 年哥伦布发现新大陆，1498 年葡萄牙人打通了从西非海岸进入印度洋的道路。当葡萄牙人在澳门站稳了脚跟，西班牙人从太平洋到吕宋岛开始和中国展开贸易，伊比利亚半岛上的这两个国家在中国南海相遇，全球化合围，澳门成为初期全球化的聚焦点。

中国在1750年以前有着世界上最完备的交通系统和农业社会时期最好的商品，这就是丝绸、茶叶和瓷器。正如一位历史学家所说，在15世纪“中国仍然是世界上最大的经济强国。它拥有可能超过1亿人口、生产能力巨大的农业部门、庞大而且复杂的贸易网络、有在生产手段和产品质量上几乎每一方面都超过欧亚大陆其他地区的手工业”。中国从明代开始已经使用白银作为金属货币，它将丝绸、茶叶和瓷器卖给欧洲，然后从欧洲换回白银。由于当时中国的银价同世界其他地区相比较高，因此，在全球的贸易中加速了白银向中国的流通。中国经济史家全汉昇在论述美洲的白银流向中国时指出：“从1592年到17世纪初，在广州用黄金兑换白银的比价是1 ：5.5到1 ：7，而西班牙的兑换比价是1 ：12.5到1 ：14。由此表明，中国的银价是西班牙银价的两倍。”因此，当时荷兰东印度公司和英国的东印度公司都把黄金—白银—铜之间的套利活动作为他们在世界范围进行贸易的主要内容之一。在这一点上，西方经济学的奠基人亚当·斯密也是这样说的：“自发现美洲以来，其银矿出产物市场就在逐步扩大，欧洲大部分都有很大的进步，东印度是美洲银矿的另一市场。该市场所吸收的银量日有增加，尤其在中国和印度斯坦，贵金属的价值比欧洲高得多，迄今仍是如此。综合这些理由，贵金属由欧洲运往印度，以前一直极为有利，现今仍极为有利。”

据经济学家的估计，从1500至1800年间，当时世界生产了约3.8万吨白银，流入中国的大约有7000—1万吨，占据了世界白银产量的1/5到1/4，“从16至18世纪，来自新大陆3/4的白银全部流入中国，这一方面是中国高质量的丝绸、瓷器、茶叶等出口商品的功劳，另一方面也与中国对白银的大量需求有关，这里的白银价格占到了世界其他地方的2倍”。用一位历史学家的话说就是白银围绕世界运转，并促使世界运转。此时，按照美国经济史专家贡德·弗兰克的看法，中国是当时全球经济的主车轮，而欧洲人不过是挤上这辆车，买了个三等位。在白银资本的世界经济中，澳门成为连接世界经济的桥梁。

西学东渐的策源地

明清时期，从澳门出发进入中国内地，以利玛窦为代表的耶稣会士，经过十余年的摸索，找到了一条“合儒易佛”的“适应文化”路线，科技传教、文化传教、刊书传教成为传教士们的主要方法，由此，拉开了中西文化交流、西学东渐的大幕。

从历法来看，《崇祯历书》到顺治时已经换成《西洋历法》，王朝的历局已经开始使用西方天文学的方法。哥白尼学说在中国传播，《崇祯历书》已把哥白尼列为四大天文学家之一，并给予了较高的评价。此外，书中还大量运用了哥白尼《天体运行论》的材料，中国天文学史专家席泽宗先生对此有非常详尽的说明。另外，汤若望等人在《崇祯历书》中还采用丹麦天文学家第谷的天文学理论，没有直接采用哥白尼的理论，这里有一个观察的准确性问题。对于耶稣会士来说，观察和计算的准确性是首要的，只有如此才能取得中国皇帝和士大夫的信任，天主教在中国的传播才有可能。

对大航海后西方地理学知识的介绍是入华传教士们所做的一个重要的工作，它首先表现在绘图上，接着是详细介绍地理学知识。这在当时可谓一石激起千层浪，对中国人的思想产生了重要的影响。同时，传教士们也开始在西方绘制和出版中国的地图，从而给欧洲拉开了中国神秘的面纱。

利玛窦在肇庆时，凡到他房间去的文人们最喜欢的东西之一就是挂在墙上那幅《山海舆地全图》。利玛窦在日记中记载，许多中国人第一次看到这幅地图时，简直目瞪口呆，不知说什么为好。因为几千年来的“夷夏之分”使中国人认为在世界上只有自己的国度是最文明的，其他地方都是蛮荒之地；中国历来地处世界的中心，是文明的中心。现在这幅地图上竟然在中国之外仍有那么多的文明国家，更不可容忍的是，中国在世界上竟不处在中心地位，与整个世界相比，泱泱大国的中国竟如此之小。利玛窦看出了这种冲击，为了使中国人更好接受，他重新绘制了这幅地图，只是这次将中国放在地图的中心的位置，使中国人心理上舒服些，满足了“华夏中心”的想法，反正地球是圆的，狡猾的利玛窦这样画也倒没有违反什么原则。目前尚不能肯定利玛窦所绘制的地图的原本是哪本书，大多数学者认为很可能是1570年出版的奥特里乌斯的《地球大观》，这本书现在藏在北京的国家图书馆。

一时间，利玛窦的《山海舆地全图》成为文人的热门话题，根据著名历史学家洪煨莲先生的考察，短短的时间里此图竟然在全国先后被翻刻了12次之多，如1584年在肇庆由王泮刻印的《山海舆地地图》，1595年在南昌刻印的《世界图志》，1598年赵可怀、勒石在苏州两度刻印的《山海舆地图》，1600年吴中明在南京刻印的《山海舆地图》，1604年郭子章在贵州刻印的《山海舆地全图》，1606年李应试在北京刻印的《世界地图》等等。

那么，利玛窦的这幅“万国全图”给当时的中国人带来什么新的东西呢？它凭什么得到了上至皇帝，下到书生们的喜欢呢？或者说为什么会受到另一些人的强烈反对呢？我想大约有以下两条：

第一，打破了“夷夏之分”的传统观念。“夷夏之分”是儒家的一个重要看法。春秋时代孔子从政治统一的观点出发，在《春秋》中主张尊王攘夷；从文化的角度出发，在《论语》中主张用夏变夷。这样“夷夏之分”的思想就成了儒家主要思想之一。先秦儒家通过“吾闻用夏变夷者，未闻变于夷者也”（《孟子·滕文公上》）的“夷夏之辨”确立了华夏文化“远人不服，则修文德以来之”（《论语·季氏》）的自信心和“夷狄之有君，不如诸夏之无也”（《论语·八佾》）的优越感。宋代理学家石介《中国论》说得最为明白，“天处乎上，地处乎下，居天地之中者曰中国，居天地之偏者曰四夷，四夷外也，中国内也。”这种文化自信心和优越感，一直是中国士大夫们天下观的支撑点。而在利玛窦的地图面前，文人们突然发现华夏并不等于天下，中国之外也并非都是蛮夷之地，遥远的欧罗巴文明程度几乎和中华文明一样灿烂，那里“工皆精巧，天文性理无不通晓，俗敦实，重五伦，物汇甚盛，君臣康富，四时与外国相同，客商游遍天下”。这样，几千年的“夷夏之分”瞬间突然倒塌，这种冲击是可想而知的。

所以，利玛窦地图所介绍的这种文化观念始终受到了不少人的批评，那些坚决反对传教士的人更是气不打一处来，说：“乃利玛窦何物？直外国一狡夷耳！”当然，拥护、赞同利玛窦地图的人也不少。刻印利玛窦地图的郭子章有句话很典型，他在自己所刻印的《山海舆地全图》的序言中说：“利氏之图说”是“中国千古以来未闻之说者”。文人学子们在接受利玛窦的世界观念的同时，实际上开始逐渐地走出了华夏中心的老观念。一幅地图，是一个新的世界观；一幅地图，是一个新的文化观。

第二，它打破了“天圆地方”的观念。在中国第一个宣传地圆说的并不是利玛窦，而是道明会的传教士高母羡，他写了一篇《无极天主正教真传实录》的文章，明确提出地圆说，只是这篇文章在中国并无流传，1952年在西班牙国家图书馆里被发现。而利玛窦的地图是广为流传的，实际上中国文人所知的地圆学说就是从利玛窦这里听到的。利玛窦说：“地与海本是圆，而合为一球，居天球之中，诚如鸡子黄在清内。有谓地为方者，乃语其定而不移之性，非语其形体也。”（《坤舆万国全图》禹贡学会 1933 年本）文人们见到这样的文字感触很深，对传教士所介绍的西学一直抱有热情的杨廷筠说：“西方之人，独出千古，开创一家，谓天地俱有穷也，而实无穷。以其形皆大圆，故无起止，无中边。”（《职方外记序》）利玛窦可谓“独创新说的千古伟人”。对绝大多数的文人来说地圆之说前所未闻，所以刘献廷在《广阳杂记》中说：“如地圆之说，直到利氏西来，而始知之。”利玛窦自己也说，他对中国整个思想界感到震惊，因为几百年来，他们才第一次从他那里听到地球是圆的。

与此同时，西方的数学、艺术、绘画、语言开始像涓涓的溪流进入到中国的知识系统中。在利玛窦赠给程大约的四幅宗教画中，文人看到了拉丁文的字体。对西洋绘画的传播，贡献最大，并在中国画界产生广泛影响的当属郎世宁和王致诚、马国贤等人为代表的宫廷画师。郎世宁所画的《平安春信图》、《哈萨克贡马图》，以及他为南堂所画的壁画，都充分反映了他的西洋画技法，如《画赵渠笈》中所说，“世宁之画本西法而能以中法参之”。他们所代表的西洋画师对中国画坛产生了影响，如康熙年间的画家焦秉贞，他所画的作品其“位置之自远而近，由大及小，不夹毫毛，盖西洋法也”。正是在这一时期，一些画家像焦秉贞那样，参用西法，“而产生了糅合中西画法的新画派”。

清初“历狱案”中，杨光先告状后，汤若望、南怀仁、安文思、利类思等传教士被打入死牢，发生了中西历法之争。年幼的康熙皇帝在处理这个案件时，不仅表现出来高度的政治智慧，并以此案为契机，将鳌拜集团粉碎；而且，这场天文历法之争引起了他对西洋科学的兴趣，西方科学技术和文化在康熙年间的中国得到大规模传播。乾隆皇帝继承康熙的遗风，对西洋传教士一直十分钟爱，宫中西洋风势头不减，画西洋画，建圆明园大水法，造西洋表，西方文化在娱乐的形式中延续、传播和发展。

同时，天主教开始在中国传播，并基本在中国扎下了根，尽管雍乾百年禁教，但作为一种外来宗教已经开始融入中国社会。

西学东渐，拉开了中国近代化的序幕，尤其是晚明到清中期的西学东渐，尽管中西文化之间也有冲突、争执，但文化之间的相识、相遇、理解和学习仍是主流，这和晚清时的中西文化交流有显著的不同。1840 年后中西文化交流的中枢桥梁日益转向香港，但澳门在 1500—1800 这 300 年中所积累的西学东渐知识为中国近代文化的转型奠基了基础，同时，提供了比 1800—1949 年间的西学东渐更为珍贵的历史经验。

中学西传的桥梁

谈到澳门的作用时，大多数学者都将目光集中在西学东渐上，而实际上，澳门在中国文化西传上的作用一点也不比它在西学东渐上的作用小，甚至还要大。

美国汉学家费正清谈到基督教传教士在中西文化交流的作用时说，这些传教士站在中西文化的双行线上，一方面他们把西方文化介绍给中国，另一方面，他们把中国文化介绍给西方。这个评价是很恰当的。明清之际中西文化交流史的魅力就在于，它是在一个世界范围内讨论着中国文化和西方文化。在中国从文人到皇帝思考和讨论着基督教所代表的西方文化，而在西方从思想家到帝王讨论着以儒家为代表的中国文化。这场世界范围内的中西文化的大讨论首先是从传教士对中国的典籍翻译开始的。

第一个来到澳门的意大利传教士罗明坚首次将中国的典籍翻译成拉丁文。而长期在澳门生活的葡萄牙传教士曾德昭在他的《大中国志》中介绍了儒家，他认为孔子作为一个四处奔走的教育家和哲学家，总希望各国君主采纳他的哲学，尽管屡遭挫折，但不屈不挠。

曾德昭对孔子这种人格给予很高的评价，他说："孔夫子这位伟人受到中国人的崇敬，他撰写的书及他身后留下的格言教导，也极受重视，以致人们不仅尊他为圣人，同时也把他当先师和博士，他的话被视为是神谕圣言，而且在全国所有城镇修建了纪念他的庙宇，人们定期在那里举行隆重的仪式以表示对他的尊崇。考试的那一年，有一项主要的典礼是：所有生员都要一同去礼敬他，宣称他是他们的先师。"

曾德昭认为，孔子的主要贡献就是写了《五经》。对于《四书》，他认为《四书》是在强调一个圣人政府应建立在家庭和个人的道德之上。他说："这九部书是全中国人都要学习的自然和道德哲学，而且学位考试时要从这些书中抽出供学生阅读或撰写文章的题目。"从澳门返回欧洲的意大利传教士卫匡国在欧洲出版了《中国新地图志》、《中国上古史》、《鞑靼战记》，更为详细地介绍了中国的情况。

比利时来华耶稣会士柏应理从澳门回到欧洲后出版了《中国哲学家孔子》，这本书实际上是传教士们的集体之作，在欧洲产生了广泛的影响，著名哲学家莱布尼茨也看到了这本书。对于中国这个遥远的国度，莱布尼茨始终抱以一种平等的态度，他没有传教士们那种"欧洲中心主义"、基督教文化至高无上的观点，他在《中国近事》中说："我希望有一天他们会教授我们感兴趣的东西——实用哲学之道和更加合理的生活方式，甚至其他艺术……因此我相信，若不是我们借一个超人的伟大圣德，也即基督宗教给我们的神圣馈赠而胜过他们，如果推举一位智者来评判哪个民族最杰出，而不是评判哪个女神最美貌，那么他将会把金苹果判给中国人。"伏尔泰读到了这本书后，儒家思想成为其思想的武器，他展开与中世纪神学的斗争，由此拉开了欧洲近代思想变革之幕。与此同时，在欧洲形成的18世纪中国热是从澳门出发返回欧洲的传教士们所催生出来的社会文化思潮。

从澳门传回欧洲的中国文化在西方的东方学中终于催生出了一门新的学科：汉学。雷慕萨成为西方第一位专业汉学家，与传教士相比，他的研究指向是很清楚的：作为学术的汉学，而不是作为传教的汉学。耶稣会的传教路线是“合儒易佛”，在对中国文化的研究上重点是儒家，因此，对儒家学说的翻译成为一代又一代耶稣会士的汉学家们的重点任务。到雷慕萨时，他研究的重点再不是儒学，他的博士论文写的中国医学，他的成名作是《法显〈佛国记〉的译注》，这是过去在华的耶稣会士的汉学家们从来没有做过的，这本译著实际上开辟了以后法国汉学的一个重要的研究方向：对佛教的研究。

此外，雷慕萨在研究的情趣上更为世俗化，除了中国重大的历史和政治外，对中国世俗性的生活介绍也成为他的研究内容。例如，他译著有《玉娇梨法文翻译》、《法译中国短篇小说集》，《玉娇梨》是中国当时的市井流行小说。当然，这个分析只是初步根据雷慕萨的书目著作表来判断的，未必完全准确，但从他的研究书目中还是可以看出这些最基本的特点。雷慕萨是中国学术界应该记住的名字，正是从他开始，对中国文化的研究在世界范围内正式展开，汉学研究进入西方的教育研究体制之中。今年是西方专业汉学诞生200周年，值此，整个西方汉学界应该感谢澳门，这里才是西方汉学的真正起点。

演讲人简介

张西平，致力于西方汉学史、明清中西文化交流史研究，任北京外国语大学中国海外汉学研究中心主任、世界汉语教育史国际研究会会长、中国中外关系史学会副会长、中国宗教学会和中国比较文学学会理事、《国际汉学》主编等职务，为国务院有突出贡献的专家，享受政府特殊津贴。

感受不同音乐之美

田青

中西音乐发展的两条线

听一首中国的古琴曲《鸥鹭忘机》与听一首贝多芬的《第五交响曲》，人们的感受会有很大的不同。古琴艺术与交响乐，可以视为中国古典音乐与西方古典音乐的代表，甚至可以视为中、西古典音乐的高峰。但中、西方音乐的差异如何形成？其各自的表现形式又有哪些特点？应该说，中、西音乐的差异与各自的自然环境、历史、人文传统密切相关，也与整个中国文化和西方文化的遭遇、撞击密切相关。近两百年来，中国的传统文化不但在世界上沦为弱势文化，在国内，中华民族的子子孙孙们也曾对自己祖先创造的文化有过完全不同的两种态度。从“五四”新文化运动到今天，人们对中国传统文化的态度有 180 度的转变。中国从一个自认为有着五千年文明历史、为自己的传统文化自豪的国家，突然沦落，被人家欺侮，如此巨大的精神落差是造成中国现在所有问题的根源。所以，要了解中国文化目前存在的问题，包括社会上的种种问题，离不开三个数字：一个是五千年的文明史，一个是两百年的屈辱史，一个是我们这三十多年改革开放后的奋斗和成就史。

五千年的文明史和两百年的屈辱史，使我们所有的中国人——从文化大家到北京茶馆里号称“三大强国伺候我一个人儿”的胡同串子，每个人的心里都非常纠结，既有自豪，又有自卑，还有不服气。而这三十多年我们取得的经济上的巨大的成就，在增添了我们底气的同时，也让我们有可能回眸重新认识自己的历史。古人讲“衣食足而后知荣辱”，正如这些年我们所做的非物质文化遗产保护一样，也是在我们经济建设取得巨大成功的时候才有可能。今天我们在回望历史时会发现，中华传统文化虽然有过辉煌，但是这两百多年来在走下坡路。直到今天，我们缓过劲儿来了，我们想提高自己的文化软实力，却发现现在的青年人，甚至包括我们这一代人，对自己的传统文化知之甚少。

传统音乐今天应该怎么做？艺术的界限是什么？本质是什么？民族音乐怎么发展？这些问题都和前面讲的大背景有关。我们听贝多芬的第五交响曲《命运》，会深切感受到人类的意志——那种顽强、奋斗、睥睨一切甚至战胜一切的精神通过交响曲这种西方古典音乐的最高形式表现得淋漓尽致，它会激励你，让你对生活重新有信心，它像是号角，又像是旗帜。听过了《命运》交响曲之后再听中国的古琴，你会感慨这两种音乐怎么相差这么多？交响乐那种磅礴的音响、那种震撼，和古琴的宁静完全不同，那么这两种音乐是怎么产生的？它们是在各自的土地上，在各自的自然环境、政治背景、生活方式、生产条件的基础上沿着不同的两条线发展起来的。

西方的音乐和西方的美术一样是在基督教堂的穹顶下诞生和发展的，可以这样说：没有基督教就没有现在的西方文明。我一直有这样的疑问：在把人们引入教堂的这个问题上，究竟是《圣经》的力量更大，还是西斯廷教堂穹顶画与巴赫音乐的力量更大？一方面，基督教借助艺术的力量使基督教文明成为目前世界上的“头号”文明；而另一方面，基督教的传播和推动又吸引着人类历史上最伟大的、第一流的艺术家参与其文化和文明的创造，从米开朗基罗到海顿、亨德尔、莫扎特、贝多芬，每个人从某种程度上也都可视为宗教艺术家，西方文明本质上是基督教文明。

西方文化的底色当然是希腊人描绘的，传说上帝给了希腊人一个礼物，就是贫瘠的土地。但正因为贫瘠，他们把眼光投向大海，他们要奋斗，他们鼓励人和自然斗争，恶劣的环境和向海洋讨生活的艰难培育了西方文明个体性的自由意志，这种意志一直融汇在西方的宗教与艺术中。神父、牧师和有着虔诚信仰的艺术家们一起创造了西方音乐形式，从格里高利圣咏到复调音乐，到主调音乐，到歌剧序曲，最后产生了交响曲。交响曲的产生是人类音乐史上的高峰，古典交响曲的四乐章结构，奏鸣曲式主部、副部的对比、冲突，以及交响曲所表达的深厚、广博的社会生活，可能是中国古典音乐所缺乏的。交响曲的廓然视野与缜密表达，尤其是对人类心灵深度的探究与表现是西方音乐最伟大的成就。贝多芬、马勒、肖斯塔科维奇等作曲家用交响曲这种形式把无比丰厚的人类生活表现得淋漓尽致。我们应该知道，交响曲的诞生和整个资本主义的产生和发展有着密切联系，大工业的发展为交响乐队的产生创造了条件，几乎所有交响乐队中的管乐器都是在资本主义大工业生产出现之后才定型的。

中国古典音乐产生的环境则完全不同，所谓“郁郁乎文哉”的“郁郁”，其实是和西周时中国北方的自然风貌一致的。另外，与西方中世纪多种政权的频繁斗争不同，中国从秦以后就基本上视统一为常态，视分裂为再次统一的“间奏”。中国五千年的文明史是在一个庞大的自给自足的环境中产生的多元一体的文明，农业社会让中国人的文化有一种既丰裕又相对保守的特性。

从审美之异到艺术表现之异

中、西方音乐的不同可以从几个方面来看，首先，是中、西方对音乐的功能看法不同；其次，因为功能的不同，造成了审美观的不同；最后，因为审美观的不同，造成了题材和表现手段的不同。

从整个人类的文明史上来看，我们是最早的最重视音乐和文化的国家。中国号称“礼乐之邦”，中国古代的礼乐制度是先人们对人类文明的巨大贡献。从周代开始，中国建立礼乐制度，“礼”和“乐”结合起来，就是构建理想社会的基础。古人说：“乐和同，礼别异”，极智慧地概括了礼乐的功能。“乐和同”是让人们找到彼此相似之处，建立亲密关系，但光讲“同”不行，你也说我也说，谁说了算呢？用“礼”把人的不同之处区分开来，父子、君臣、上下级。把“礼”和“乐”结合起来，这个社会就和谐了。

中国的哲学对中国音乐的发展产生很大的影响，先秦诸子们对音乐有很多精辟的理论，其中对中国音乐影响最深的是儒家和道家。无论是儒家的“与天地参”还是道家的“人法地，地法天，天法道，道法自然”，都讲“天人合一”，这是中国哲学的核心，对中国音乐的影响非常大——认为音乐是自然产生的，是人面对自然有所触动之后的反应，所谓“凡音者，生人心者也。情动于中，故形于声，声成文谓之音”。最好的音乐应该是与大自然和谐的音乐。而且，中国的音乐讲究中庸。先秦诸子对音乐提出很多限制，比如古代对编钟的大小、重量都有规定，太奢侈了不行，声音太大、太细都认为不好，只有中庸的音乐才是最合适的音乐，像西方那种强烈的能让人热血沸腾的音乐在古代中国人看来绝不是最好的音乐。

中国人在讲一个传统文化要消失灭绝时有一个比喻叫作“广陵之散”。《广陵散》是中国著名的琴曲，嵇康当年临刑之前“顾日影索琴而弹之”，弹的就是这首琴曲。但大哲学家朱熹就认为《广陵散》不好，为什么认为它不好呢？中国音乐非常讲究“天人合一”，将“宫、商、角、徵、羽”五音与“金、木、水、火、土”五行相对应；音乐的起、承、转、合与春、夏、秋、冬四时相对应；“天、地、人”三才和最基本的曲式结构“慢、快、慢”的三段体对应。

更重要的是，“宫、商、角、徵、羽”五音还对应政治上的“君、臣、民、事、物”，宫为君、商为臣、角为民、徵为事、羽为物。当弹奏《广陵散》时，要把商弦调低一个二度，和宫音一样高，于是朱熹认为这样的音乐有“臣凌君之象”，大逆不道。虽然《广陵散》“纷披灿烂，戈矛纵横”，是非常了不起的音乐，但因为在政治上不好，所以朱熹反对。中国对音乐的这种要求就使其不可能像西方音乐一样有那样的噍杀之气。正是因为政治和哲学上的不同，中国的音乐一直追求自然、中和、宁静的声音，也因为审美观不同，我们会认为只有这样的音乐才是好听的，进而也造成了题材的不同。

西方的艺术和中国的艺术有一个很大的不同点，就是西方艺术主要以人为中心，但中国艺术主要以表现自然为主。以清代上睿的《携琴访友图》为例，这是中国古代绘画有代表性的一幅作品，山水是主要的场景，人是整个大自然中非常渺小的一部分，人和自然融为一体。而西方以《蒙娜丽莎》为例，大家都赞美这个女人“永恒的微笑”，她的眼神、面容、双手，都精细入微、美好传神。但你看她背后的风景，跟人物比起来，是人的陪衬，和中国画中人是自然中很小的一部分完全不同。音乐也是这样，西方音乐主要是描绘人，以人为中心。当然，也有描绘自然的，不过数量太少了。像贝多芬创作了 9 部交响乐，除了第六交响曲《田园》，其他 8 部都是描写人的。当然我说的这种题材上的倾斜，不是绝对，并不是说西方绘画中就不画自然，中国音乐中就不表现人，但有一点可以说得比较肯定，中国从魏晋之后，从山水诗开始，文人对自然的歌颂，包括对人与自然和谐共处的描写就非常之多。拿古琴曲来讲，现在流传的古琴曲目大概有 3000 多首，其中有 2/3 全是描写自然的，比如大家都熟悉的《流水》、《高山》、《潇湘水云》等。基本上中国最好的古琴曲都是描写自然的，像《文王操》这样描写人的曲子很少。中国人对自然的热爱以及中国艺术中大量出现的对自然的描写，实际上也是中国的儒、释、道思想共同塑造的结果。佛教有句话“青青翠竹，皆是法身；郁郁黄花，无非般若”，中国的哲人把大自然的一草一木、一朵落花、一片绿叶、一溪浅水、一缕云山都当成佛性的显现和智慧的存在。

题材上的倾斜又造成了艺术形式和表现形式的不同，比如西方交响曲是复音音乐，而中国古典音乐主要是单声音乐。交响乐的希腊文原意就是“一起响”，于是产生了和声，在和声的基础上产生了织体，构成一种宏大的音响，这和基督教的需要相吻合——在教堂中要歌颂上帝，要制造一种天国的气氛，从壁画、穹顶到彩色玻璃，到唱诗班、管风琴，调动一切艺术手段表达对上帝的赞美，制造一个与世俗气氛截然不同的天国气氛。但是中国的音乐没有这个需求，孔子讲“大乐必简，大礼必易”。中国人认为最简约的东西才最深刻，太极图一分为二，黑白两个颜色，就代表了宇宙的一切。中国的宗教对音乐的要求也不仅仅是创造一个和世俗不同的音响与画面让人们感受，它最大的功用是宣传佛教教义。基督教中神父讲道和唱诗班唱诗是分开的，音乐的主要作用是创造气氛，而中国寺庙则通过唱把佛教基本的道理告诉你。中国佛教音乐从唱导、变文发展开来，后来的鼓词、弹词、说书等这些说唱音乐的源头实际是佛教的唱导和变文。基督教通过宏大的音响制造天国的辉煌，佛教通过音乐来讲故事让你明白道理，这是功能的不同。为什么中国的音乐是单声音乐？讲佛本生故事，唱段变文，如果是大合唱，四个声部出来，根本听不清唱的是什么，所以一定要一个人娓娓道来，要清楚明白，这就需要单声音乐。但是单声音乐不等于简单。一个演讲两小时，听众听三分钟腻了走了怎么办？所以曲调一定要优美动听。

中国的音乐靠旋律取胜，其旋律之美远远超出西方。贝多芬第五交响曲，呈示部的主题就只是 4 个音，其中 3 个还是同音反复。中国的音乐是什么样的？比如阿炳的《二泉映月》，绵长凄婉，扣人心弦。2006 年我带“中国非物质文化遗产展演团”到联合国教科文总部去演出，当时就演奏了阿炳的这首曲子。阿炳是个乞丐，也是火居道士，像阿炳这样的盲人艺术家在中国的历史上太多了！谁知道有多少这样美好的音乐是由这些卑贱者演奏出来，也随着他们草芥一样的生命消失了呢？在联合国演奏这首曲子之前我介绍，小泽征尔上世纪 70 年代末第一次到中国听一个学生演奏《二泉映月》之后潸然泪下，他说：“这样的音乐是应该跪着听的！”法语翻译把“跪着听”解释说应该抱着在教堂听基督教音乐那样虔诚的心来听，结果全场都被《二泉映月》优美而深刻的旋律所感动。

中国的音乐不是立体的声音，而是线性的声音，但这条线讲究得很。有一个现在我们很多民族音乐家已经不知道或者不再追求的词——“韵”。中国音乐最讲究的是“韵”，比如古琴，弦非常长，左手在弦上游走吟挠后，右手在弦上揉弦，有时候似乎声音已经结束了，你已经听不到声音了，但演奏家的手还在弦上滑走，这就是此时无声胜有声。一个音和一个音之间的过渡在中国音乐中是非常重要的，它不是前一个音的余响或是后一个音的准备，它本身就有美学的价值，就有味道，就是独立的存在。这跟西方不同，西方的钢琴音乐，从这个音到下一个音，是跳跃式的，中间没有过渡。而中国音乐中常常有些音就在白键和黑键之间的“钢琴缝”里，这个音才有“味儿”！而在两个音的接续转折之中妙趣横生，则是中国音乐常见的艺术手段。这种“味儿”，一半是乐律的不同，一半是审美观念的不同。而这并不简单的“味儿”，也像禅宗所讲“如人饮水，冷暖自知”，要靠亲自体味、长期浸染才能感觉到。

中国音乐还有一个西方音乐基本没有的特色，就是散板。中国人讲究板眼，称赞一个人办事牢靠就说“一板一眼”，板眼就是节奏。所谓散板就是没有固定的拍子，没有节奏，比如京剧的导板，晋剧的二导板，佛教梵呗维那的引腔等。本人在《禅与乐》这本书的光碟中精选了几首中国音乐，其中有一首叫作《行道章》，乐曲开始的散板部分非常精彩，足足有 3 分钟，这样大段没有固定节奏、全凭演奏家内心的感觉，或抻拉或收缩、灵动自由、纵横捭阖的演奏，在西方音乐中大概是找不到的。

中国音乐还有一个很了不起的创造就是乐谱。中国人特别重视乐谱，说一个人可靠，就说这个人“靠谱”；不可靠，就说“离谱”；心里虚，没有定见，就说“没谱”。现在世界通用的五线谱真正使用是在 17 世纪，而中国的古琴减字谱早在七八世纪就开始使用了。一直到今天，古琴家们仍然还在用这个谱子，这在世界音乐史上是绝无仅有的现象，是人类历史上使用时间最长的谱子。除了音高，减字谱把弹奏每一个音的技法也记录了下来，用哪只手，怎么弹，弹第几根弦，按什么位置，但没有记录节奏和音的长短，所以需要琴家根据古琴谱进行二度创作——靠老师的传授、自己的琢磨以及琴家的习惯和大致的规律，把这些结合到一起，把琴曲再现出来，这叫作“打谱”。在西方的音乐体系中，作曲家是神，是创作者，演奏家是“打工的”。演奏家弹奏肖邦，每个人会有不同的理解、不同的表现，但这种不同的理解和表现太微妙、空间太小了，所有的节奏、强弱、表情符号都写得清清楚楚，因此，在西方古典音乐领域里，再伟大的演奏家也只是作曲家的再现者、阐释者。但是古琴不一样，每一个演奏者都可以和乐曲最初的创作者有心灵的交流、有对话和商量的空间。打谱的过程常常是很漫长的，“打谱”让每一个后世的琴家都参与了琴曲的创作，每一个琴家都可以把自己的风格以及对音乐的理解通过打谱表现出来，当然这其中有一定的习惯、规范和美学的原则。

回归传统的民族音乐

古琴艺术对整个人类音乐文化是一个杰出的贡献，在人类创作的所有乐器当中，没有一件乐器身上所负载的文化内涵有古琴这么深厚。2006年温家宝“融冰之旅”访问日本时带了一台节目进行国事演出，那是第一次也是唯一的一次带了整场的非物质文化遗产的节目演出。本人担任那台节目的艺术总监和主持人，在考虑究竟要带哪些节目去的过程中颇费神思。演出对象是中日政治、经济、文化界的高层，见多识广，看过很多一流的演出，我们这场演出应该怎么做？当时我作了一个大胆的决定：用古琴作为开场的第一个节目。通常演出开场都是用一个气氛热烈的节目镇场，而古琴音量这么小，这么温，能不能压住场？当时就有人质疑，但是我很有信心。节目之前我介绍说，古琴在中国不仅是乐器，它还是圣人之器，孔子以它弦歌教化人生。传说中诸葛亮在一座空城之上，就凭着一张古琴，两扇城门，就吓退了司马懿的30万大军。古琴音乐在中国是自古相传的一种文人音乐，从魏晋时就“左琴右书”，在中国古代，不会弹琴就称不上文人。当时古琴家李祥霆使用的是唐琴“九霄环佩”，我请李祥霆把古琴的背面朝向观众展示落款“至德丙申年”。至德丙申年是公元756年，我介绍说：“这张琴制作出来那一年，李白55岁，杜甫44岁，这张琴问世之后3年，伟大的鉴真和尚开始在奈良建造东大寺。”台下一片唏嘘声！在这样的文明面前，只有一个字——“敬”。节目开始后，台下鸦雀无声，真是掉根针都能听得见。

然而古琴艺术在近代非常衰落，因为用西方的审美眼光来看它，它不适合表演。但古琴从来就不是一件在广场上或几百人的场合演奏的乐器，它顶多是三五知己的“雅集”，更多的是琴人自己与天地、与先人交流。钟子期和俞伯牙高山流水遇知音的故事家喻户晓，中国人把“知音”当成“知心”的代名词，它从来不是表演。古琴的衰落在近100年的大背景下是不可挽回的，在20世纪五六十年代，中国艺术研究院音乐研究所做了全国琴人的普查，当时全中国弹古琴的人是100个左右，几近衰亡。什么时候迎来了古琴的春天呢？从 2003 年成为联合国教科文组织的“人类口头与非物质文化遗产代表作”开始，古琴真的火起来了，但火并没有改变音乐的本质，它现在仍然是文人音乐。

古琴界现在有两种倾向，一种倾向于古琴的乐器属性，强调技巧技能；另一种倾向于古琴是一种修身养性的工具，“琴者，禁也”。中国人过去弹琴要焚香沐浴，通过弹琴让自己的心安静下来，用琴来收敛规范自己浮躁的心，它甚至也是一种修行，一种功课。这两种倾向同时都存在，各有各的道理，但我个人还是主张回归古琴原来的文化。在新的时代里，这样一种负载着如此深厚文化内涵的乐器如何发展，也是仁者见仁智者见智，我现在倾向于在文化上一定要采取“多元”的态度，你可以喜欢什么，不喜欢什么，但你绝不可以反对什么或者禁止什么。古琴应按照它自己的传统在自己的轨迹里发展。

还有用传统音乐表现现代生活的问题。说实话，要用古琴表现现代生活比较难，我不赞成这种改造。中国有这么多乐器，留一个古琴专门表现古人的精神生活不行吗？中国的戏曲艺术也一样，20 世纪 60 年代统计我国还有 370 多个剧种，现在仅存 200 个左右，各有特色。现存的这 200 个左右的剧种当然都可以表现现代生活，都可以演现代剧目，但是我们可不可以就留一个昆曲表现我们祖先的生活呢？为什么？因为昆曲的唱词用的是文言，这是昆曲和其他剧种最大的不同点。京剧的唱词是口语，“我正在城楼观山景，耳听得城外乱纷纷”，“一马离了西凉界”，一唱观众就懂。可昆曲是文言，“袅晴丝吹来闲庭院，摇漾春如线”，什么意思？观众光听不看根本不懂。现在有一些剧团“改造”昆曲，结果“你爱我”“我爱你”的这种词都唱，那就不是昆曲了！

我希望我们的民族音乐回归自己的传统，按照中国传统的方式传承。中国的民族乐队不能光学西方的管弦乐队，西方的管弦乐队有它产生的背景，有它的审美习惯。中国现在大的民族乐队就是模仿西方管弦乐队模式的产物，西方管弦乐队有“第一提琴”组，我们就有“第一二胡”组，但是这样的乐队音响完全不是我们的所长，我们的长处是每一种乐器独特的韵味，我们把它凑在一起成为大的民族管弦乐队，奏出来的音响却永远不可能超过西洋管弦乐队，因为这不是我们中国乐队的编制，不符合我们民族乐器的特性。其实，我们有自己的乐队模式，也非常丰富。有南音的乐队，有十番的乐队，有潮州大锣鼓的乐队，有笙管乐的乐队……这才是中国音乐的传统。

总之，中、西音乐各有其美，无所谓高低贵贱，也没有先进、落后之别，它们都是自己民族文化的合理的产物。还是费孝通那句话，要“各美其美，美人之美，美美与共，天下大同”。

演讲人简介

田青，著名音乐学家，现任全国政协委员、中央文史研究馆馆员、中国艺术研究院研究员。长期致力于中国民族民间音乐和宗教音乐的研究，曾任中国艺术研究院音乐研究所所长，著有《中国宗教音乐》、《净土天音》、《佛教音乐的华化》、《禅与乐》等多部著作。

音乐创作与生活

王立平

音乐创作需要常怀敬畏

其实对于音乐人来说，创作音乐的过程是非常辛苦的。有人以为弹弹琴、唱唱歌多快乐呀，其实不是那么一回事。聆听音乐、享受音乐的时候是很愉快，但创造音乐的过程是经历许许多多磨难的艰难过程。曾有人问我，过去有很多好听的歌，可唱可听，但为什么到现在好听的歌越来越少了？你们作曲家都干什么去了？作为作曲家，听到这样的问话，不可能不感到心情沉重。

我以为，现在的中国知识分子应该是处在最好的时代。为什么好时代来了，却没有创作出更多反映大家需求的作品？我觉得真是应该反思一下。中国电影在抗日战争年代，在解放战争时期，在共和国火红的五六十年代，都有许多深受广大群众喜爱的电影或其他歌曲作品，有许多脍炙人口、流传广泛、不但好听而且口口相传大家都能唱的歌。可是现在有多少新的影视歌曲受到大家的喜爱并且能够传唱？高质量的录音棚有了，受过训练具备专业水准的歌唱家有了，钱也不缺，人们喜爱的影视歌曲为什么反而少了？

我看是缺了点东西。第一是缺了点精神，就是积极向上的精神，眼睛向下的精神，把群众当作上帝的精神。我们这一代人受的教育是很传统的，记得毛主席在延安文艺座谈会上讲话说“我们的音乐专门家应当注意群众的歌唱”，还说“中国的革命的文学家艺术家，有出息的文学家艺术家，必须到群众中去，必须长期地无条件地全心全意地到群众中去，到火热的斗争中去”。有人说，共产党的革命传统离现在久远了，不需要了。同样是在延安文艺座谈会上的讲话，有些话我们确实不能再做了。比如说文艺要为政治服务，在战争年代，文艺创作讲究一些功利，作为团结人民打击敌人抗击侵略者的武器不算什么错，可以理解。但到了和平年代，文艺还要为政治服务，怎么可以？但有些话，我觉得还得要做。比如“先做群众的学生，才能做群众的先生”。总得知道我们服务的对象是谁，我们为谁服务？还不是为我们的衣食父母，我们的听众，广大的老百姓。

现在有些人把文艺创作当成了谋生、谋名、谋利的手段，那作品就很可能会缺乏点时代需要、群众需要的精神。以影视音乐来说，涉及古今中外，谁能什么都会，什么都知道？要把作品写好你当然就得去学习、去了解、去体会。有的作品不能直接去体验生活，比如《少林寺》，我不可能回到一千多年前去体验生活，但是可以通过间接的方式去了解生活，还要了解今天人们需要什么关心什么，他们的审美需求是什么，习惯的语言是什么。写作品要有的放矢，要知道为谁写，如何去写。现在有的创作者有点懒了，图方便，不愿意到生活中去体验，去了解真正的生活，所以就只好闭门造车。好的音乐作品不是只凭脑袋空想就可以写出来的，如果只是在屋里空想，写来写去，不同时代、不同题材的音乐写得都是一个模样、一种味道、一种风格，创作的路子越来越窄。没有生活的根基，缺少群众的基础，怎么能写出好的作品来呢？

还有，一些创作者心中有时缺少了敬畏。对什么敬畏？对我们的观众敬畏，对优秀的文化传统敬畏，对丰富的生活敬畏。不是由我们来指指点点，要求观众应该怎样去欣赏我们的作品，而是首先我们要做群众的学生，要知道观众喜欢什么，也要知道群众还可能会喜欢什么，进而知道群众还应当喜欢什么，引领群众，做群众的先生，我觉得这才是正路。

我曾经创作的一首名为《太阳岛上》的电视歌曲，为此真的受过别人的埋怨。《太阳岛上》流行以后，曾有摄影界的朋友对我说，“你的一首歌把我们诳到太阳岛上，我们带着相机去拍照，看到一地罐头盒、冰棍纸，没有你写得那么好。”我跟他们道歉说，“对不起，我真不是想骗你们，你们都去过，我还没去过。”这就出现一个问题：没去过太阳岛就写出作品来，还成功了，这跟“先生活后创作”的原则是否相悖？

其实打倒“四人帮”以后，我和同时代的一些作曲家都在思考：该写什么样的音乐作品来满足群众和社会的需要，表达我们的心声。正逢创作《太阳岛上》这样一个机会。“太阳岛”，多么阳光、响亮的名字，“我们来到了太阳岛上，幸福的生活靠劳动创造，幸福的花儿靠汗水浇。朋友们献出你智慧和力量，明天会更美好。”经历了那场浩劫之后，人们面对新的生活，充满喜悦，充满希望，想到自己的未来、国家的未来、民族的未来以及愉快的劳动、幸福的生活，人们无比兴奋，我一直在寻求表达这种心境。写《太阳岛上》是个偶然的机会，但这个题材和内容是我酝酿和准备了很长时间，还是生活在先，创作在后。过了这么多年，大家还记得这首歌，我非常高兴，其实不在于我用了哪个音符，用了哪个词，而是这个作品找到了大家共同的希望和心声，那就是打倒“四人帮”以后，人们要抛弃过去、拥抱明天、付出劳动、追求幸福的这样一种心声。当创作者的心和广大听众的心贴在一起的时候，就找到了共同点。正是因为有比较充分的生活积累和创作的前期准备，才有可能仅花了短短几天时间创作和录制了连改词带作曲的几首歌曲和全部音乐。另外，没去过就写，不是我发明的，古已有之，名篇《岳阳楼记》的作者范仲淹就没去过岳阳楼，但“先天下之忧而忧，后天下之乐而乐”才是这篇名作真正的主题。优秀的歌曲就是应该反映人们的生活，引起人们的共鸣。源于生活，更高于生活，才有可能被更多的人接受和喜爱。

艺术需要感情　感情需要真挚

我受著名演员、导演于洋同志的约请，为他自导、自演的故事片《戴手铐的旅客》作曲，这也是我第一次为故事片作曲。其中的主题歌《驼铃》，是我作词作曲，全片的音乐都是我自己作曲、配器和指挥的。围绕这部影片的特殊经历令人难忘，许多听众朋友特别是军队的战友们都会说，他们深受这部作品的教育和感动，其实真正受到教育的是我自己。

1980 年春，我接到于洋导演的电话，说要跟我合作，那时我不到 40 岁。于洋跟我说，“小王，你的音乐写得不错。我要拍摄一部故事片，请你来作曲。希望你能把它写成全国都流行的。”当时我看到剧本后，心里凉了半截，因为这部电影讲的是一位老八路的故事，没法新潮更不能时尚，“太不合时宜”了。当时流行比较偏洋的曲调，而这部电影则必须偏民族风格。自从我创作了《潜海姑娘》、《太阳岛上》后就开始流行电吉他、电子琴，而在这里大概也只好选用二胡、琵琶等乐器。当时正是《新星新秀》音乐会最流行的时候，花呀、草呀、爱情等最风行。而这部电影的内容决定歌词里必然要用“战友”、“革命”、“人民”等字眼，所有这些都与当时的时尚相距甚远，想把这部电影音乐写成时尚和流行的很难。我曾与于洋导演相约当年 5 月 1 日在云南畹町拍摄地向摄制组交主题歌，但一直到临出发前，电影编剧也是电影主题歌词的作者没能按时把歌词给我寄来，且无论如何也联系不上。上了飞机，我就知道完了，而且一点办法也没有，只好由我自己动手写歌词了。于是我在路上写了《驼铃》的歌词，到了昆明遇见北京电影制片厂的朋友，给他们念了歌词，他们说挺好、挺深情的，但是不是有点土，有点不太合时宜。但我也想不出别的办法，因为我心里的信条就是“艺术需要感情而感情需要真挚”，这是必须坚守的原则。从昆明到拍摄地畹町，当时坐长途汽车需要五天的时间，于是每天在车上想曲调，想好了就唱。车上后面几十双疲惫的眼睛，肯定不知道我在前面比比划划在做什么。等到了拍摄地，剧组人们问我“写好了吗？快唱唱听听”，我说“别着急，先听我给你们讲故事”。其实他们对剧本比我更熟，但我要表达我对剧本的理解和我创作这首主题歌的思路。当我讲到战友接到对主人公的通缉令，他们彻夜长谈，最后不但没有抓他，还把仅有的粮票和钱给主人公，并把他送出门，迎着升起的旭日时，响起了带驼铃声的前奏：“送战友，踏征程。默默无语两眼泪，耳边响起驼铃声。路漫漫，雾茫茫。革命生涯常分手，一样分别两样情。战友啊战友，亲爱的弟兄，当心夜半北风寒，一路多保重。”这驼铃声，用的是真的内蒙古地区骆驼戴的铃铛的声音。一直讲到结尾，当主人公抓到了特务，应当是英雄凯旋的时候，他因为是走资派，又被戴上了手铐，机场上再次响起了带有驼铃声的音乐前奏，“送战友，踏征程。任重道远多艰险，洒下一路驼铃声。山叠嶂，水纵横。顶风逆水雄心在，不负人民养育情。战友啊战友，亲爱的弟兄，待到春风传佳讯，我们再相逢。”我讲完故事，也念完歌词、唱完主题歌后，我和导演、摄影等摄制组主要成员很激动甚至热泪盈眶。我接着说，我写的歌词可能不大合时宜，也不太时尚，但对这部电影来说，我以为这歌和词只能这样写。我至今仍非常感激于洋和摄制组的同志们，于洋导演毫不犹豫地说：“不管别人怎么说，咱们就这样定了。”正是这样，他们在关键的时刻给了我关键的支持。

过了没多久，有位中央人民广播电台的编辑对我说，“你写的《驼铃》很好，成了当下最热播的歌曲之一，有很多群众来信点播这首歌和找歌谱。”这是我绝对没有想到的，最不时尚的内容、最不时髦的写法，居然比入时和流行的还要受欢迎、受喜爱，我激动得眼泪都要下来了，是我低估了广大听众对艺术的品味、对音乐的鉴别以及他们对作曲家的要求。我也是在创作的过程和不断接近群众的过程中靠近生活、走进社会的。是我受到的教育更多。在我担任第七届全国政协委员的时候，同为政协委员的邓颖超大姐的秘书告诉我，“邓大姐非常喜欢你写的歌曲《驼铃》。”后来，新影厂的摄影师也郑重其事地告诉我，在拍邓大姐的文献纪录片时，跟邓大姐商量，用什么形式来表现邓大姐怀念总理的场景，邓大姐想了想，说，“那你们就拍我听《驼铃》吧。”我曾多次看电视转播这一纪录片，里面有一场景就是西花厅一个小茶几上，放着收录机，伴随叮叮咚咚的驼铃声的前奏，响起“送战友”的歌曲。我当时看了非常感动：一位伟大的女性，在她思念另一位世纪伟人她的丈夫周总理时，她是把周总理作为自己的战友来怀念的。能用我的作品来表达她的思念深情，这是我至高无上的荣耀。如果当初只为追求时髦和廉价的流行，我将永远不会有这份荣幸。

我还曾经在电视里看过一位战斗英雄报告，他报告中放了一段战士们在猫耳洞唱《驼铃》的录音，这首歌只录了半段，一阵炮声打断了歌声。我想，战士们也许会再次向敌人发起冲锋，当面临生死的关键时刻，他们能够想起用这首歌来为自己壮行，表达自己对祖国对人民那份忠贞不渝的情感，我真觉得我和他们是在一起的，多么光荣，心中顿时升起一种自豪感。有一次，我去云南考察，路过一个野战军部队，他们的领导告诉我们，有六位临退伍炊事班战士特地为招待我们这批客人留下来做最后一次饭，这六位战士穿着白大褂要求为客人唱首歌，唱的就是《驼铃》，当大家知道我就是作者时，便请我到台上同六位战士一起唱《驼铃》，当唱到“战友啊战友，亲爱的弟兄”，我看到台上台下，从战士到将军，从主人到客人许多人都在边唱边流泪，唱了一遍又一遍。我也被感动得泪流满面。

他们告诉我，在军营里所有人都会唱这首歌，特别是送老兵和战友分别的时候，在营房、在火车站，到处都会听到这支歌。一路为我们开中巴车的司机对我说，“那次打仗我从头到尾都是开车的，战士一拨送一拨上前线的时候，唱的是‘送战友’；等打完仗，一拨送一拨撤回来的时候还是在唱‘送战友’。特别是在送烈士的遗体去墓地下葬的时候我们也唱这首歌，这首歌在我们的生命中记忆得太深了。”我想只有真诚地面对生活，认真地去创作，不为潮流所动，不为名利所惑，努力去表达人们最真挚、最美好的感情，才有可能写出好的作品来。

《红楼梦》中的“天问”

《红楼梦》音乐的创作对我一生来说都是一件很重要的事。我读《红楼梦》也有个过程，初中时读《红楼梦》，当时不太喜欢，因为没读懂，觉得太啰唆，翻了好几页，什么大事都没发生；中间还有那么多诗词，也没看明白，我就略去不看。读《红楼梦》不像看《水浒传》那样情节紧凑，引人入胜。实际上是因为我自已年少，缺少人生的经历。后来，经历了很多人生坎坷甚至磨难，再读《红楼梦》，才发觉故事和人物虽然相隔年代久远，但依然离我们那样近切，而且一旦喜欢上了《红楼梦》，就会一朝入梦终生不醒。相好的朋友，有的后来会疏远了，结了婚的也还有离婚的，只是没听说过谁喜欢《红楼梦》，读着读着又不喜欢了。曹雪芹笔下那个时代的人们的喜怒哀乐、悲欢离合依然牵系着我们的心，《红楼梦》书中的人物跟我们的血脉依然息息相通，不愧是我们民族文化的经典，如今依然是老百姓心尖上的宝贝。

我创作《红楼梦》音乐的经历有点特殊。一位中央人民广播电台的资深音乐编辑，与我经常有业务联系，告诉我说导演王扶林正在筹拍电视连续剧《红楼梦》，问我对这部戏有没有兴趣，我当时就按捺不住地说“我极有兴趣”。她把我的回应转告给了王导，并为我们约了见面时间。我几乎相当于自荐式的表态，在以前的创作中是从来没有过的。王导请了中央电视台的领导、红学家、编剧和摄制组成员一大屋子人，让我讲讲对有关《红楼梦》创作的想法，而且不限时间。其实就是考我呢。

我讲了三个问题：第一个是我对《红楼梦》的认识，第二个是我对电视剧《红楼梦》的理解，第三个是我对电视剧《红楼梦》音乐的设想。比如我提到音乐基调是“满腔惆怅无限感慨”，是谁的惆怅与感慨？是曹雪芹的，是他笔下人物的，同时我们不仅要把它变成我们今天解读《红楼梦》人的惆怅与感慨，而且还要把它变成荧屏前观众的惆怅与感慨。音乐就是一座桥，连接曹雪芹笔下的人物、我们以及观众之间心灵沟通的桥梁。《红楼梦》不是以情节取胜，而是以情趣取胜。过了几天，剧组告诉我说经过研究确定请我为《红楼梦》作曲。我心情非常兴奋，但兴奋了不到半天就变得沉重了，为什么呢？我突然一想，我着实干了一件胆大妄为的事。这部戏写成了当然好，若写得不好可就麻烦大了，想翻身也难了。此时最羡慕编剧、导演、演员，什么人物、干什么事、说什么话、什么结局，曹雪芹写得清清楚楚；我也很羡慕服装设计，谁穿什么衣服、什么花色、什么季节穿戴，曹雪芹写得明明白白；至于道具、布景，曹雪芹都尽有叙述。而《红楼梦》全书从头到尾没有一个音符，所以只有音乐才真正是无中生有。歌曲不但要表达曹雪芹所要表现的内容，还要真切地表达出真情实感，既配合剧情的需要，更需唤起听众的感情共鸣，把印在纸上的诗词变成活灵活现的感人肺腑的歌曲，谈何容易。当要下笔写音乐的时候才发现脑袋里白茫茫一片真干净，以致整整一年的时间里，我竟没有写出一个音符。

当时在创作中遇到许多问题，版本问题、风格问题、词曲结合问题等。其中首要困难还是认知的问题。为《葬花吟》谱写歌曲，前后我居然用了一年零八九个月的时间。刚开始前几句的曲调很快就写出来了，但写着写着，我就越想越不明白，曹雪芹究竟为什么对林黛玉情有独钟，把这样深沉的、有分量的、带着浓厚感情的诗句写给了林黛玉？回过头来看看，林黛玉有那么可爱吗？个头儿不高、眼睛不大、身体不好、脾气更差、矫情、刻薄、动不动就生气哭鼻子，有许多不招人喜欢的地儿。但是为什么我们就是打心眼儿里同情、牵挂和向着林黛玉？这就是文学大家曹雪芹的本事和能耐，在《红楼梦》那么多姣好的女子中，林黛玉是最聪明的一个。她是把人生、命运看得最透的一个，所以她也是最痛苦的一个。曹雪芹心系于她，最后林黛玉的逝去，这是对人生的绝望，也是对社会的绝望。尤氏姐妹、金钏等死得何等惨烈，她们却至死都没有弄明白自己是为什么死的，唯有林黛玉是最清醒的一个，最明白的一个，因而也是最痛苦的一个。黛玉葬花是曹雪芹着意的重重一笔，黛玉之死写出黛玉的悲剧，更写出了社会的悲剧，可以说《红楼梦》是写封建社会写得最深刻的一部巨著。而《葬花吟》与《枉凝眉》一样，对整部《红楼梦》电视连续剧来说同样具有主题歌的意义和重要性。在写《葬花吟》的时候，有很长一段时间里我总觉得还有什么没有抓住的东西，没有想明白就不动笔写，这是我在为《红楼梦》创作音乐时严格遵守的一条戒律。翻开的书就摆放在我的桌上天天看，经常看。有一天，我念到“天尽头，何处有香丘”，突然想到，这哪里是低头葬花，分明更是昂首问天。突然闪出了一个念头，把《葬花吟》写成一首《天问》：是林黛玉这位弱小女子对天发出的呼号、悲鸣，也是对命运的抗争和反叛。我把三位编剧和一位红学家一道请到家里，讲了我的想法向他们求教，我一边弹奏钢琴一边把宛转深情和激越高昂的旋律唱给他们听，得到了他们一致的肯定和赞美，说，“把‘葬花’写成‘天问’，正好印证了许多红学家们认为曹雪芹在思想上受屈原影响的观点，这样解读葬花词是很独到、很有新意的、以往人们还没有这样理解的。这是一篇很好的红学论文”。我说：“这篇论文我已经写完了，就是这首《葬花吟》曲子。”其中“天尽头，何处有香丘”反复唱了四遍，配器时我还特意加上了就像敲在人们心上一样的“咚，咚，咚咚咚咚”的沉重鼓声，此时，我才觉得终于替曹雪芹和他笔下的人物出了一口闷气。

演讲人简介

王立平，1941 年生于吉林长春。第十一届全国政协常委，国家一级作曲，中央文史研究馆馆员、中华文化促进会副主席、中国音乐著作权协会终身名誉主席，中国电影音乐学会名誉会长、中国延安精神研究会副会长。创作了《红楼梦》、《少林寺》、《太阳岛上》、《大海啊故乡》、《驼铃》等诸多脍炙人口、影响深远的影视音乐作品。

公理、时势与越界的知识[1]

汪晖

引　言

获悉得奖的消息时，我正在德国的旅途中。卡洛·卡拉罗校长在信中邀请我来威尼斯参加颁奖仪式。威尼斯，“一支隐秘的贡多拉船歌，伴随着斑斓的欢乐而颤动”，这是尼采的诗句。在《看哪！这人》中，他说：“当我寻找音乐的另一个词汇时，我总是发现只有一个词——威尼斯。我不知道如何区分眼泪和音乐——如果没有羞怯的颤抖，我不知道如何思考快乐或南方。”

威尼斯之于我不仅是音乐。在启程来威尼斯之前，我特意从书架上挑出一本英国人所写的材料翔实的达·芬奇传记以备在旅途中阅读。在得悉获得了帕西欧利奖之后，我对这位文艺复兴时代的“会计学之父”多了一些好奇。他是达·芬奇的好友，后者称之为“卢卡大师”，达·芬奇的传记中一定留有这位伟大数学家的些许线索吧？果然，在阅至该书第5章有关《最后的晚餐》的创作过程的描述时，卢卡·帕西欧利登场了。

1　该文系作者2013年10月20日在威尼斯“帕西欧利奖”颁奖仪式上的演讲，略有删节。

公理与时势

1498 年 12 月 14 日，在为刚刚完成的巨著《神圣的比例》一书所写的献辞中，“卢卡大师”帕西欧利对达·芬奇的《最后的晚餐》作了这样的评论：“在众门徒听到那个声音说出‘有人背叛了我’的时候，我们很难想象他们当时的表情专注到什么程度。通过行为和手势，门徒们似乎在相互对话，一个人跟另一个人说，而那个人又跟旁边另一个人讲，都显得惊讶不已。就这样，我们的列奥纳多用他那巧夺天工之手创造了这戏剧性的一刻。”

帕西欧利所说的“戏剧性的一刻”将两个本来相互分离的场景重新综合：一个场景是《马太福音》中耶稣向他的徒弟们宣布“你们中间有人将要背叛我”的消息，另一个场景则是中世纪流传至当时的以圣餐为中心的画面。达·芬奇将神情专注而又满脸震惊的人物带入了圣餐的场景，像传统构图那样将人物排成一线显然不能成立了。在“这幅永不安宁的杰作”（布克哈特语）中，中心人物是耶稣、圣徒和背叛者，他们被错落有致地安排在画面中，形成了一种被后来的评论者称为“波浪形”的光学图谱。达·芬奇为了追求作品的精确性，甚至在画面中心钻了一个小孔，这就是落在耶稣右太阳穴上的整幅壁画的没影点。专注、震惊的气氛是精确计算的产物。艺术创作与精确计算之间的这种关联也体现在达·芬奇与帕西欧利的友谊中。1494 年，帕西欧利的划时代著作《算术、几何与比例概要》发表，达·芬奇不但购买了这部书，而且在笔记本上记下了阅读笔记，据说有些内容与《最后的晚餐》有关。在帕西欧利完成于米兰时期的《神圣的比例》一书的前言中，作者说明书中“所有等边体和非等边体”的插图都是“由最杰出的画家、透视学专家、建筑师、音乐家和全能的大师——佛罗伦萨的列奥纳多·达·芬奇在米兰所作”。

达·芬奇与帕西欧利堪称意大利文艺复兴时代所独有的“全才”。在他们各自的工作领域中，我们可以清晰地发现一些交汇点：数学、艺术与宗教，而数学——宇宙的公理——无论在对于宗教画面的诠释中，还是在世俗生活的筹划中，均具有本源性的位置。在帕西欧利的伟大著作诞生之前，由于商业和贸易的发展，在佛罗伦萨、热那亚，尤其是威尼斯，复式簿记的实践和思想已经有了长足发展，但《算术、几何与比例概要》一书对于复式簿记理论的系统化却使之成为一种后世广为流传和运用的“公理”。桑巴特说：“复式簿记与伽利略及牛顿理论源自相同的精神”，因此我们有理由称之为“复式簿记原理”。在帕西欧利家乡的纪念碑上，镌刻着这样的铭文：“他创立了复式簿记并撰写了其后来成为未来思想的基础和不变形式的数学著作。”将复式簿记的实践系统化为“不变形式的数学著作”，这一过程可以称之为复式簿记的公理化过程。存在于帕西欧利和达·芬奇的作品中的“公理”不但跨越了宗教与世俗、艺术与科学的领域，也综合了对自然的探索与对实用性的筹划。在他们的世界里，艺术、宗教、市场活动和科学研究如同奔涌的河流一样自由地分流又交汇、交汇又分流。从形式上看，公理直接表现为对于某个数学公式的运用和演绎，但实际上无论是簿记理论还是创作中绽放的瞬间，都是从无数的可能性中、从反复的调查和试验中、从特定历史时刻对古典的研习和突破中诞生的。

因此，公理总是与时势相关的。孟子称颂孔子时说：“孔子，圣之时者也。孔子之谓集大成。集大成也者，金声而玉振之也。金声也者，始条理也；玉振之也者，终条理也。始条理者，智之事也；终条理者，圣之事也。”在这里，始与终的关系是辩证的，“集大成”并非只是收罗往圣之遗迹，更是“用巧夺天工之手”进行“创造”的行动。体现在圣人行动中的“理”不正是认知与洞察的开端吗？但是，认知、洞察并不只是主观的行动，而是通过这种行动展现的物的秩序。北宋道学家邵雍说："夫所以谓之观物者，非以目观之也。非观之以目，而观之以心也，非观之以心，而观之以理也。……圣人之所以能一万物之情者，谓其圣人之能反观也。所以谓之反观者，不以我观物也。不以我观物者，以物观物之谓也。"以物观物，即让物的秩序自然地呈现，但要让物的秩序自然呈现，不正需要一个洞见的智慧和建立在"心物合一"之上的"知行合一"的实践吗？在这个实践中，物的秩序与"我"合而为一，在"巧夺天工的片刻"重新诞生了。

公理与天理的相互渗透

这种追慕也直接体现在现代思想及其对知识的规划之中。由于与西方思想的碰撞，在 19 世纪末 20 世纪初，几乎所有的知识领域都被重组了。我曾经将这个重组概括为以现代科学为基础的公理世界观，对于以儒学及其价值为基础的天理世界观的替换。然而，天理世界观的衰败和科学世界观的兴起不是简单的兴替关系，它们之间存在着相互的渗透。

宋明儒者将"天理"视为万物之特性、道德之起源和践履之标准，并以此为基点综合自然、道德和政治等各个方面。在这个思想世界里，对于自然和万物的认识始终是与对政治秩序的认知和道德规范的实践密切相关的。与此十分相似，近代中国的科学概念和格致概念以对自然的研究和利用为中心，但也经常与政治、道德和秩序等范畴相互关联。即便在公理世界观取代天理世界观的激烈冲突中，那种对于贯穿自然、道德、政治、艺术等一切领域的公理的信念仍然被保留了下来。1895 年，在中日甲午战争失败的震惊中，严复按照斯宾塞的社会学观念，以天、地、人的结构建立了一套有关自然、社会和道德的知识谱系以攻击和取代儒学的知识谱系，而在这个新的谱系中居于最高地位的是“玄学”或“炼心制事”之学，居于底层的是算学、化学、电学、植物学，处于中间层次的是农学、兵学、航海、机械、医药、矿务。这一科学的知识谱系与一种在实证基础上建构起来的社会模型密切相关。对于严复而言，“玄学”是与“群学”密切相关的，前者主要包括数学和微积分，即一种能够对事物的“必然之理”进行总体把握的知识，而后者则是能够将归纳和演绎的方法论运用到政治、刑名、理财、史学等领域的“群学”。因此，“群学者何？用科学之律令，察民群之变端，以明既往测方来也。肄言何？发专科之旨趣，究功用之所施，而示之以所以治之之方也。故肄言科而有之。今夫士之为学，岂徒以弋利禄、钓声誉而已，固将于正德、利用、厚生三者之业有一合焉。群学者，将以明治乱盛衰之由，而于三者之事操其本耳。”在这个意义上，科学以其分科和实证的方式提供了一种新的社会模型及其新的道德原则。

从晚清至“五四”时代的大量文献中，我们可以从几个方面归纳天理世界观与公理世界观的尖锐对立：第一，公理世界观逆转了天理世界观的历史观，将未来而不是过去视为理想政治和道德实践的根源。这一逆转瓦解了儒学世界观内部所包含的对于历史中断的意识和由此而起的通过恢复古典以接续道统的意志。在这一新的历史意识的支配下，不是以个人的道德 / 政治实践、不是以重构古典或复古的方式重构道统谱系，而是以一种投身未来事业的方式体现历史意志，构成了新的伦理。第二，公理世界观以一种直线向前的时间概念取代了天理世界观的时势或理势概念：在古典思想中，时势内在于物之变化本身，内在于君子与时势的相互构成之中，物之变化并未被编织在时间的目的论的轨道上；而直线向前的时间提供了一种目的论的框架，将日常生活世界的变化、转型和发展全部纳入时间目的论的轨道。第三，公理世界观以原子论的方式建构了“事实”范畴，并以此冲击天理世界观的形而上学预设，试图按照事实的逻辑或自然的法则建构伦理和政治的根据。在这里，“物”的转化是关键性的。在古典的礼乐范畴内，“物”不是孤立的、客观的事实，而是处于一定的关系、制度、秩序、规范之中的“物”。《周礼》中的“三物”指六德、六行、六艺。由此可知古典的“物”概念与一整套礼乐规范有着紧密的联系：“物”是自然秩序的呈现，而礼乐也是自然秩序的直接体现，从而自然秩序之“物”也是礼乐之规范。在宋明理学中，“物”与礼乐秩序的关系疏离了，它不再直接地呈现礼乐规范，而必须通过“格物”的程序——“即物”、“穷理”、“至极”——以获得“理”。由于宋儒普遍相信“理一分殊”，不同事物各有其理，从而为“格物致知”提供了一种认知的含义。这是宋代以降的博物学和自然之学常常被置于“格物致知”范畴之下的原因。在晚清时代，一种以原子论为核心的物质概念为实证科学提供了认识论的前提，“格物”概念中的“物”也就是建立在原子论基础上的事实概念，而“穷理”范畴中的“理”也不再是道德知识，而是指事物的客观规律。由于原子论式的事实概念的最终确立，任何对于事实的逻辑或自然的法则的反抗都必须以承认事实与价值的二元论为前提。

很清楚，这一新的公理世界是以现代科学及其信念为前提的。20 世纪以降，不但出现了以科学命名的各种门类的知识，如自然科学、社会科学、人文科学等大的分类和政治科学、经济科学、行政科学等小的分类，而且也出现了将“科学”或“科学的”作为形容词和定语的大量用法。科学概念几乎垄断了“真理”领域，其结果是：第一，进步的概念在过去与现在之间划出了清晰的界限，“科学世界，实与古来数千年非科学的世界，截然而为两世界”，从而通过古典研究以产生新的创造的宋明理学式的或文艺复兴式的人文主义不再可能。第二，就像孔德将人类历史描述为从“宗教迷信时代”、“玄学幻想时代”发展到“科学实证时代”一样，直线向前的时间观念取代了时势的观念，从而宗教与科学之间的分野、以宗教为依托的神权政治与以世俗科学为认识论前提的共和政治是不可调和的。第三，由于“物”的概念发生了质变，首先在认识论上，其次在社会分工上，艺术、道德、宗教、政治等领域的严格分界已经不可避免。无论在认识的层面，还是在制度的层面，知识领域的“两种文化”、社会领域的公私两分、法律领域的群己权界成为现代世界的普遍现象。像文艺复兴时代那样自由穿梭于古典与现时、艺术与科学、宗教与自然之间已经完全不可能了。

东西文明的碰撞

在20世纪的中国，过去与现在、宗教与科学、精神与物质等“科学分界”与东西文明的范畴发生了奇特联系。在晚清时代，人们公认科学研究及其创造的社会规范是西方社会在文明竞争中获胜的主要原因，进而也发展了在文明冲突论中理解科学的方式。科学及其奠定的公理现在与东方文明/西方文明、精神文明/物质文明的二元论发生了关系。在《敬告青年》一文中，陈独秀将“科学”一词与“实利”、“常识”、“理性”、“实证”等概念相联系，而它的对立面则是“虚文”、“想象”、“武断”等字眼，前者是西方文明的标志，而后者则是中国文明或东方文明的特征。新文化运动的这些观点也曾遭遇激烈的抵抗，但这些抵抗性的话语也同样将有关公理的讨论置于文明论的框架下。他们声明中国文明是精神的、道德的、审美的，而西方文明是科学的、物质的、实利的。

在第一次世界大战的背景下，人们从两个不同的方向上对科学文明展开批判性思考：在文化上，通过与西方文明的对比关系中建立中国文化的主体性；在知识上，通过“科学与人生观”的二元分化，将伦理学、心理学和其他社会科学从自然科学的完整体系中分化出来，在知识领域重建人的主体性。在前一个条件下，科学/艺术、科学/玄学、理智/直觉等对立的范畴被视为西方文明和东方文明的各自特征，例如在梁漱溟的《东西文化及其哲学》中，“科学”不只是知识问题，“玄学”也不只指道德问题，它们指涉的是科学与玄学所代表的两种不同的文明。在后一个条件下，东西文明的各自特征被纳入一个知识的分类谱系中，今天我们熟悉的自然科学、社会科学与人文学科三足鼎立的结构与这一知识的分类谱系密切相关。在“科玄论战”中，张君劢把问题放在“科学与人生观”的对立关系之中，历史文化问题终于转变成为抽象的知识问题：不是中体与西用的差别、东方文明与西方文明的对峙，而是科学与玄学、物理与心理、理性与直觉的对立，构成了讨论的中心问题。正是以此为中轴，科学知识体系开始分化为不可通约的、具有自主性的不同领域，即科学的领域与精神的领域。通过对“科学之限界”的反思，人们提出了一个新的知识谱系，即一个能包容科学与“科学以外之知识”的谱系。在这个谱系中，形而上学、审美、宗教以及道德领域已经从“科学”的谱系中分化出来，并与之并列为独立的知识领域。与原先的科学概念相比，这一知识谱系仍然是一种分科的知识谱系，但居于统摄地位的不再是实证主义社会学，而是形而上学，其功能不只要求在科学知识领域之上保留“形而上学”的领地，而且还要求在科学知识之外，建立自主性的心理学、社会学、政治学和经济学等领域。

无论是东西文明的论辩，还是科学与人文的区分，问题的中心都涉及对于公理与支配的判断。在殖民主义、国家主义和科学主义的浪潮中，章太炎断言所谓“公理”与权力有着密切的关系：在殖民主义条件下产生的“文明化”过程、在现代知识及其体制下形成的对个体的操控，都是公理化的支配形式。回到公理与时势的问题上。在达·芬奇巧夺天工的那个瞬间，那些相互区分的领域——艺术、宗教、数学和算计——合二为一了；在帕西欧利写作他的《簿记论》时，纸、阿拉伯数字、意大利方言、丝绸之路和地中海贸易所累积的信用关系和贸易实践、财产权、资本等全部综合在他的理论创造之中了。它所凝聚的因素远比创造者自觉的更加丰富。

韦伯认为，当代资本主义体系运动的最起码的先决条件，就是将合理资本会计制度作为一切供应日常需要的大工业企业的标准。1918 年，北洋政府颁布《会计师暂行章程》，职业会计师制度确立，由此也产生了围绕簿记制度而展开的中西之辩，以及中西簿记体系的长期并存、相互影响和漫长改革。就像在科技史、经济史、法律史和文化史中一再出现的追问一样，当代学者关于簿记历史的讨论再次涉及了那些缠绕了学者们一个多世纪的问题。这个问题的开端是韦伯式的："在西方文明中而且仅仅在西方文明中才显现出来的那些文化现象，究竟应归结为哪些事件的合成作用呢？"但是，在 20 世纪后半叶，这个问题被李约瑟修改为：中国拥有许多与西方相似的发明、拥有更多早于西方的发明，那么，中国与西方的分岔究竟是从哪里开始的呢？在过去 20 年中，这个李约瑟问题有更进一步的推进：直到 1800 年，西方并没有任何完全为西方独有的内生优势，西欧中心的支配地位是在 19 世纪欧洲工业化充分发展之后，才真正奠定的。这些立足于"分流"而产生的命题又带动若干子命题，其中一个可以称之为韦伯问题的修订版：如果古代中国存在着与欧洲一样的，甚至比欧洲更先进的技术、科学、经济发展（包括簿记形式），为什么不是在中国而是在欧洲产生了工业革命和资本主义？但所有这些问题都没有涉及现代资本主义在全球发展的不平衡性，这种不平衡性压抑了其他地区的已经存在的发展或正在发展的可能性，因此，所谓"早期发展"的范畴也是将这类发展置于一个时间线索中的产物。在今天，有关"分流"的探索仍在持续，有关"交汇"的研究已在展开。"交汇"不是同化，其特征与其说是同质性，毋宁说是交流、缠绕、碰撞、渗透并保留着事物的多样性。伴随着生产、流通、消费、交通和信息技术的发展，“分流”在“交汇”中重新组合，但“交汇”仍会转化为新的“分流”。或许，那是交汇中的分流，分流中的交汇。“道生一，一生二，二生三，三生万物。”

这是“世界历史”瓦解的时刻，也是重新思考世界历史的时刻。

演讲人简介

汪晖，1959年生于江苏扬州，现为全国政协委员，清华大学人文学院教授、博士生导师。曾先后在哈佛大学、加州大学、北欧亚洲研究所、华盛顿大学、香港中文大学、柏林高等研究所等高校或研究机构担任研究员、访问教授。著有《反抗绝望：鲁迅及其文学世界》、《无地彷徨："五四"及其回声》、《汪晖自选集》、《死火重温》、《现代中国思想的兴起》等多部作品。

联话与联语

——漫谈“楹联文化”

白化文

从楹联到联话

据史料记载，楹联大概起源于唐五代年间。清代学者梁章钜所著《楹联丛话》的开宗明义第一篇就讲楹联是如何起源的，他说楹联起源于春联，后蜀皇帝孟昶所写的“新年纳余庆，佳节号长春”是中国历史上的第一副春联。第一副春联是否起源于孟昶值得商榷，但据此可以推出：楹联是由上层社会传播的。敦煌研究院研究民俗学的谭婵雪女士根据敦煌写本遗书的材料推论出门联在唐朝就已经出现，并认为有一些对偶句是被当作桃符使用的，而桃符可以说是春联一种变形的“祖先”。这就是说，春联起于民间。在中国古代，每逢春节的大年初一至正月十五，每家每户的大门上都会贴一副类似对联的东西，原来是贴一些带有福禄性质的吉祥话，这就叫作桃符。区别于现代西式建筑的单扇门，中国古代传统建筑多为两扇对开门，这跟中国人喜欢讲究对称的审美习惯有很大关系。在民国年间，除大门外，只要不是特别贫穷的人家，里屋也多是两扇门。大门、二门、房门、屋门等无不讲究对称，是门联也就是对联存在的基础。那么，对联究竟是什么时候开始产生的？至今仍众说纷纭，尚无定论。谭婵雪女士从敦煌写本遗书的材料中抄出很多对偶词条来，这些算不算春联？首先，当时还没有春联这一说法，就像古人不知道汽车等现代交通工具一样。其次，谭婵雪女士所找到的这些对偶句并不完全是贴在门上的。这些问题解决不了，就是因为材料不足，而且即使对于这些有限的材料，很多学者的解释也是不一致的。因此关于楹联的起源问题，还有待研究。

大概在明朝中期以后，对联、楹联才在社会上盛行起来。当时有人写联话，总是提到明朝的创建者朱元璋，说朱元璋如何喜爱对联，我认为多部分是在给朱元璋脸上“贴金”。朱元璋是一个非正规的僧人出身，本身是不是爱好对联，并创造出那么多对联来，实在值得质疑，并且明朝初年楹联还没有真正盛行起来。对联、楹联在明中期以后才盛行起来，一直到明末以前。它的上款在今人看来，比较有意思。比如送给平辈朋友一副楹联，上款一般会写成“某某仁兄千古”之类，现在“千古”的字眼多用于写挽联时哀悼，而那时就是送给友人挂在堂屋的。

到了清朝，对联、楹联更加流行起来，特别是清朝中期直至民国年间，流行趋势日趋明显，以至成为当时上层文人雅士爱好风雅的常用方式。不管是大户人家还是小有家产的人家，不管谁做寿，亲朋好友送的寿联越多，主人脸上就越觉得有光，有时甚至还会自己买上一些。结婚的时候，在旧式的双开门饭店或婚房里也会挂满了喜联，这营造出一种文化的气息。家里的堂屋正墙上也往往挂对联。到新中国成立初期，有些地方还一直保留着写对联、挂楹联的风俗，即使到了现在，在某些特定的场合也还会使用，比如开追悼会的时候。

对联、楹联一旦盛行，联话就应运而生了。可以说，联话就是对联、楹联盛行之结果。所谓联话，就是主要的一种丛编性质的对联史料书。它具有丛编性质又有点平易性质，除呈现对联本身内容外，还附有一些介绍、品评对联的话语，比如一副对联是怎么做的？好在什么地方？值得注意的是，品评者很少会指出对联不好在什么地方。为什么说它是“主要”的一种丛编性质的对联史料书？

因为现在出版了很多其他新的编制方法的对联史料书，比如“对联大辞典”之类的工具书。但“对联大辞典”往往会有这样一个问题，编纂者只是单纯地将对联呈现在书中，如某年某月某日举行了什么春联评比，获奖作品依次是什么内容，最多再列出获奖作品的作者，缺少联话所具有的一些评价。当然，联话也存在问题，就是上面所说的，做联话的人是不愿意得罪人的，特别是评春联的时候，因此绝大多数联话都是捧场的，到现在依然如此。

对联多了，就会有人评价；评价多了，当然就会推出专著，这就是联话。最早的著名联话，一般认为是梁章钜的《楹联丛话》。梁章钜（1775—1849），福建长乐人，因清代初年起家居即在福州，故常自称福州人。字闳中，一字茝林、茝邻，晚年号退庵。嘉庆七年进士，官至江苏巡抚，兼署两江总督。《清史列传》卷三十八、《碑传集补》卷十四有传。梁氏一生著作等身，而且多纂成于任封疆大吏之时，故不免有人怀疑，这些作品是否其亲力亲为，他的身份似乎更像是总编纂。梁章钜当时有很多幕僚，他很爱好文艺，于是就召集这些幕僚，编出许多书来，自己印刷出版。可见，梁章钜用类似总编纂的名义开了一个编纂部或出版社，召集了很多人来，印出来很多总纂性的书。除《楹联丛话》外，他还组织编纂了《制义丛话》，此书专门汇集了叙述八股文的宗旨源流、体裁典制及旧闻逸事的有关史料。因此，《楹联丛话》等书，可以说是他领导手下很多无名氏幕僚编纂的。

《楹联丛话》出版后直至上世纪 80 年代，都没有学者给它标注过新式标点。在 20 世纪 80 年代初的一次对联评比中，有人提出，需要有关参考资料，最适合的莫过于《楹联丛话》。于是我用半个月左右的时间对《楹联丛话》进行了标注，然后马上交给中华书局付印出来，这就是最早的《楹联丛话》的标点本。

《楹联丛话》是否联话体的首创者，我没有研究过，不敢说。但此书之前，联话颇少，特别是缺乏权威性著作。此书主要将联话分类为以下几种：故事（可入联史的老资料），应制（如何应对皇帝出题，这在任何时代都是非常重要的），庙祀、廨宇（类似于当今的纪念堂），胜迹，格言，佳话，挽词（挽联是挽词中之一种，主要用于开追悼会的时候），集句集字，杂缀，谐语等，后来的联话常依此安排，萧规曹随。

中国楹联学会名誉会长常江先生曾广搜各代联话，他认为最早的联话产生于明朝，足证联话这种体裁的著作源远流长。楹联从明代开始流行于社会，也就是说，书写并张挂楹联，是从那个时期开始普及的。从书写内容、方式与张挂目的等方面，自然而然地就能把楹联区分成几大类。所以，写作联话，在分类、作法等方面，似乎早有历史上形成的轨辙可循。在此基础上形成“联话”，就是水到渠成的事了。

龚联寿先生是当代著名的楹联家，楹联研究家。他搜集各种联话，几乎囊括明朝至民国年间的主要联话，纂成《联话丛编》，计收三十六种单行著作，汇为一书。此书于2000年在江西人民出版社出版。这是一件大大的好事。因为，书中所涉及的许多单行本在当代已经极难寻觅到了。我们当代人学习、研究楹联与联话，完全可以以此书为出发点。

写好并装裱好的优秀联语才会被称为楹联或对联。现在讨论的不是楹联、对联，而是里面的内容，即联语。学习作联语，最方便的途径就是先从读联话入手。联话里已经集成了许多典范之作，这些就是初学者入手学习的对象，有些联语之后的品评，也比当代某些“对联大词典”之仅录联语对初学更有用。但，应特别注意的是，初学入手时千万别读所谓“神童巧对”之类的书籍。那些书籍常以低级的庸俗的材料取悦初学者，如和尚与小姑娘对骂之类，一入此种“魔道”，以后再改就难了。

“小”联语，“大”学问

现在，从几大类联语的写作与使用的角度，略抒已见。

挽联。当代使用联语的场合，主要是追悼会上张挂挽联。一般来说，挽联在会上张挂，是给与会亲友们看的。挽联大都是用白色高丽纸等类纸张书写，稍微讲究一些的会使用宣纸，不加装裱，会后即烧。遇到讲究一些的人家，会抄录下联语，集成“哀挽录”之类的小集子进行刻印，送予亲友留念。个别的人家修墓，在墓道等处立石牌坊，也会刻上认为足以表现逝者功业的挽联，是为特例。将挽联装裱收藏起来的几乎没有，一般人都会认为丧气。图书馆一般也不爱收藏，毕竟是非正规出版物，但我建议图书馆应该将这些“哀挽录”集合起来，作为一个小类别收藏，可成为后来者研究联语的史料。当然，也有将挽联装裱收藏的特例：北京大学中文系老教授魏建功先生逝世时，挽联颇多，有一副广为传诵：

三千界桃李缤纷，讲席即今多花雨；

五十年风云变幻，老友毕竟是书生。

上阕说的是魏建功先生讲了很多年的课，教出了很多优秀的学生；下阕为何说是“五十年风云变幻”，了解魏建功先生的人就会知道，在魏建功先生逝世前50年，也就是30多岁的时候，他在北大参加过地下共产党组织，后来共产党被军阀张作霖镇压，魏建功先生与党组织失去了联系，又成为一名纯粹的书生了。北京大学周一良先生极喜此联，还用“毕竟是书生”作为自己所著一部书的书名。且说，这副挽联当时挂在哀悼会特别引人注目，一方面是写得好，一方面是了解魏建功先生的人很多，几乎都明白里面的典故，以至哀悼会结束后唯独未将它焚化，还装裱起来，现收藏在北大图书馆中，可谓异数也。到现在为止，这副挽联俨然成为镇馆之宝了，每年只要举办纪念魏建功先生的活动时，主办方必然会把这幅挽联挂起来。

撰写挽联，一般应严肃认真，颂扬逝者，宁可抬高一些，也不能贬低，更不宜株连其他。下面举几副挽联，说明不可效法。民国时期的章太炎先生才华横溢，但他有一个特点，就是“爱骂人”，特别是写挽联，不仅骂一个人还骂一片。

民国时期的江苏督军李纯逝世了，章太炎写了这样一副挽联：

尽鼠窃狗偷，举目难逢真国士；

空龙盘虎踞，伤心谁吊故将军。

上阕讽刺参加追悼会的人都是“鼠窃狗偷”，下阕“空龙盘虎踞”更是将讽刺矛头直指当时的政府。

纪念堂室的联语，与挽联可谓同类项或说同一类型。现举无锡太湖赵朴初老居士纪念馆拙作为例：

我辈有情痴，瞻礼空堂徒怅望；

先生无尽意，默存故里爱湖山。

“有情痴”是佛家术语，指的是这个人不能割断感情，“瞻礼空堂徒怅望”是指我去瞻观时纪念馆里空荡荡地只有我一人；“无尽意”是赵朴初老居士书房的名字，“默存故里爱湖山”，表明赵朴初老居士已经逝世了，我只能在内心深处默默怀念。

当时纪念馆里没有对联，我写后马上就被张贴在里面了。但我没让张贴者署名，一是我辈分太低，二是虽对联是我做的，但字不是我写的。至今这副对联仍然张贴在纪念馆。

我从纪念馆出来后，到了比邻之无锡灵山精舍禅堂，也做了一副对联：

精舍花从天女散；

灵山偈共净名参。

这是一副藏头对联，暗含“灵山精舍”的名称。藏头诗是中国古人创作短诗、短对联时的一种常用方式。

寿联。近几年来受敬老风影响，寿联有点儿风行之势。但其适用范围小，一般人等不怎么认它。而且有个问题，过去常言“人生七十古来稀”，但现在“九十还算小兄弟”。联话中可参照者不多，需要一空依傍，自铸伟辞。现举一例，有个学生的老师过 70 岁大寿，学生写对联颂扬老师像唐宋时期的欧阳修一样有才，岂不知欧阳修才活了 64 岁。这就会造成不必要的尴尬。

我曾经跟随北京大学季羡林先生学过一段时间的梵文，但只学了拉丁字母转写的字母而已，凑合着翻中文的佛学词典，那里的注音全是用的拉丁字母转写。所以我的梵文，干脆说就是不会。可是，我总算郑康成门下转相祖述的门下士。所以，从季羡林先生 80 岁开始，每逢他过生日的时候，我都会送上一副寿联。下面这副寿联是我在季羡林先生 90 岁时候创作的：

九译学人共瞻天北斗；

五洲弟子同庆鲁东家。

“九译”是指各方面从远到近的翻译，季羡林先生原来是北大东语系的系主任，他的学生学什么语言的都有；“鲁东家”表明他是山东人，也暗含着将他比作孔子。

还有一副寿联是在季羡林先生 95 岁时候创作的：

八千岁为春，盛世耆英，薄海仰瞻尊岱岳；

九五福曰寿，和谐社会，大年安养颂先生。

凡以寿联送人者，书法要庄重，行书，尤其是草书，绝对不行。篆隶庄重，较为适宜。楷书则颜鲁公体最佳；瘦金书给人软塌塌的感觉，一看就不行。装裱可用淡粉、浅褐等色，所谓“淡粉轻烟”者是也。切忌带蓝色，浅蓝色也不行，这一点在送去装裱时必须讲清楚。就是一般的楹联，装裱时也切忌镶带有蓝色成分的边。这一点常被忽略，必须在送裱时强调一下。

喜联。喜联直到新中国成立前还通用，一般要用暖色纸书写，装裱华丽，方为得体。有专门的“瓦当纸”可用。瓦当纸可说是主要供书写联语用的纸，有冷暖各色。必须注意的是，在不同场合需使用不同冷暖色彩的纸张。另有一种洒金笺纸，只宜用于喜联、寿联。当代楼房分单元，多为西式房间，难于张挂对联。青年人也大多不喜欢这一套。喜联又常涉及“粉”、“黄”等内容，忌讳甚多，很不容易写好。特别是长辈身份的人更难下笔。喜联还得好好装裱，所费不赀，对方还不一定喜欢。所以，一般人很不爱写喜联送人，认为花钱受累不讨好。

现举几副常见常用者：

（一）

百年歌好合；五世卜其昌。

（二）

芝兰千载茂；琴瑟百年调。

（三）

鼓琴鼓瑟；宜室宜家。

（四）

五色瑞云期诞凤；双飞春燕共衔泥。

最后一副是我创作的，仅供参考。

撰写联语的人，以及编辑联话者，往往将注意力放在艺术性方面，但是我的创作原则是：不求有功，先求无过。因为，中国语言从修辞学角度而言，可能会产生歧义，有多种解释法，因此在写对联时应首先忖度语句及词语，确保在表达自己想要表达之意外，没有其他歧义，否则可能会造成不必要的尴尬与困扰。现举梁启超先生长女梁令娴女史与自日本归国的外交官周先生结婚的一副喜联为例：

绝代《艺蘅词》，三岛客星归故国；

传家《爱莲赋》，百花生日贺新郎。

《艺蘅词》是梁令娴选编的唐诗宋词，“三岛客星归故国”指的是从日本回到中国；《爱莲赋》是说梁令娴的先生姓周，“百花生日”是指农历二月十二，两人是在那天结婚的。当时这副喜联被认为是极好的。那么，这幅喜联好不好呢？我觉得绝对不行，跟藏头诗一样，横着读是“绝代”，竖着读是“绝传”，给人以歧义。

总之，对于写联语，我总结了六个字：少逞能，多藏拙。

演讲人简介

白化文，1930年生于北京，曾任北京大学信息管理系教授，中国佛学院教授、中国社会科学院佛学研究中心和中国佛教文化研究所特约研究员等，兼任中国楹联学会顾问。长期致力于佛教、敦煌学和目录学研究工作，主要著有《汉代佛教法器服饰略说》、《三生石上旧精魂》、《学习写对联》等著作。

闲谈《北京：城与人》

赵园

文学中“寻味”老北京印象

这本写于上世纪80年代末、出版于90年代初的书，有机会一印再印，证明的或许是书中所写的那个北京城，离我们已越来越远。

陈凯歌在他的自传里，这样写到自己家满族出身的保姆：“奶奶是那种一生仅得温饱，却体面而自尊的北京人。她精明不失善良，爱面子也给人面子，因为不再是贵族反而靠了双手成了得了贵族气派的劳动者。她衣服永远干净，头发一丝不乱；耳聋，却能听到别人的痛苦；从不惹事也不怕事。”（《少年凯歌》）这里的关键词，是“体面”与“自尊”。正与老舍笔下的北京人神情相似。记忆是赖有诱导的；陈凯歌当写下上面的文字时，是否也暗中受到了老舍的诱导？陈凯歌同书还写奶奶常说：“人不兴欺负人。也不兴叫人欺负。让人欺负惯了，你日后就成了坏人了。”何等精辟！实在是世事洞明了才能有的见识。老辈北京人的自尊自重，也为了保全品性。让人欺负惯了日后就成了坏人，老舍笔下的祥子不就是一例？

元、清两代北方民族留下的痕迹，以满人更为显明，却也很难由“北京文化”中剥离而出。即如旗人文化，就已融化在了老北京的“文化血脉”中。那个优雅的北京，那口京味小说所形容的“嘣响溜脆”、“甜亮脆生”的京片子，就属于一代代北京人的文化创造。那一种文化，应当是氤氲在我们的生活中，浸润了我们的日常语言的。当然，发生在时间中的，有不同方向上的融汇、融合。据说旗俗重姑奶奶；老舍《正红旗下》写的“姑奶奶的脾气”，仗恃的就是“旗俗”。满族妇女的社会地位较汉族为高，入关之后却有了变化。历史学者阿风在她的著作的注释中，提到清代旗人妇女受到礼教的影响，也十分重视贞节观念，而清政府对旗人妇女守节则加以特别的优恤（《明清时代妇女的地位与权利——以明清契约文书、诉讼档案为中心》）。那么，满族文化中那些与汉族文化犯冲的因素，想必受到了抑制，是不是有点可惜？

抗战时期大后方的重庆北碚，老舍用了咏叹调一般的文字写道：“最爱和平的中国的最爱和平的北平，带着它的由历代的智慧和心血而建成的湖山，宫殿，坛社，寺宇，宅园，楼阁与九条彩龙的影壁，带着它的合抱的古柏，倒垂的翠柳，白玉石的桥梁，与四季的花草，带着它的最轻脆的语言，温美的礼貌，诚实的交易，徐缓的脚步，与唱给宫廷听的歌剧……”（《四世同堂》）日本著名汉学家吉川幸次郎 1928—1931 年留学中国，事后写到了 1929 年秋北京的“人力车夫起义”，“在长安街上横阻汽车”（《我的留学记》）。日本学者所说的“起义”，或不过是“闹事”。这种场面，却是我在无论老舍还是张恨水写人力车夫的小说中，都不曾读到的。看来“老北京”还有诸多面相，被我们有意无意地忽略了。至于生当明清之际的陆文衡，批评社会动荡后的失序，包括了“僭逾”，即“等威无辨，贵贱不分”，其具体例证，就有“寇盗自称‘爷’，衙门差役亦称‘爷’”（《啬庵随笔》卷四）。这倒像是京城的习俗。近些年来，更有板爷甚至“膀爷”。“爷”不再尊，人人当得，倒不如说别有一种“平等”风味。

下面将要提到的王安忆的小说《启蒙时代》，其中的人物有一大篇关于“市民”、“小市民”的议论，可以用来为作者本人的小说作注。“小市民”的说法却像是不适于北京。京城有胡同串子、小痞子，却仍不被归为“小市民”，也是有趣的现象。老舍小说中的老派市民，想必是自居“大市民”的，看不上小鼻子小眼小算计。但谁又算得正宗的北京人？据吴艳红《明代充军研究》，“永乐时期较有特色的惩治方式是‘发北京为民’。为充实新都人口，当时大量的罪犯被发往北京的周边地区种田屯垦戍守。永乐元年（1403）八月己巳，定罪囚北京为民种田例。凡徒流罪，除乐工、灶、匠拘役，老幼、残疾收赎，其余有犯俱免杖，编成里甲，并妻子发北京永平等府、州、县为民种田，定立年限纳粮当差。”我所见这类材料尚多，可知“北京人”的来源。你敢断定你不是上述移民的后裔？

总觉得人们对于老北京的印象，过于受到文学作品的影响。文学诱导了体验的方式，培养了欣赏的趣味，规范了观看的角度。如若没有老舍与京味的小说、影视作品，人们对北京的感觉是否会有所不同？10年前出席北大中文系与美国哥伦比亚大学东亚系联合举办的“都市想象与文化记忆”学术研讨会，台湾学者邱仲麟的一篇论文令我眼界大开。那篇论文的题目是《风尘、街壤与气味——明清北京的生活环境与士人的帝都印象》，其中引用的关于明清两代北京卫生状况的材料令人惊骇。当然，我以及稍长于我者所见的北京，经了1949年之后的“爱国卫生运动”，已与明清不同，但老舍的《正红旗下》所写，正在邱先生研究的时段内，偶见有关于恶劣的卫生状况的描写，却绝不能想到有如是之严重。

雅俗中“寻根”京味文化

80年代最初几年的“京味小说”，与稍后的“文化寻根”，像是没有直接的关系。如果我没有记错，当年被发起“寻根”者作为“根”的，是吴越（古）文化，（古）楚文化，以至更原始粗砺的边地、深山老林的那种文化，对京城这种“过熟”的文化，是有一点儿不屑的。而“京味小说”的短暂兴盛，其背景毋宁说更是“后文革时期”的心理修复：厌倦了“破坏”的文化人，重新发现了“正常生活”的安宁祥和之为美。我自己也是到了80年代，才重新记起了胡同中的童年；那座老旧的城市，受了风气的诱导，由我的记忆深处浮起。

那时的人们，习于将上海作为北京的参照物。应当承认，常见的京沪比较，往往将原本复杂的文化现象简化了。但比较，确是有效的认知途径。当代中国不但有写作“双城记”的材料，而且不难写“三城记”以至“四城记”。即如“北上广”。80年代一纸风行的杨东平的《城市季风》，互为对照的三城，京沪外取的是成都，亦别出心裁。京沪比较中，京城似乎更有同质性（这何尝不是误解？），上海则有更加多重的区隔。王安忆在上文提到的《启蒙时代》中说，上海“这城市就是这么多种多样，隔一条街，街上走着的人就有截然不同的面容和表情”。她将这城市的诸多街区，一一细细读过，读出了不容混淆的细致差别。即使同在动荡中，京沪的面目也显然不同。“文革”中上海“这城市表面上看已经没什么颜色，素得像戴了孝，内心可不安分。这一行小男女从街上过去，城市的表情立刻就轻俏起来，露出暗藏的风月。在这条著名时尚的街道（按即淮海路）两边，其实是千家万户的柴米生涯，如今街上的繁华收起来了，那柴米人家掩着的不入流的风情，却一点一点漫出来了”。“大时代的夹缝里，小民的快乐从不曾湮灭过。”小说中的几个少女，“她们所穿所戴，老实规矩中，藏着些小小的离经叛道。”“说是上海街头已经被革命扫涤干净了，可不又生出些新的颓靡？这城市的颓靡就像雨后的小蘑菇。”小说将情节时间设定在1968年。那一年的北京，即使仍有骨子里的守旧，也应当隐藏得更深、更加不动声色。

王安忆长于刻画上海的城市性格，由城区直至外围、周边，笔下有人文地理的丰富性。有时雕工甚细，细入毫发，又有时大写意，寥寥几笔，出人意表，却又像是正在你意中。你不妨承认，老舍之后的北京，缺少如王安忆这样为这城市传神写照的作家，缺少如金宇澄的《繁花》那样风靡的当代作品。考虑到这城市的人文荟萃，文化资源的高度集中，是不是有点儿说不过去？

不同于上海，北京的雅俗没有太过显明的切割。有教养的老派北京人，往往大雅近俗，俗而能雅。通常被空间更被阶层分隔的文化形态，在京城有特殊的交汇——是其他城市难及的，也无可模仿。当然，京城能据以夸炫的，更是其文化气象与文化典籍的富藏。黄宗羲记天启朝“奄祸”中，他父亲黄尊素被逮，祖父一起入京师，将卒，仰天叹曰：“京师，天下之奇观也。余蒙难而入，昼伏夜行，曾不得一见都邑之盛，宫阙之美。其时吾谓人曰：‘使吾得再游其间，无所恐惧，则生平之愿足矣。’今已矣，亦命也！”（《黄氏家录·封太仆公黄日中》）真是莫大的遗憾。清代魏源也说过，“京师，掌故海也。得借观史馆、秘阁官书，及士大夫私家著述、故老传说，于是我生以后数大事，及生以前上迄国初数十大事，磊落乎耳目，磅礴乎胸臆。”（《圣武记序》）。在电子技术兴起后的数据化时代，我其实不知道京城的以“文化”自傲，还能维持多久。

城与文化

上面提到的日本汉学家吉川幸次郎，说返日前去南方旅行，发现南京到处有高大的建筑，相比之下，“北京是非常寂寥”（《我的留学记》）。却正有人陶醉于这寂寥之为美。最近才由报章上读到李健吾上个世纪三四十年代写北京（当时叫北平）的一篇散文，其中说，“站在禁城的午门上面，瞭望一下四野，一片绿意。我这个‘野’字用得并不过分。房子隐隐呈现在枝叶下面，街道像似一条一条细流，粼粼散开”；“家家有树为荫，而绿海油然，三海和护城河的水色浮光，倒像是大或小的画舫了。”那篇散文还写到北京的天际线，那是无遮无拦的，无论南北东西，你都可以看到尽头（《北平》）。据50年代初进入北京的人说，那时的京城还是这个样子，的确令人怀念。

在中国生活了30年的意大利摄影师、独立纪录片制作人安德烈·卡瓦祖蒂（Andrea Cavazzuti），痛陈他所见中国城市改造中的文化破坏：“上世纪80年代还能享受一些：昆明是昆明的样子，广州是广州的样子，北京是北京的样子，可是现在，都差不多。不看标牌都不知道是哪儿。这一点跟意大利不一样，那里几乎不变。中国，一天一个样，一年大变样——这是最可怕的东西。大量的资金、便宜的劳动力、现成的技术和设备、落后的基础和落后的观念，造成了史无前例的破坏和丑化。”（《老安：永远“在路上”》，刊《中堂闲话》）这也正是近些年来我为之焦虑的。但真的说起这个话题，却又不免于纠结。

《利玛窦中国札记》写道：“从房屋的风格和耐久性看，中国建筑在各方面都逊于欧洲。……在他们着手建造时，他们似乎是用人生一世的久暂来衡量事物的，是为自己盖房而不是为子孙后代。而欧洲人则遵循他们的文明的要求，似乎力求永世不朽。”中国土木结构的房舍的不能经久，这一点往往被忽略了。不能经久中，或就有中国人的生存哲学，即如利玛窦所说“似乎是用人生一世的久暂来衡量事物的”。无论你是否同意，这观察都有讨论的价值。既然如此，就不便照搬欧洲保存古城的那套办法，却也一定有既能保存古都风貌，又无碍于改善居民生活条件的“改造”方式，何不就此问计于民？这城市集中了那样多一流的建筑学家、景观设计师，国内一流大学的有关系科，如此宝贵的资源何以得不到充分的利用？我甚至想建议中小学的语文课给学生出一些如下的作文题：“假如北京的城市改造能重新来过”，或“前门的重建之我见”等等——我们的青少年未见得不比官员们有智慧。

前一时北京的中轴线申遗，舆论造得沸沸扬扬，不免令人胆战心惊，怕是又一波的大拆大建。我孤陋寡闻，不知这项目是否早已启动。北京的文化重建，意味着找回失去了的优雅，而不只在营造旅游景点，让人看一个由假古董堆积而成的橱窗式的或舞台化的北京。几年前曾到过绍兴，走了那城中保留的老街，过后写了篇短文，《老街老屋老桥老人》，说“我注意到留在老街的，多为老人。听当地人说，子女或有单位的福利房，或购了商品房，老人就被留在了老屋，作为了旅游景点的一部分”。还说：“如何在保存‘历史面貌’的同时提升古镇、老街、老屋留居者的生活品质，是一道并不难解的课题。听说绍兴市政当局为老街居民解决了上下水的问题，不但有利于改善该处的水质，也方便了居民的生活。当然这还不够，还有必要改进老屋的采光条件，维修加固危房。保留（包括适度地维修、加固）其形制而改造内部设施——欧美的古城提供了范本。居住在老屋的，多属城市中低收入者，上述工程非由政府出手则不能办。老人毕竟不是老街的附属物。使他们身居老街而享有现代文明的成果，也才对得住他们为绍兴的旅游事业作出的贡献。”我不知那几条老街如今怎样，老人是否被遗忘在了老街的老屋里，而将周边的繁华当成了遥不可及的别一世界？

也是在那篇短文中，谈到了我所关注的“旅游开发与民生关系”这一课题。“在一轮轮的大拆大建之后，老街作为老城的缩微形式，犹如盆景，摆放在‘现代化’的城市缝隙中，嵌在与其不搭调的别样景观间，早已成为了文化符号；也因其符号化，在与其他城市符号混编之后，与新兴（型）城市像是没有什么不和谐。游客也只当它们是景点。惟其如此，那些并未彻底改变其功能、保持了居住者的生活状态的老街，才见出了稀有。尚未（或未及）商业化，是它们的优势，尽管会因此而少了一点经济效益。但这些老街终究是要改造的；如何改造，考验着市政当局的智慧。”既保存“历史面貌”——我不愿用

“原貌”这种含混不清的说法——又不强行将居住者留在“历史”中，是否京城更有责任提供这一方面的成功经验?

中国的六大古都中，北京毕竟与其他更“古”的古都不同，距当下更近，“风韵犹存”，即使缥缥缈缈，游丝般若有若无。留住这一丝风韵，并不容易。而留住风韵，并非就必得要“原汁原味”。如果“原汁原味”意味着保留原有生活中的不便（如共用自来水龙头与公厕），那么还是不这么苛求的好。北京毕竟不是一个供人观赏的大古董。但一轮轮“改造”下来，眼下的北京的确令人吐槽。如何应对这已成之局，补救而非进一步破坏，有必要群策群力。主张保存胡同“原生态”的文化人，不妨到现存未改造的胡同，了解一下现有住户的生存状况，听一下他们的愿望——毕竟是他们生活在那里。

情况类似的，尚有上海的弄堂，以及旅游开发中被发掘的各地的古村落。无论城还是人，以至城与人的关系，都在变化中。可以指望保存的，是城市、村落内蕴的文化，文化品质，文化性格。这也才是真正的难题。

城与人

另一位日本学者久保田和男说，“中国前近代首都郭内农田广袤的例子屡见不鲜，尤其在唐代长安108坊中，靠南方向的40坊人烟稀少，坊内阡陌相连”(《宋代开封研究》)。我所见60年代的京城，海淀一带很空旷，北大的校墙后面不远，就是乡野。还记得曾走到一个叫“树村”的村落，为我所在班级与那个村庄的青年建立了联系。那时的我，会在周末由北大步行到白石桥，一路几排高大的杨树。直至80、90年代，三环路边还有农田，是近些年出生的新北京人难以想象的。

我在大学就读，已是“文革”前夕，到处充溢着“革命气氛”，无暇品味京城的风味。偶尔由学校所在的西郊进城，问路时总会遇到热心的大妈，将你一路送过去。走在胡同里，竟听到沿街小屋中的居民播放着豫剧。于是知道了京剧的市场或更在城中中产阶级、小康人家，郊区农民听的是评剧，至于胡同中的“基层群众”，收听的还有我的家乡戏河南梆子。

1967年初春北大两派武斗，我所住的宿舍楼被一派攻占，大清早仓皇出逃，在城内四处游荡，满心的凄惶。入夜时分，走过一条胡同，昏黄的路灯下，几个小女孩在玩“跳房”。这极平常的一景，当时看来竟像是在世外。这恬静的胡同与喧嚣的北大，似乎是两个世界，不由得百感交集。时间过去了近半个世纪，我仍然能记起那一景与当时的感动。这或许也是与80年代初的“京味小说”作者们共有的感动？

当时的我不是“北漂”，却也是外地人，自以为多少能懂得外地人对北京的复杂感情。不曾看过吴文光拍摄的纪录片《流浪北京》，但知道那些“漂”在京城的年轻人，远比我当年有活力，甚至有着野草一般强韧的生存能力。他们也正以其年轻的生命，蓬勃健旺的生命力，参与着北京的“改造”。谁又不认为他们会为这座城市带来新的东西？

演讲人简介

赵园，河南尉氏人，1945年生于兰州。第十、十一届全国政协委员，现为中国社会科学院文学研究所研究员，早期主要致力于现代文学研究，后转向明清之际士人研究领域。主要著有《北京：城与人》、《地之子——乡村小说与农民文化》、《明清之际士大夫研究》等学术专著，并出版《独语》、《窗下》、《红之羽》等随笔集。

理解与欣赏莎士比亚

辜正坤

将莎士比亚放回他的时代

今年是英国著名戏剧家莎士比亚诞辰450周年，中国又掀起了一轮“莎士比亚热”。如何读懂莎士比亚？我认为最通行的法门，是通过把莎士比亚作品回放到该作品产生的时代背景中去对他的作品进行分析、赏析。

把莎士比亚作品放到西方文化背景，尤其是当时的英国文化背景当中来进行赏析，应该从哪些因素入手呢？很多因素。例如政治、经济、伦理道德、审美、宗教等因素，当然还有语言、文字这些因素。但今天我主要侧重这些因素中的一个，即莎士比亚所处时代的英国社会状况与莎士比亚戏剧创作之间的关系。很多中国读者只能从翻译过来的莎士比亚著作文本欣赏莎士比亚，这当然也是一种方式，但还不够。如果我们能够对莎士比亚写剧本时他所处的社会状况有所了解，那么，对他的作品的把握就会有很大的不同。当然，这不是一般读者能够做到的，需要有专门的学者、专家们来做这样的事。在这方面，我写过博士论文，有一些体会，所以今天试图从这个角度简单地介绍一点自己的体会。

我想以具体的作品来展开这个观点，就谈谈《哈姆雷特》吧。

《哈姆雷特》是莎士比亚的代表作，影响极其深远，里面充满了很多的谜。我讲其中的一个谜——哈姆雷特在复仇行动上犹豫不决、拖延，西方莎学家们把这个情况称之为“延宕难题”（the problem of delay）。我们现在就来解答这个延宕难题。

哈姆雷特延宕之谜首先是被一位叫托马斯·汉麦尔（Thomas Hanmer）的西方学者发现的。汉麦尔在1736年写过一篇文章，说哈姆雷特这个人物有个很奇怪的延宕脾气。哈姆雷特的叔叔把哈姆雷特的父亲害死了，同时又娶了哈姆雷特的母亲，罪大恶极。哈姆雷特能够随意出入宫廷，明明有很多机会可以杀掉他那篡位的叔叔，为父报仇，可为什么要犹豫、拖延？西方学者们为此疑惑了多年。

于是有许多学者尝试从不同层面阐明这个问题，说了许多道理。根据我的概括归纳，可达20种之多！这些道理有没有道理？当然有道理，但可惜都不是全部的道理。各个道理持有者往往只认为自己说出的道理最有道理，从而排斥别的道理。我的看法是：这些道理都像盲人摸象一样，摸到了大象的很多部位。你要把所有各个部位综合起来才能得到全象，而恰好西方人不容易得到这个全象。为什么？一个原因是他们所研究的对象，与他们所处的时代背景有的距离太远，对真相扑朔迷离；有的又太近，还不是局外者，所谓“当局者迷，旁观者清”。我们中国学者作为局外者，有时候能看到西方学者看不见的东西。所以中国学者解决这些问题的时候，有时还可能有些得天独厚的条件，就是作为局外人，受西方文化本身的约束少，有时能够获得一种西方人没有的客观性。

解答哈姆雷特延宕之谜这个难题，千头万绪，从哪里开始呢？有很多种开始途径。我今天采用从一段非常有名的台词开始解析的方法。这段台词先提到生存与死亡问题，表现出哈姆雷特当时的心境一定非常痛苦，已经提出了生死存亡这种大问题：

> 死，还是生？真是个难解的疑问：
> 莫道是苦海无涯，但操戈奋进，
> 终赢得一片清平；或默对逆运，

忍受它箭石交攻。敢问，

两番选择，何为上乘？

显然，哈姆雷特面对两个选择，一个是“默对逆运”，那就可能生，但只是一种苟且偷生；一个是“操戈奋进”，也就可能死，但也许可能死得高贵些。普通学者往往只是把这段台词理解成一个人生哲学问题。其实，这和哈姆雷特当时的处境有密切关系。他之所以犹豫不决，左右为难，举棋不定，是因为什么？这就要看这段台词最后的两行：

诸多待举的宏图大业，

竟因此付之东流，失掉行动的名分。

注意这儿有个词，叫“宏图大业”。这是一般莎士比亚研究者容易忽略的。究竟什么是哈姆雷特的“宏图大业”？这个问题很关键。但是更关键的一个用语是“行动的名分”。这是理解哈姆雷特延宕问题的钥匙。其实，哈姆雷特的所谓“宏图大业”无非是想杀死其叔父，并夺取其王位。但是要干这样的“宏图大业”，需要名正言顺的理由，即“行动的名分”。这就像历史上一个国家要征服另外一个国家，通常不会直截了当地说出理由，而是先要为自己的行动找一个合理的说法，叫作“师出有名”。这就是哈姆雷特所谓“行动的名分”。名分问题，事关重大，连孔子都说过，“名不正，则言不顺；言不顺，则事不成”。干什么事都得名正言顺，你理直了气才壮，做起事来就不会犹豫不决。而当时的哈姆雷特空怀“宏图大业”之心，他觉得要复仇，理由还不够充分，至少还没找到好的名义。哈姆雷特只是相信他父亲就是被他叔叔杀死的，但是他并没有可靠证据。他只是这样怀疑。虽然剧本特意为他安排了一个证据，就是鬼魂证据。按鬼魂的说法，他叔父确实杀死了他父王。可是鬼魂说的话只有哈姆雷特一个人听到，没有其他任何人听到。所以有西方学者说鬼魂提供的证据也有可能是哈姆雷特自己编造的，目的是什么？说得体面点，目的就是要找到行动的名分；说得不体面，那就是要制造行动的借口。

问题又来啦，这个证据或借口的理由够不够充分？莎士比亚那个时代的英国人，是信鬼的，所以托鬼魂之名来设计证据，也有很多人会信。但毕竟这个证据是不够充分的。更糟糕的是，连哈姆雷特自己也不很相信。他说过，万一这个鬼魂是冒充他父亲的鬼魂用谎言来骗取他的信任，让他去干坏事的呢？如果他贸然相信鬼魂的话去报仇，而复仇的依据是虚假的，那就会使得他犯罪，下地狱。那么，哈姆雷特究竟还有没有其他什么证据呢？没有。你没有证据，又怎么有行动的名义？所以哈姆雷特会犹豫不决。这个犹豫不决就是困惑了西方学者很多年的哈姆雷特延宕问题。

破解哈姆雷特延宕之谜

在莎士比亚的创作之前，其实早就另有称为《哈姆雷特》的剧本了，莎学界通常称为“旧本《哈姆雷特》”(Ur-Hamlet)。哈姆雷特这个人物的原型来自丹麦史，名叫阿姆莱特（Amlet）。最初的情节很简单。阿姆莱特得知父亲被他的叔叔杀了，于是从外地赶回来。他的叔叔想害他，于是他就装疯（装疯的情节在《哈姆雷特》当中也有），最后终于把害他的人，包括他叔叔全部烧死了，并最终顺利登上了王位。旧版故事不存在行动的名分问题，也不存在延宕问题。但莎士比亚写的《哈姆雷特》就很不一样了。这个人物与原型人物在年龄、学养、经历、习惯、衣着、思想方面，都有很多差别。关于这些差别我都作过分析比较，此不赘言。我这里只提莎士比亚的哈姆雷特在行动上增加了令人注目的延宕问题，因此引起了大量莎学家们的关注，使这个问题成为莎学界的一个经典难题。

如何解决这个经典难题？我的办法是从两大方面去找答案。一个是从文本内找答案，就是从剧本本身的台词、情节、人物形象等方面去找原因。例如有的学者说，哈姆雷特的延宕和他的个性相关。哈姆雷特的性格本来就是这样，做事都是拖拖拉拉的，所以报仇大事上也是如此。另外一些学者说，延宕问题其实是道德问题引起的。哈姆雷特报仇的对象是他叔父，又是他的继父，还是国王，哈姆雷特如果杀死他，可能犯双重重罪：弑君罪、弑父罪。还有学者说，哈姆雷特自己都觉得证据不确凿，自己都对鬼魂的说法存疑，他当然要延宕了。我们还可以指出，由于戏剧结构本身的需要，报仇需要在最后一幕，即第五幕才能实现，当然必须延宕了；这是个复仇剧，如果第一场就把仇报了，后边演什么？等等。这些答案都能够在一定程度上回答延宕问题，但是单个的回答都不够圆满、周全。所以我们必须把所有的答案都汇总起来，构成一个哈姆雷特延宕原因系统，从中找出哪些答案可以称得上是主根原因，哪些原因可以称得上是近根原因，哪些原因只是远根原因。所以我的博士论文又叫《哈姆雷特延宕原因系统论》。这个陈述很复杂，不在这里讨论了。

可是以上的讨论还主要是立足于文本本身来找哈姆雷特延宕的原因。无论显得多么周全，其实仍然是有局限性的。研究告诉我，掩盖在延宕问题的背后，其实还有更重要的文本外的原因。例如，作者莎士比亚觉得自己首先是个诗人，之后才是戏剧家，因为诗在当时的欧洲才是正宗的文学题材，而剧本则是次一等的文学题材。莎士比亚有了编写剧本的机会，就难免想利用这个机会显示自己的诗才。于是一些台词被刻意诗化并越写越多，越写越长，于是剧中人物哈姆雷特也只好让作者莎士比亚把自己的诗兴发够了才敢大胆行动，这样一来，延宕也就变得势所必然了。不过，这个原因恐怕还不是关键原因。最关键的文本外原因，我认为是莎士比亚时代西方社会，尤其是英国社会本身显示出的原因。

这个文本外原因，把我这个讲座中一开始就提到的研究、赏析莎士比亚的第一法门，即在西方文化背景中理解与欣赏莎士比亚这个观点联系起来了。我们绕了一个大弯子才回到这个观点。不要误以为绕弯子就不好，其实绕弯子过程本身就是在理解与欣赏莎士比亚，因为有些问题非绕弯子不足以说清楚问题的要害。

把莎士比亚的作品回放到莎士比亚所处的时代来进行研究赏析，这是大家都知道的流行的研究方式，不是我的创见。但是如何回放、如何进行具体的研究并且得出有说服性的结论，却是一件很困难的事情。

那么，怎么把这个问题回放到莎士比亚时代所处的背景下来阐释哈姆雷特延宕问题呢？我这里只是提醒大家注意莎士比亚与下述三个人之间的关系：莎士比亚→扫桑普顿伯爵→艾瑟克斯伯爵→伊丽莎白女王。

莎士比亚的保护人和恩人是扫桑普顿伯爵，没有扫桑普顿伯爵，莎士比亚所在的整个剧团和莎士比亚本人将很难有好日子过。反过来说，充当保护人和恩人的扫桑普顿伯爵对莎士比亚剧团或作为编剧的莎士比亚，是有很大影响力的。莎士比亚把两首长诗《维纳斯与阿都尼》和《鲁克丽丝受辱记》都献给了扫桑普顿伯爵，更表明扫桑普顿伯爵作为莎士比亚及其剧团的衣食父母般的重要性。而扫桑普顿伯爵又和当时英国宫廷的另外一个更重要的政治家艾瑟克斯伯爵有着极为亲密的关系。在一定意义上，扫桑普顿伯爵是艾瑟克斯伯爵的心腹、高参。为什么扫桑普顿伯爵这么愿意跟从艾瑟克斯伯爵并为他鞍前马后地操劳呢？因为艾瑟克斯伯爵是伊丽莎白女王的情人，当时英国上上下下的人都认为艾瑟克斯伯爵有可能很快和伊丽莎白女王结婚，并与女王分享江山。显然，扫桑普顿伯爵是冲着日后能够在宫廷得到高位而和艾瑟克斯伯爵结成联盟的。因此，扫桑普顿伯爵利用种种舆论工具，包括利用莎士比亚剧团等为将来的准国王艾瑟克斯伯爵鸣锣开道，这都是理所当然的事情。而且，有若干证据表明，莎士比亚确实在剧本中（例如《亨利五世》）做过这种“吹捧”艾瑟克斯伯爵的事情。可惜艾瑟克斯伯爵并非是一个如奥菲丽娅赞颂过的哈姆雷特那样具有“廷臣利目、学者利口、武士利刀”的英雄，虽然许多人确实把他奉为哈姆雷特式的“大好邦国的期望和花朵，行动的典范、举世风尚的鉴照”。事实上，艾瑟克斯伯爵就是一个临事缺乏刚毅果断精神的人。他最明显的缺陷就是犹豫不决，做事拖拉延宕。他与女王相处久了，慢慢不把女王放在眼里。在宫廷会议上居然因为和女王意见不合而拔剑相逼。伊丽莎白女王是一个智商颇高的女人，知道这个年轻伯爵成事不足、败事有余，而逐渐与之疏远。志大才疏的年轻伯爵被女王派往苏格兰平叛，结果一败涂地，私自与叛军媾和，并抛弃部队只身回到伦敦宫廷，想直接觐见女王以获得她的赦免。更糟糕的是，艾瑟克斯伯爵擅闯王宫，径直进入女王梳妆室，无意间瞅见女王卸妆后老态龙钟的面目，这就使得女王更加憎恶他，欲置之死地而后快。于是艾瑟克斯被女王软禁。其间，莎士比亚最大的保护人扫桑普顿伯爵加紧为艾瑟克斯伯爵出谋划策，劝他反抗伊丽莎白女王，但艾瑟克斯伯爵则更寄希望于伊丽莎白女王回心转意，这一点显示出他独特的犹豫不决的性格特征。

1601 年，艾瑟克斯伯爵终于同意在该年 2 月 7 日起义，但在最后一刻钟，他还是犹豫不决，他是被他的同伙强推出门，呼喊反女王口号的。结果可想而知，艾瑟克斯伯爵被女王砍头。杀了艾瑟克斯伯爵之后，就该是他的高参扫桑普顿伯爵了。但当时给他判的死刑没有立刻执行，他被关进了伦敦塔。至于他保护的剧团和莎士比亚，当然也遭到拘押和盘讯，莎士比亚剧团没有直接参与叛乱，故朝廷倒也没有特别为难他们，放他们回去了。但莎士比亚由此受到的精神上的冲击应该是巨大的。诗人兼剧作家莎士比亚，也许觉得纪念自己的衣食父母的办法就是想办法用艺术形象缅怀这位恩人。但是直接的恩怨利害关系，使莎士比亚也许无法看出，艾瑟克斯伯爵其实并不是值得他讴歌的英雄。客观说来，这位伯爵只不过是个任性而无能的野心家而已，他不是任何先进集团或阶级的代表，他的所谓“宏图大业”也缺乏正义性，缺乏“行动的名义”，因此失败是必然的。

但是，莎士比亚（也许还有若干艾瑟克斯的同道）设法把这件事曲折地影射到戏剧创作当中去，则是合乎当时的情理的。《哈姆雷特》一剧确实是一个很好的艺术性影射载体。这个剧本被修修补补，巧妙地把若干影射性内容放到里面去，以文学作品的方式来陈述作者内心对当时社会的不满及对某个宫廷政客的评价。这也可以说是在变相地为艾瑟克斯伯爵事件申诉和抗议。哈姆雷特这个人物形象与艾瑟克斯伯爵颇多相似处，但也有颇多不同处，为了把哈姆雷特影射成艾瑟克斯伯爵，当然就必须对剧本本身的情节编织和对许多细节的描写，诸如年龄、衣着、性情、声誉等加以修改，使之尽可能和现实当中的艾瑟克斯伯爵具有相似性。艾瑟克斯伯爵本身的犹豫不决的延宕性格被加以特殊强调，曲折地表现出莎士比亚等对这个青年人的批评，批评他优柔寡断，延宕拖拉，难成大事。当然也点明其他一些关键原因，即无法推翻伊丽莎白王朝的关键原因之一是缺乏“行动的名义”，这个“反叛”难以得到当时英国老百姓的拥戴，所以失败是具有必然性的。

另外一个方面，伊丽莎白女王本身也是以延宕性格闻名的。一位西班牙特使谈到他对英国王朝的印象时，认为以伊丽莎白为首的英王朝上上下下都被一种犹豫不决、拖拉延宕的风气所弥漫。这从侧面说明，艾瑟克斯伯爵的延宕也和女王的延宕有某种默契关系。因为上有所好，下必甚焉。女王本身的延宕性格在某种程度上传染了臣民，这是可以理解的。从这个意义上，我们可以说，哈姆雷特延宕问题实际上映射了当时英国社会以伊丽莎白女王为首的执政集团成员所代表的某种拖拉延宕风气，这可以说是特定时期的一种民族惰性。所以，戏剧人物形象哈姆雷特的延宕性格实际上代表了某种特定时期的英国民族习气。这就大大深化了我们对延宕问题的理解，从个性看到了某种共性。许多西方学者认为自己就具有哈姆雷特的延宕习气，也说明这种习气在特定阶层中的普遍性。令我惊讶的是，不但若干西方学者这样认为，就连若干中国学者也说过类似的话。上世纪 80 年代在我撰写博士论文时，曾向北大中文系著名学者袁行霈先生谈起哈姆雷特的延宕性格问题，结果袁先生说，其实我也是这种拖拉延宕的人，我一生中的许多事情都被这种延宕习气耽误了。不过，当时看来是耽误，后来再看也未必。袁先生的话使我很吃惊，这证明，所谓哈姆雷特式的延宕实际上也是相当大一部分人的性格特征，具有某种普遍性。也许，这在一定程度上也证明莎士比亚所塑造的某些人物性格特征具有人性的普遍性吧。

我这里只是举了一个例证，足以证明今天我们欣赏理解莎士比亚的作品，离不开当时英国社会本身状况。或者，换一种说法，如果我们在研究赏析莎士比亚作品时，能够将其回放到该作品产生的社会背景中去，我们无疑会获得更深刻、更高层次的思想收获和审美享受。

演讲人简介

辜正坤，现任北京大学外语学院世界文学研究所所长、博士生导师，国际中西文化比较协会会长，中国外国文学学会莎士比亚研究会会长。主要致力于莎士比亚、中西文化比较、诗歌鉴赏与翻译学等方向的研究，主要代表作有《中西诗比较鉴赏与翻译理论》、《中西文化比较导论》、《莎士比亚研究》等。

主编的话

——代编后记

周北川

将文化副刊、学术副刊上近年发表的文章结成两集出版，其实有两个目的：一则是拓展报纸的深度和广度。报纸的“阅读生命”，往往只有一天。我们常说，报纸在追求一日之辉煌。但是副刊则不同。副刊是相对于报纸的新闻版面而言的，指报纸中专门负责新闻之外，如短篇小说、诗歌、散文、杂文、随笔、文艺评论等学术文化内容的版面，新闻业中常说的一句话是，“新闻吸引读者，副刊留住读者”；二则是起到存史留香的作用。政协报的文化、学术副刊发表的都是大家名家之作，颇具思想性、艺术性和欣赏价值，如果每天看完就扔掉十分可惜。我与文化周刊的主编王小宁同志一说即合，因此有了现在《谈艺问源》与《中华维度》两本书的策划、编辑与出版。

副刊对于一张报纸具有重要意义，不但体现报纸的办刊特色，也能反映和在某种程度上引领时代文化的发展。鲁迅先生的《阿Q正传》等大量文学作品就是在报纸副刊上发表的。毛泽东同志的《湖南农民运动考察报告》也是首先发表在报纸副刊。孙犁同志主持《天津日报》文艺副刊，培养了铁凝、刘绍棠、从维熙等一大批重要作家……尽管副刊只占报纸版面中很少一部分，却能因其思想性、趣味性、可读性带给读者文化兴趣和深层次思考，从而让人们在阅读新闻之余得到愉快的精神享受。近年来，媒体竞争日趋激烈，文化发展日新月异，在此情境下，纸媒形态也在发生着深刻变化。报业的核心竞争力从追求短平快的新闻报道速度，转而变成对新闻事件调查深度和对于副刊品牌塑造的追求，纸媒副刊的文化意义在此情境下得到凸显。

人民政协报是一份拥有良好文化生态和副刊传统的报纸。从1983年创刊伊始，老一代总编辑萨空了、张西洛等同志就非常重视副刊工作。他们以对党的新闻事业和政协统战事业高度负责的精神，从政协委员的构成特点出发，认为政协报“要办个好的副刊”。在副刊创办过程中，他们躬亲实践，联系和团结了一大批在政协统战领域，在学术、文化领域极具影响力的文化名人和作者，为政协报副刊编辑工作开创了良好传统。之后，经过几代政协报人的努力，不断继承和丰富这个传统，使得今天的人民政协报华夏、讲坛、学术、人物、读书、文史等副刊版面呈现出名家荟萃、异彩纷呈的样貌，在纸媒中颇具知名度，深受读者欢迎。今天与读者见面的书中的文章，主要来自以上版面，是近两年报社文化周刊编辑部工作成果的集成。政协报副刊，强调“名家写”和“写名家”的办刊特点，这是政协特色的一种体现，也是中国当代文化的一个特色。两书中的文章，都是有一定文化力道的作品，具有文化人的情怀和力量，其出版能得到出版界“百年老店”三联书店的热情接纳与支持也说明了这一点。

十二届政协以来，为适应新形势下政协工作的新要求，人民政协报不断调整编采工作节奏，副刊编辑既有“继承”也有“微创新”，在保持文章知识性、趣味性和可读性等特色的同时，强化了稿件的新闻时效性及与主报宣传的配合度，涌现出不少难得的好文，如此次书中收入的《是爱人，更是我的老师》、《缅怀一个真正的巨人》、《上大学！上大学！》等。这些文章切合节点，感情真挚，文风朴实，给人以启迪，我们希望通过结集出版，与更多读者分享，拓展延伸报纸的文化空间。

报纸具有新闻传播和文化传播两方面功能，副刊主要承担文化传播功能，体现媒体的文化特点及个性，反映社会的文化思潮和审美趣味。在大力推进文艺为社会主义服务为人民服务的今天，进一步重视副刊文化传播作用、提高文化自觉，体现着媒体应有的文化担当意识。副刊在优秀文化建设和文化思潮引领方面，在开创学术风气方面，在培养文艺人才、学术人才等方面有着重要作用，透过副刊的影响力，可以增强报纸的传播力。今后，人民政协报将继续重视副刊文化建设，强化文化担当意识和社会责任感是我们不可推卸的责任。这是此次编辑这两本书的另一个用意。

最后，借此机会，我要感谢在出版过程中给予我们鼓励和支持的领导、政协委员及学术文化界同仁，感谢杭州市政协和叶明主席对本书出版的支持，感谢三联书店和生活书店对编辑工作的高度负责精神，特别要感谢的是，他们对人民政协文化事业的大力支持。